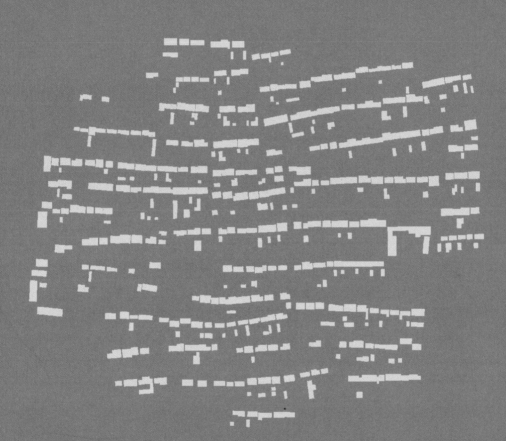

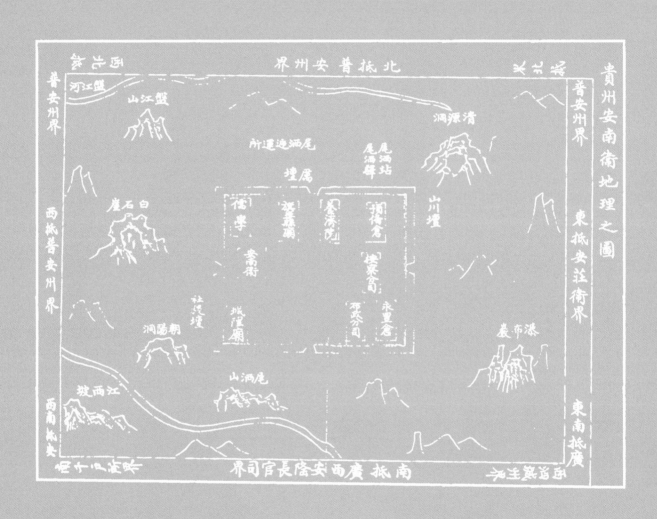

贵州

聚落

国家出版基金项目

国家重大出版工程项目
"十三五"国家重点图书

中国传统聚落
保护研究丛书

贵州聚落

单晓刚　黄文淑　余军　编著

中国建筑工业出版社

总编委会

顾　问：

张锦秋　　陆元鼎　　王建国　　孟建民　　王贵祥　　陈同滨

编委会主任：

常　青

编委会副主任：

沈元勤

总主编：

陆　琦　　胡永旭

委　员：（按姓氏笔画排序）

王　军	王金平	韦玉姣	冯新刚	朴玉顺	刘奔腾	关瑞明
李群(女)	李群(男)	李东禧	李树宜	杨大禹	吴小平	余翰武
张兴国	张鹏举	陆　峰	范霄鹏	金日学	周立军	郑东军
单晓刚	赵之枫	姚　糖	贾　艳	高宜生	郭　建	唐　旭
唐孝祥	黄　耘	黄文淑	黄凌江	韩　瑛	靳亦冰	雍振华
燕宁娜	戴志坚	魏　秦				

《中国传统聚落保护研究丛书　贵州聚落》

单晓刚　　黄文淑　　余　军　　编著

参　编：（按姓氏笔画排名）

于　鑫　　刘　翼　　杨　硕　　余奥杰　　张　奕　　陈传炳　　陈婷婷
陆显莉　　罗国彪　　路雁冰　　谭艳华

审　稿：卓守忠

序一

一、引子

中国传统文化将一个地方的环境气候和风俗民情的特质和韵味称为"风土"。《国语·周语上》韦昭注:"风土,以音律省土风,风气和则土气养也",即从当地方言的乡音民谣中便可感知一方土地、民风的文化气息,因而"风土"一词与英文的Vernacular近义。"风"指风习、风俗、风气,"土"指水土、土地、地方,所谓一方水土养育一方人,供奉一方神,从这个意义上,"风土"与西方的"场所精神(Genius Loci)"也有一定的关联性。日本近代哲学家和辻哲郎著有《风土》一书,他对"风土"的定义是自然环境气候诸因素加上"景观",这里的"景观"应指审美角度的自然和人文两个方面,二者相融合的文化景观就是一种典型的传统聚落。

然而,在当今乡村振兴的时代大潮中,传统聚落最常见的关键词是"乡土"而非"风土",差不多已约定俗成了。"乡土"一词是中国农耕社会中故乡、家乡、老家和乡下的意思,至今中国社会还延续着这个传统的语义。但中文"乡土"与英文Vernacular的语境存在差异,因为西方并不存在以宗法制为基础的传统乡民社会,其乡村也就不会有类似于中国"乡土"的概念内涵。而乡村的发展前景是要走出农耕语境的乡土,留住文化记忆的乡愁,延续场所精神的风土,再造生态文明的田园。再说自近代以来,乡土并不包括城里的传统聚落,比如北京的胡同,西安、成都、苏州的巷子,上海的弄堂等属于"风土"而非"乡土"的范畴。

自1930年朱启钤先生发起成立中国营造学社以来,在梁思成和刘敦桢两位学科巨擘的引领下,我国建筑界对传统民居和乡土建筑的研究持续推进,成就斐然,形成了传统建筑研究的一大专业领域。但如何使这些研究更多地关联和影响城乡建设的进程,对整个建筑类学科都是一个很大的挑战。

二、中国传统聚落的源流与特征

1. "匝居"与城乡同构

中国传统聚落营造的信史可追溯到商周时期的聚落遗址。其中有关"营造"的最早文字记载见于《诗·大雅·灵台》:"经始灵台,经之营之"。这里的"经",是策划、管控的意思;而"营",原意即"匝居",是围而建之的意思,例如"营窟""营市(阛、阓)""营垒""营国"等一系列聚落营造范畴的词汇。因此,古代聚落即以"匝居"的方式,形成血缘的乡村聚落,地缘的城邑聚落,以至作为国家统治中心的都邑聚落——都城。这些华夏聚落以宗庙或祠堂为空间秩序的中心,以城垣壕堑为空间领域的边界，虽层级和功用不同，但从深层构成看却大多同构，保持和发展着"匝居"的聚落营造方式，从而部分地诠释了城乡一体的"亚细亚生产方式"学说。因为，一方面，许多乡村聚落拥有城垣、堡楼、街坊、庙宇等要素，俨如一座座城邑，如从汉代的"坞堡"到明清的庄寨、围堡均是如此；另一方面，城邑甚至都邑虽然看上去坚固伟岸，依然不过是政治权力和经济活动高度集中，等级制度极为森严，壕堑防卫更加严密，水平向扩展开来的巨型村寨而已，是乡村聚落的放大升级版。

2. 聚落原型与变换

从"匝居"的外在方式到聚落的内在构成，可以看到中国传统聚落源于商周"井田制"的"井"字形空间概念及其原型意象。所谓"井田制"，即以王室收取贡赋为目的的土地经营制度和划分方式。如周代王室拥公田，公卿以下据私田，遗有周代理想的营国制度，以百亩为夫，九夫为井，九井为国（都邑）。据此制度，田野的纵横阡陌就演变为聚落内经纬交错的街衢，并围合成间、里等空间尺度及单位。后世的里坊、厢坊、街坊，以及后来的胡同、街巷和弄堂等都是这样演变而来的。但这一"井"状网格空间原型的聚落并非处处趋同，而是因地制宜，异彩纷呈，依循了"因天材，就地利，故城郭不必中规矩，道路不必中准绳"（《管子·立政篇》）的变通法则，适应地理环境和地貌条件的差异而产生拓扑变换。这就犹如某种语言，尽管"方言"各异，但"句法"和"语义"相通。或许以这样的解读，方可辨异认同、知恒通变，把握住中国传统聚落的结构本质及其演变方向。

3. 水系与聚落分布

中国传统聚落源于近水的邑居，据《史记·五帝本纪》："禹耕历山……一年而所居成聚，二年成邑，三年成都"。其中，对水畔、雷泽、河滨等的劳作场所描述，均寓意了聚落是伴水而生的文化地景。甲骨文中的"邑"字右边旁加三撇表示傍水，即"邕"字的金文来历，同样表示聚落即环水的邑居。除了统治与防卫上的考虑，古代聚落选址的首要地理条件，是必须依傍满足漕运需要，方便物资供给的水系。因此，自上古以来聚落选址一般都位于大河的二级台地或其支流的一级或二级台地上。在物流以漕运为主的古代，这些水系可以说是聚落生存的命脉，对于都城而言尤甚，如长安、洛阳、汴梁（开封）沿黄河及其支流东西走向一字排开，建康（南京）、江都（扬州）濒临江淮，北京（涿郡）和临安（杭州）则处于南北大运河的两端。实际上历代中心聚落——都城在空间上的移动，均因应了文化地理的条件和漕运线路的兴衰，并与社会动荡、族际战争和人口迁徙相伴随。

4. 乡村风土聚落

在中国古代，与城邑聚落不同的是，乡村聚落社会是按血缘关系和经济共同体为纽带所形成的聚居系统，聚族而居的社会秩序和居住形式仰赖宗法制度维系，特别是自宋代以来，程朱理学倡导"敬宗收族"，形成了以祠堂、族田和族谱为核心的宗族组织及其聚居制度，宗法的社会结构更加趋于自组织化。但由于特定地域下的自然环境（如气候、地貌、水土、材料等）和人文环境（如宗法、宗教、数术、仪式等）的差异，聚落中的宗法秩序和空间布局亦有着同中有异的呈现方式，营造活动很少有统一法式的约束，较之城邑营造更加因地制宜，灵活多变，因而在与自然地景融为一体的有机生长中，保留了纯朴的古风和浓郁的地方性，可以说是千姿百态，谱系纷呈，表现了与西方的"场所精神"相类似的地方特质。以下按地理纬度和等降水量线，将中国各地域的聚落建筑分为四个区段。

1）农耕—游牧混合地区，即400毫米等降水量线以北半干旱北方地区的聚落建筑。如昆仑山南北侧和蒙古草原上游牧民族的帐幕、蒙古包；塔里木盆地周缘突厥语族—东伊朗民族的木构平顶阿以旺住宅；青藏高原上的藏式碉房，甘青地区各族建筑元素相混合的"庄窠"式缓坡顶两合院与三合院，以及青藏高原东部边缘的羌式碉房及合院等。

2）西北、华北和东北地区，即400毫米等降水量线以南至800毫米等降水量线以北之间半湿润北方地区的聚落建筑。如豫、晋、陕、甘各式窑洞，木构坡顶及包砖土坯（胡墼）墙房屋组成的晋系狭长四合院；东北、京、冀、鲁、豫木构坡顶、平顶、囤顶建筑构成的宽敞四合院等。

3）西南、江淮、江南地区，即800毫米等降水量线以南湿润地区的聚落建筑，如川、黔、桂、滇地区，以穿斗体系、干阑—吊脚为显著特征的楼居及合院，藏缅语族各民族的"土掌房""一颗印"（"窨子屋"）"三坊一照壁"等合院；湘、赣、闽北地区"四水归堂"的天井合院或"土库"建筑；江淮地区介于南北方之间的合院和圩堡；徽州地区以堂楼为中心，高耸的马头墙、墙厦、精工木雕、楼面地砖为特色的天井合院；江浙地区穿斗—抬梁混合式的多进厅堂和宅园等。

4）华南地区，即大部处于1600毫米等降水量线范围的高湿多雨地区聚落建筑，如闽南、粤北地区客家、潮汕（闽系）聚落以夯土墙和木屋架构成的大厝、土楼、土堡、围龙屋；粤南广府地区大屋、天井、冷巷构成的合院群等。

总体而言，延续至今的乡村传统聚落基本上都是明清以来的遗存，说明经过两晋南北朝开始的由北而南为主流的历次民族、民系大迁徙，明清时期各地乡村建筑相对稳定的地域分布格局已基本形成，可以从民间流传的营造匠书和聚落族谱中得到印证。如元明之际的《鲁般营造正式》、明万历年间的《鲁班经匠家镜》和清末民初的《营造法原》等，对江南地方的民间建筑影响尤其广泛。

至于少数民族地区的乡村传统聚落，因源于不同的文化传统，其构成及相互关系比较复杂，与汉民族聚落也存在交融现象。比如，明清两代逐渐推进"改土归流"，在南方的少数民族地区以"流官"管理制取代"土司"世袭制，推进了汉族与少数民族的异质文化交融，但后者的"熟化"（或"汉化"）程度，大大超过了前者的"夷化"。

自1930年中国营造学社成立以来，在梁思成和刘敦桢两位学科巨擘的引领下，建筑史界对乡土民居的研究成就斐然，形成了传统建筑研究的分支领域。跨世纪以来，建筑史界对传统民居的人文地理背景和建筑形态分布区系已有一些学术探讨，并有过以传统建筑结构类型为主线的地域区划专题研究。但是这些研究成果怎样对城乡改造中的遗产保护难题产生积极影响，还有待实践中的借鉴和运用。

三、城乡改造与传统聚落

1. 消亡中的乡愁载体

自19世纪末以来，直到改革开放之前，传统中国逐渐从农耕文明走向了工业文明，演变进程是相对缓慢曲折的。尽管传统聚落的宗法社会结构已经崩解，但血缘和宗族关系依然得以延续，聚落的空间结构和传统风貌依然大致如故。随着近30年来城镇化和城乡改造浪潮的冲击，传统聚落的文化特征已发生巨变，大部分古城只保留着少量的历史文化街区。作为乡村传统聚落的大多数村镇，经过撤并集聚或自发式改造，使原有的自然和社会生态系统瓦解或巨变，残留下来比较完整，较多保留着原生态风貌的多在边远山区，占比很大的部分已破败不堪，或被低质化改造，总体上正以极快的速度趋于消亡。

据中外学者的研究，民国时期的城镇化水平不过10%左右，中华人民共和国成立直到改革开放前也只达到17%左右。20世纪70年代末改革开放以来，城镇化开始飞速地发展，城镇化率2018年已达59.58%，其中城镇户籍人口42.35%（包括拥有宅基地的部分镇人口和城中村人口），与欧美约75%~85%及日本93%的城镇化率相比仍差距明显。截至2016年，我国乡村自然村仍有244.9万个，基层自治管理单位"村民委员会"52.6万个，乡村户籍人口7.63亿，常住人口5.6亿，在本地和外地谋生的农民工约2.88亿。2017年全国城乡人均收入倍差2.72，一些贫困的山区和边远地区农村人均收入与全国城乡平均收入倍差则远高于这个数字，这些地方的衰败或空村化现象更加严重（数据来源自2017年、2018年国家统计局公布的数据）。

虽然这种文明进程在任何一个走向现代化的农耕社会迟早都会发生，但是中国作为人类文明诸形态中唯一保持了连续性进化的国家，文化传统的基因和源头即存在于城乡传统聚落之中。这一"乡愁"载体的消亡，不但会使国家和地方失去身份认同的文化根基，而且会使城乡一体化发展的战略目标发生偏差。

2. 风土建成遗产

在中国传统聚落的话语体系中，"民居"是对功能类型而言，"乡土"是对乡村聚落而言，而"风土"是对城乡聚落及其文化地理背景而言，三者均属同一范畴。因此，乡村聚落也是最具文化载体性的风土聚落，呈现了各个地域环境、气候和民族、民系背景下异彩纷呈的风土特质。西方的风土建筑研究可以追溯到法国18世纪新古典主义理论家德·昆西（Quatremère de Quincy），他最早指出了建筑语言的风土（Vernacular）和习语（Idiom）属性。到了当代，英国建筑理论家兼乡村爵士乐作曲家鲍尔·奥利弗（Paul Oliver，1927—），集风土建筑研究大成，在1997年出版了覆盖全球的《世界风土建筑百科全书》（*Encyclopedia of Vernacular Architecture of the World*），他认为研究风土建筑不只是为了记录过往，对未来的文化和经济可持续发展也是不可或缺的。随后R. 布伦斯基尔（Brunskill R. W.）在2000年出版《风土建筑：一部图解的历史》一书，把20世纪以前定义为"风土建筑时代"，以大量的插图详解了数百年来英国风土建筑在农耕时期和工业化早期的形态特征。

"建成遗产"是经由营造活动所形成的建筑、聚落、景观等文化遗产本体的总称。1999年，国际古迹遗址理事会（ICOMOS）在《风土建成遗产宪章》（*Charter on the Built Vernacular Heritage*）中，首次提出了"风土建成遗产"的概念，即特定风俗和土地上所建造的文化遗产，其保护价值今已成为全球共识。首先，"聚落建筑"作为风土建成遗产的第一保护对象，是城乡历史环境的栖居场所，也是民族民系身份认同和乡愁记忆的空间载体，携带着可识别的中国传统文化基因。其次，"营造技艺"蕴含乡遗的工巧智慧精华，是对其进行保护、传承和再生的意匠源泉，而只有将传统聚落的营造技艺真正传承下去，保护才是可持续的，才能使聚落遗产长存下去。再次，"文化地景"（或文化景观Cultural Landscape）呈现聚落的环境因应特征，是人工与天工相交融的在地景观。韩国建筑师承孝相，为了表达地景建筑创意，生造了"Landscript"（地文）一词，本意是强调人的活动在土地上留下的印记，就如大地书写一般。显然，"地文"需要保护和续写，即像日本的"合掌造"民居、中国的西递—宏村那样，严格保护好聚落遗产标本，激活历史环境的"场所精神"（Spirit of Place），在新建筑中创造性地转化风土建成遗产的原型意象。

3. 国家级聚落遗产

根据住房和城乡建设部和国家文物局颁布的最新保护名录，中国传统聚落列入国家保护名录的有三大类，均可看作风土建成遗产。其一为100多处"国家重点文物保护单位"身份的传统聚落；其二为国家历史文化名城、名镇、名村，包括135座"名城"、312个"名镇"和487个"名村"；其三为6819个部分由国家财政资助保护的"传统村落"。此外，皖南古村落西递—宏村、福建土楼、开平碉楼与村落，以及红河哈尼梯田文化景观等4项乡村传统聚落及景观被收入世界文化遗产名录。

这其中的传统村落数量最为庞大，部分还同时具有国家级历史文化名村及重点文物保护单位的身份。其分布特点为：南方约占全国总量的78%，大大多于北方；山区多于平原、盆地，如晋、湘、滇、黔、闽的山区占比超过全国总量的二分之一；方言区多于官话区，如晋系方言区约占北方各官话区总和的40%左右；工业化、城镇化起步较晚的地区多于起步较早的地区，如西北地区多于东北地区；城乡人均收入倍差相对较高的地区多于发展水平相近的较低地区，如贵州、云南处于全国传统村落数量排名前列。

上述的三大类传统聚落遗产保护系列中的前两类，有着相应的国家保护法规及实施细则，生存问题相对无虞。而第三类——传统村落量大面广，没有直接的相应保护法规作保障，其生存问题看似有国家财政资助，实际状况则堪忧。

四、传统聚落的保护与活化

1. 模式与问题

对风土建成遗产的专项保护，比较典型的首推北欧斯堪的纳维亚半岛的挪威和瑞典，这里在第二次世界大战前最早以民俗博物馆的方式，保护和展示当地的风土建筑，这种方式随后风靡欧洲大陆和英国。1952年英国"古迹委员会"将18世纪以前的风土建筑均纳入了保护名录，特别值得注意的是，英国将乡村划为120个自然区和181个特色景观区，这是可以借鉴的乡村文化地景谱系保护策略。日本于20世纪70年代兴起的"造村运动"，是通过农业升级改造、乡村特色塑造和技术培训投入，提振乡村经济社会活力和磁力，最终使乡村聚落得到活化和再生。聚落遗产保护和传承是其中的一个部分，如长野县的妻笼宿和岐阜县的马笼宿，其风土建成遗产在存真、修缮、翻建、活化等方面皆有坚定的价值坚守和丰富的保护经验，可供中国乡村风土建成遗产保护和再生实践学习借鉴。

我国城乡风土建成遗产保护与活化前后已历20载左右，经验和教训并存，其中数量占大多数的乡村聚落遗产保护与活化主要有三种模式。第一种为国家文博体系和大型国企主导的乡村博物馆模式，如山西的丁村、陕西的党家村、湖南的张谷英村、福建的田螺坑土楼群及玉井坊郑氏大厝等，经费、法规、导则等条件较为完善，部分村民通过村委会组织参与经营活动受益。第二种为社会企业主导的风土观光综合体模式，乡村聚落遗产由企业与当地政府、村自治体——合作社以契约形式合作及分成，如安徽黟县宏村、浙江松阳县村落、山西沁水县湘峪村、福建连江县杜棠古村三落厝等。第三种为村自治体主导风土生态体验区模式，以由村自治体所属企业及乡村活化能人掌控风土观光资源，进行乡村聚落开发，村民参与其中的相对较多，受益也相对大一些，如安徽黟县西递村、山西平遥县横坡村、陕西礼泉县袁家村、山西晋城市皇城村、福建屏南县北村等。

不可忽视的是，乡村聚落遗产在保护和活化中存在一些带有普遍性的问题和挑战：一是大多没有以乡村经济、社会的改造升级为根本前提，而是过多地依赖于旅游资源的消耗；二是管理政出多门，既条块分割，又一事多管，造成一些村落一村多名，准入标准和处置方式交错低效；三是原住民生活资料——集体土地、宅基地和房屋处于不确定的流转状态，所有权和使用权分离，但土地与房屋租金普遍低廉，收益分配不成比例，原住民的公平共享诉求难以兑现，存在着大量的权益矛盾和法律纠纷，潜在的社会风险已然存在；四是维修和民宿化改造等多为村民自发行为，存在严重的安全隐患，如结构安全意识薄弱，涉及公众安全的强制性技术规范和安全施工监管缺位，消防间距、人身防护不合规范的状况随处可见，声、光、热等室内环境控制指标大都达不到基本使用要求；五是宅基地内滥建低质楼监管缺失，低质翻建率常在一半以上，严重的达70%~80%，使村落风貌严重失控，而招揽观光的利益驱动导致拆真造假现象也随处可见；六是薪火相传趋于中断，大部分营造技艺面临失传，由于种种原因，"非物质文化遗产传承人"名誉并未起到明显的弥补作用，传统意匠及技艺存续与再生尚待突破，新旧修复材料融合手段薄弱等问题普遍存在；七是同质化严重，社会资金普遍投入乡村聚落保护与再生项目的可能性有限，而传统村落依赖国家财政扶持也是很有限的，且不可持续。

2. 标本保存谱系化

当下我国城乡风土建成遗产的保护与活化，首先并不是个建筑学问题，而是涉及保护什么，如何保护，怎样活化的实质性问题，与经济、社会的可持续发展背景息息相关。从物种标本保存的战略眼光看，传统聚落保护与活化的前提是对聚落遗产标本的保存和研究。

少量被定格在某个历史时期或文化样态下的聚落遗产，比如平遥、丽江古城以及各地名镇、名村一类进入各种遗产名录，是受到严格保护的风土建成遗产标本。但这些遗产标本只是聚落遗产中极小的一部分，我们认为，实际上需将我国城乡风土建成遗产按民族、民系的语族区或方言区进行全覆盖，成体系地作分类分级梳理，为后世存续完整的风土建成遗产谱系标本，兹事体大，关及国家和地方历史身份和文化传承的根基。因此，应依风土建成遗产谱系——甄别、筛选和认定聚落遗产，再以地景修复、聚落修补和技艺传承为基础，将之纳入再生过程。当务之急，是应对其谱系构成缘由与分布有比较系统的认知。

由于语言作为文化纽带的重要性仅次于血缘，而风土在语言学上的含义，即连接一个地方聚居群体的交流媒介"语缘"，既可代表不同的文化身份，也可作为判断各文化身份间亲疏关系的参照。因此，从文化地理学和人类学的角度，可尝试以民系方言和语族—语支为参照，对各地风土建筑做出以"语缘"为纽带的谱系分类区划。总体上看，历史上语族相近，说明有相关的文化渊源；语族的方言或语支相通，说明血缘和地缘存在关联性。传统的汉语族—方言和少数民族的语族—语支是在漫长的历史变迁中，由于地理阻隔及民族、民系迁徙所形成的。虽然建筑谱系和语言谱系是否完全对应确是个问题，但设若不同族群在语言上可以交流，则其聚落及建筑一般也会存在交互关系。

参照语言人类学家的语缘区划，汉藏语系的汉语族民族民系聚落及建筑谱系主要可分为：其一，东北、华北、西北、江淮和西南等五大官话区建筑谱系；其二，华北的晋语方言区建筑谱系；其三，江南的吴语、徽语、赣语和湘语四大方言区建筑谱系；其四，华南的闽语、粤语和客家语三大方言区建筑谱系。少数民族语族区聚落及建筑谱系主要可分为：其一，西南地区汉藏语系藏缅语族17个民族的建筑谱系，壮侗语族9个民族和苗瑶语族3个民族的建筑谱系；其二，北方地区阿尔泰语系突厥语族7个民族，蒙古语族6个民族和通古斯语族5个民族的建筑谱系等。此外，还有少量西北地区印欧语系斯拉夫语族和伊朗语族的民族的建筑谱系，以及华南地区南亚语系和南岛语系民族的建筑谱系。以这样的谱系认知方式，对风土建成遗产谱系遗产的标本系列进行谱系化的保护，是有重要意义的一种尝试。

突厥语族区建筑		其他区建筑	蒙古语族区建筑		其他区建筑	通古斯语族区建筑		其他区建筑
定居区	游牧区		定居区	游牧区		定居区	渔猎区	
北方官话区西部建筑			晋语方言区建筑			北方官话区东部建筑		
河西	关中		北部	中部	东南部	京畿	胶辽	东北
西南官话区建筑			北方官话区中部建筑			江淮官话区建筑		
滇	黔	川	鄂	豫	鲁	淮	扬	
藏缅语族区建筑			湘语方言区建筑		赣语方言区建筑		徽语方言区建筑	吴语方言区建筑
藏区	羌区	彝区	其他	湘西	湘中	湘东	豫章	临川	庐陵	歙县	婺源	建德	苏州	东阳	台州
壮侗语族区建筑			客家方言区建筑			闽语方言区建筑		
壮区	侗区	其他	西部	中部	东部	闽中	闽东	
苗瑶语族区建筑			粤语方言区建筑			闽语方言区建筑（闽南）		
其他区建筑			桂南	粤西	广府	潮汕	南海	台湾

我国民族民系风土建成遗产谱系分布示意图

3. 大量性传统聚落的出路

除了经典传统聚落风土建成遗产谱系的标本保存，大量性的传统聚落，特别是乡村聚落，总体上面临着景象劣化、原有建筑被大量低质改建、乡村经济和民生有待振兴的境况。因此，需要将聚落有机更新和文化地景再造，作为未来发展的主要方向。实际上，对大量性传统聚落的可持续发展而言，实践中应考虑保存有标本价值的聚落典型建筑，延承风土营造谱系所曾依存的地貌特征、空间格局和尺度肌理，再造出隐含着基质原型、适应生活变迁的新风土聚落及文化地景。

此外，传统聚落遗产管理系统和遗产归口的合理化，遗产运作的信托化，遗产基金、社会"领养"

和活化途径的模式化，营造技艺传承的制度化，以及保护技术的系列化等，都应作为传统聚落保护与再生的改进方面加以关注和实施。

五、关于丛书编纂

这部丛书是第一部关于中国传统聚落特征与保护的大型研究集锦，内容覆盖了各省市自治区传统聚落的历史溯源、地域特征与现存状态、保护与活化的方法与途径，以及未来走向的展望等。丛书中的"传统聚落"聚焦于狭义的"村"和"镇"，并可选择性地涉及"城"，即"县"或"市"的老城区，如北京的胡同和上海的弄堂。书中内容兼顾理论观点和叙述方式的历史性、逻辑性和独特性，引述材料要求真实可靠，体例同中有异，充分表达地域特征，并将之纳入史地维度和经济、社会发展的叙事语境。保护与活化内容要求选取兼顾普适性和典型性的工程实践案例，对乡村振兴中的建成遗产存续和再生问题进行全方位的讨论。由于本丛书仍是以行政区划单位作为各分册的研究范畴，难免存在少量跨省市区之间的互涵和重复内容，但作为一部大型丛书，总体上还是完整统一的，其中不少篇章都可圈可点，对乡村振兴和传统聚落的未来探索有多方面的参考价值。

（本文主要内容及参考文献见《建筑学报》2019年12期）

中国科学院院士、同济大学教授
己亥夏至于上海寓所

序二

聚落，是人类聚居和生活的场所，《汉书·沟洫志》曰："或久无害，稍筑室宅，遂成聚落"。聚落这一概念最早出现时是为了描述区别于都邑的居民点，现在已泛指人类生活地域中的村落和城镇。聚落是在各个地域内发生的社会活动、社会关系和特定的生活方式，并且是由共同的人群所组成相对独立的生活空间和领域。传统聚落主要是指具有一定历史性的城乡聚落，拥有物质形态和非物质形态的文化遗产，是先人运用自己的智慧，依据自然、气候、地理、习俗等环境因素建立的适宜的居住空间，同时具有较高的历史、文化、科学、艺术、社会、经济价值，能够反映一定历史时空的社会物质文化与精神文化的重要载体。

传统聚落是人们与自然协调过程中不断地尝试和调整所形成的，是在一定的时空条件下的总结。传统聚落是一定地域空间范围内的人文现象，它既是一种空间系统，也是一种复杂的经济、文化现象和社会发展过程。其起源、形成、发展均在特定地理环境和社会经济背景中，通过人类活动与自然相互作用下的结果，是对自然地理条件、社会治理结构、文化机制作用等多方面的缓慢调整适应，既是人类不断地适应、改造自然环境的实践积淀和智慧结晶，也是特定地域环境人地关系的空间反映。正如本套丛书之一《云南聚落》编写作者杨大禹教授所说："几乎所有的传统聚落，作为联系自然环境和人文环境的中介，从它们的地理分布、外部整体形态、内部空间结构，到聚落与周围自然环境、山水地形的紧密关系，都体现出因地制宜、和谐有机的共同规律。"这些共识是协调当地的地理条件、社会风俗与生活方式等积累而成的。在以聚居为主的生活模式下，都会充分考虑到聚落的环境特点，尽量找到资源配置最为合理、微气候最为和谐的场所。聚落形态与民居建筑形式的存在，与人们应对自然环境的生理、心理需求有着千丝万缕的联系。所以，传统聚落都能反映出在一定的地域空间环境、一定的民族和一定的历史时期所承载的建筑文化底蕴。

传统聚落作为中华文明的一种载体，凝聚着具有地域性、民族性与艺术性的布局特色和建筑风采，以及文化习俗下构成的聚落分布、空间格局、生产模式、景观形态等风情各异、千姿百态的元素。传统聚落是先人们长期适应自然，与自然和谐相处的历史见证，凝聚着中国悠久的农耕文明，展示着人们自古至今的生存智慧，可以说，传统聚落承载着中华文化精华和中华民族精神。所以，保护传统聚落就是维系中国传统文化的延续，就是在保护中华文明的根。

对于聚落空间的研究，既要把控聚落自身各种要素以及各要素之间的相互关系，也要关注聚落内部空间与聚落外部空间之间的关系，从而进一步了解单个聚落与同一个地域内其他聚落之间的关系，以便获得对聚落空间完整概念的把握。通过对传统聚落特色的系统研究，包括将传统聚落的不同历史发展阶段，各种历史文化要素和不同形态载体归纳合一，作为相互交融、贯通的体系来研究，从理论层面上梳理传统聚落各种有关形成、发展、演化的普遍规律和地区特征，挖掘其精神文化及生命智慧，发现其内在的文化价值，尊重其自身的运营机制，肯定其在现代聚落发展中的积极作用，以丰富我们对于人类聚居的认识。

长期以来，我们的先人经过不断的实践，运用了他们的丰富智慧，无论在聚落总体布局或在民居建筑技术、艺术方面都取得了很高的成就，积累了丰富的经验。传统聚落生存智慧拥有中国优秀传统文化的内核，是体现传统建筑智慧最具特色的代表。如何重新再认识传统聚落所具有的地域性、民族性与文化多样性特征，进一步发掘潜藏其中的营建技艺、理论精华和创造智慧，寻求传统聚落的持续发展相应的理论支撑，是我们当前重要的课题。当然，蕴含着中华文化基因的传统聚落更是当代建筑文化特色形成的基础，值得我们去进行研究、总结、学习和借鉴。

"中国传统聚落保护研究丛书"各卷作者综合运用文献研究法、调查研究法、比较研究法、定性分析法等科学研究方法，建构传统聚落研究的基本思路。采用文献分析、田野调查、理论研究与实证分析结合、系统化分析等方法，通过对学术文献、地方志、文书族谱等史料资料进行梳理筛选，对现有传统聚落进行建筑测绘、口述访谈，在吸取前人研究成果的基础上，归纳总结我国传统聚落发展特点及其背后蕴含的丰富文化和物质内涵，从整体上考虑多元文化影响下的传统聚落特征。丛书作者在编写过程中，借鉴历史学、社会学、建筑学、城乡规划学、文化地理学、景观生态学等跨学科交叉的思路，采用融合融贯的研究模式，既对传统聚落的基本共性特点归纳总结，也对受各区域条件影响的传统聚落比较分析，从整体上来把握研究对象。

在新时代的聚落发展和建设中，对传统聚落的保护与研究就显得尤为重要。传统聚落所呈现出来的优秀空间格局与营造技艺，不仅能给聚落的保护更新提供更为合理的方法途径，同时也能为新时代的聚落建设提供更多的方式方法及可能性。探究历史文化基因的内在联系，研究传统聚落的起源、演变、特点和价值，为传统聚落的传承提出依据，以便于更好地加以保护与利用。与此同时，在弘扬与传承优秀传统文化的基础上，探寻传统聚落发展模式及其保护的策略与原则，对保护与更新提出更为具体的要求与措施，构建整体保护的格局理念，以及与其相适应的、分级分类的传统聚落保护体系，更好地把握传统聚落在当代的发展道路与方向。

"中国传统聚落保护研究丛书"的编写希望以准确翔实的史料、精确细腻的测绘、真实生动的图片来全面展示中国传统聚落悠久的历史、灿烂的文化、淳朴的民风。由于各地区的状况不同和民族差异，以及研究基础也会参差不齐，故在编写中并未要求体例、风格完全一致，而以突出各地区传统聚落自身特色，满足各地区建设的需求为主。同时，丛书的编写，也希望对全国各省、直辖市、自治区传统聚落保护与传承、历史街区与传统村落建设，以及城乡人居环境提升起到重要的参考与指导作用，这是本套丛书研究编写的目的和意义所在。

2020年11月16日

前言

2017年受中国建筑工业出版社邀请，由贵州省城乡规划设计研究院组织编撰《中国传统聚落保护研究丛书 贵州聚落》。早在2012年，国家启动了传统村落调查并提出了传统村落保护发展指导意见。2015年，贵州成立了贵州中国传统村落保护发展联盟，贵州省城乡规划设计研究院作为联盟主席单位，为贵州传统村落的保护发展做了大量工作，也积累了一定的经验。本书从传统聚落的视角，对贵州聚落文化做了更全面系统的研究，对认识贵州，树立贵州文化自信，促进脱贫攻坚、乡村振兴和经济社会高质量发展具有重要的历史和现实意义。

聚落是人类在发展进程中形成的聚居方式的统称，本书所指聚落是指新中国成立前形成的传统聚落。传统聚落一般可以划分为城镇聚落和乡村聚落。城镇聚落主要是历史发展进程中，曾设置乡镇、县级以上行政机构，具有历史影响的聚落。乡村聚落主要是以"村"为行政设置或自然形成的"村落"。城镇聚落和乡村聚落的区别体现在生产生活方式上，本书重点从聚落历史和行政机构设置视角来划分。乡村聚落在贵州主要体现在贵州第一至第五批中国传统村落共724个，数量居全国第一。从一定意义上说城镇聚落和乡村聚落并没有严格的区分。

中国历史悠久，地域广大，民族繁多，在传统聚落的演变发展中，形成了传统聚落独特的聚落文化，其文化要素的独特性包括：空间格局的独特性，建筑形态的独特性，聚落历史的独特性，多民族的独特性，地方语言的独特性，其他非物质文化的独特性等。传统聚落文化，从理论上可归纳为物质文化层面、行为文化层面、精神文化层面。物质文化层面包括自然环境景观、空间格局、建筑形态等，同时还包括生产生活活动工具及产品。行为文化层面，是指生产生活活动过程，内含了社会、族群、家庭等关系维系下的行为主体——民族，不同的民族产生了不同的历史。精神文化层面是指人类活动产生的非物质载体或产品，包括制度、法律、宗教、语言、艺术、习俗等。

贵州位于中国西南，全省面积17.6万平方公里，共有9个市（州）及贵安新区，88个县（市、区、特区）。2019年年底常住人口3600万人，城镇化水平49.02%。贵州山川秀丽，地理区位上处于云贵高原，坡地和山地占全省面积的92.5%，是典型的喀斯特地貌区，复杂的地形地貌造就了独特的自然地理景观，全省共有4处世界自然遗产地，11个国家级自然保护区，9个国家级地质公园，18个国家级风景名胜区，是我国独有的山地公园省。贵州历史悠久，是古人类发祥地之一，考古发现早在20万年前贵州就有人类栖息繁衍，已发现的旧石器时代文化遗址80余处。曾经的夜郎国主要在今贵州境内。贵州经历了土司时代和改土归流，于明朝永乐十一年（1413年）建省（布政司），经过明、清和民国时期，贵州的行政空间趋于稳定，也积淀了丰富的传统聚落文化。贵州民族多元，是一个各民族共居的省份，全省共有民族成分54个，除汉族外，还有世居少数民族17个，少数民族占贵州总人口的36.1%。布依族、仡佬族、仫佬族、水族、瑶族是贵州原生少数民族，其他少数民族均经过长期的历史演变和迁徙来到贵州。苗族是贵州最多的少数民族，共有396.8万人，约占全国苗族总人口的1/4，传说苗族是远古时期蚩尤的后代。民族和文化融合是贵州传统聚落文化的一大亮点。

  本书围绕贵州传统聚落的发展脉络和独特的聚落文化进行了创新性地总结和研究。第一，确立大贵州史观的传统聚落发展视角，以贵州行省前后为主线，从时间和空间维度系统梳理贵州历史沿革和行政空间变迁；第二，针对城镇聚落，提出区域中心聚落的概念和空间分布，进而将区域中心聚落进行分级，构建传统聚落内涵和外延相结合的叙事着力点；第三，将传统聚落文化分解成地域文化、历史文化、民族文化三个维度，提出了文化分区的概念和方法。以水系和山脉为主体进行地域文化分区，以大贵州史观进行历史文化分区，以18个世居民族综合分析，进行民族文化分区，进而提出7个传统聚落文化综合分区。根据文化分区将贵州传统聚落文化划分为地域文化型、历史文化型、民族文化型、多元文化融合型。在区域或次区域中，几种文化类型都呈现出不同程度的融合或多种方式的组合。

  本书第一至第三章阐述贵州自然地理环境、历史沿革与行政空间的变迁、民族演变及分布，展示了贵州传统聚落的自然地理环境、演变和聚落文化独特性；第四章概括贵州传统聚落的文化特征，提出传统聚落文化分区；第五章至第七章分别对城镇聚落、乡村聚落、传统建筑空间形态进行总结概括，并做典型案例展示；第八章提出了传统聚落保护更新的重点、内容和方法，着重体现传统聚落的文化传承和操作性的活化应用。各章节结合主题对传统聚落及文化做了选择性的展示。

  本书力求体现系统性、通俗性、专业性和创新性，首次从传统聚落的视角，系统地对贵州聚落文化进行全面的梳理和展示，以期对贵州发展走出一条不同于东部、有别于西部其他省份的保护发展之路提供参考路径。本书在编撰过程中参考了大量贵州省城乡规划设计研究院完成的相关研究课题资料，同时查阅了大量相关书籍和资料，提出了自己的视角和观点，但难免有阐述不当之处。贵州空间复杂、历史悠久、民族众多，我们期望通过本书的总结和启示，在区域和次区域的文化差异及传统聚落文化的现代运用等方面做持续关注和深度研究。

贵州省城乡规划设计研究院
2020年10月于贵阳

目 录

序 一

序 二

前 言

第一章 自然地理环境

第一节 贵州地理特征 —————— 002
 一、地势地貌 —————— 002
 二、地理结构 —————— 004
 三、主要山脉 —————— 005
第二节 贵州流域特征 —————— 014
 一、流域概况 —————— 014
 二、贵州水系 —————— 015
 三、主要河流 —————— 016
第三节 贵州气候植被概述 —————— 021
 一、气候特征 —————— 021
 二、土壤特征 —————— 023
 三、植被植物 —————— 024
第四节 贵州地理景观 —————— 025
 一、贵州地理景观概述 —————— 025
 二、贵州地理景观分布 —————— 026

第二章 历史沿革与行政空间的变迁

第一节 贵州古文明起源 —————— 032
 一、贵州文化历史划分 —————— 032
 二、远古时代 —————— 033
 三、贵州文化遗址 —————— 033
第二节 贵州古国溯源 —————— 038
 一、鳖人时代 —————— 038
 二、牂柯时代 —————— 038
 三、夜郎时代 —————— 039
第三节 贵州治理体系的演变 —————— 041
 一、郡县时代 —————— 041
 二、贵州古国 —————— 043
 三、土司时代 —————— 045
第四节 行省时代 —————— 048
 一、贵州建省 —————— 048
 二、改土归流 —————— 048
 三、清代民国时期 —————— 051
第五节 贵州行政空间形成 —————— 053
 一、贵州历史沿革 —————— 053
 二、行政区划 —————— 053

第三章 民族演变及分布

第一节 贵州民族与人口迁徙 —————— 058
 一、民族概况 —————— 058
 二、人口迁徙 —————— 058

第二节　贵州民族结构及分布 —— 060
　一、民族结构 —— 060
　二、世居民族分布 —— 060
第三节　贵州典型民族文化特征 —— 062
　一、原生民族文化 —— 062
　二、典型世居民族文化 —— 070
　三、非物质文化遗产 —— 093

第四章　传统聚落文化特征及文化分区

第一节　传统聚落与聚落文化 —— 098
　一、传统聚落的概念 —— 098
　二、贵州聚落文化类型 —— 099
　三、聚落文化分区 —— 099
第二节　地域文化分区 —— 100
　一、地域文化及分区 —— 100
　二、地域文化分区特征 —— 100
第三节　历史文化分区 —— 108
　一、历史文化及分区 —— 108
　二、历史文化分区特征 —— 108
第四节　民族文化分区 —— 114
　一、民族文化及分区 —— 114
　二、民族文化分区特征 —— 114
第五节　传统聚落文化分区 —— 122
　一、传统村落分布 —— 122
　二、传统区域中心聚落 —— 122
　三、传统聚落文化综合分区 —— 126

第五章　城镇聚落空间形态

第一节　城镇聚落空间特征 —— 130
　一、城镇聚落文化类型 —— 130
　二、选址条件分析 —— 130
　三、典型城镇聚落选择与分布 —— 134
第二节　典型历史文化型空间形态 —— 136
　一、黄平旧州古镇 —— 136
　二、平坝天龙镇 —— 141
　三、贵阳青岩古镇 —— 143
第三节　典型地域文化型空间形态 —— 147
　一、湄潭永兴古镇 —— 147
　二、毕节织金古城 —— 151
　三、锦屏茅坪古镇 —— 154
第四节　典型民族文化型空间形态 —— 156
　一、雷山西江镇 —— 156
　二、黎平肇兴镇 —— 161
　三、印江木黄镇 —— 166
第五节　多元文化融合型空间形态 —— 169
　一、铜仁石阡县城 —— 169
　二、黔东南黎平县城 —— 173
　三、黔西南安龙县城 —— 176

第六章　乡村聚落空间形态

第一节　乡村聚落空间特征 —— 182
　一、乡村聚落文化类型 —— 182
　二、乡村聚落选址与空间特征 —— 182

三、典型乡村聚落案例选择与分布 —— 184
第二节 典型历史文化型村庄 —— 185
　　一、开阳县禾丰乡马头村 —— 185
　　二、安顺市西秀区大西桥镇鲍屯村 —— 187
　　三、遵义市务川仡佬族苗族自治县
　　　　大坪镇龙潭村 —— 192
第三节 典型地域文化型村庄 —— 195
　　一、赤水市丙安村 —— 195
　　二、贵阳市花溪区石板镇镇山村 —— 198
　　三、六盘水盘州市石桥镇妥乐村 —— 200
第四节 典型民族文化型村庄 —— 205
　　一、从江县丙妹镇岜沙村 —— 205
　　二、松桃县正大乡薅菜村苗王城 —— 208
　　三、黔南布依族苗族自治州荔波县
　　　　瑶山民族乡懂蒙村 —— 211
第五节 多元文化融合型村庄 —— 214
　　一、黔南布依族苗族自治州三都县
　　　　都江镇怎雷村 —— 214
　　二、铜仁市石阡县国荣乡楼上村 —— 216
　　三、贵州省威宁县石门坎 —— 220

第七章　传统建筑空间形态

第一节 民居建筑 —— 226
　　一、贵州民居原型类型及特征 —— 226
　　二、典型民居建筑案例 —— 228
第二节 公共建筑 —— 256
　　一、公共建筑类型 —— 256
　　二、典型公共建筑 —— 256
第三节 建筑环境 —— 266
　　一、聚落自然环境格局 —— 266
　　二、整体空间形态 —— 267
　　三、空间环境要素 —— 268

第八章　传统聚落保护更新

第一节 重点保护对象 —— 276
　　一、历史文化名城、名镇、名村 —— 276
　　二、传统村落 —— 277
　　三、文物保护单位 —— 278
　　四、历史建筑 —— 279
第二节 保护更新政策及内容 —— 280
　　一、保护发展政策 —— 280
　　二、保护更新原则 —— 282
　　三、保护更新方向与内容 —— 283
第三节 保护更新方法 —— 291
　　一、保护规划制定 —— 291
　　二、民居修缮 —— 296
　　三、现代农房风貌指引 —— 302

附　录 —— 315

索　引 —— 329

参考文献 —— 334

后　记 —— 336

第一章 自然地理环境

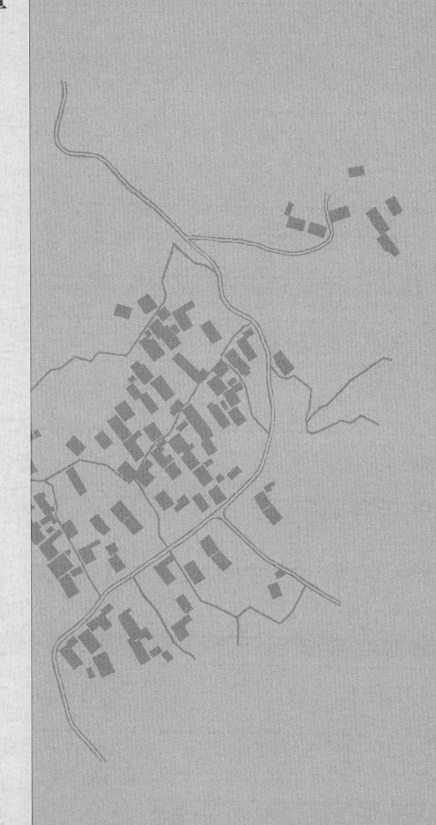

第一节　贵州地理特征

贵州位于我国西南地区东南部，云贵高原东部，地处东经103°36′~109°35′，北纬24°37′~29°13′之间，东毗湖南、南邻广西、西连云南、北接四川和重庆。全省面积17.6万平方公里，东西长约595公里，南北宽约509公里，全省平均海拔1100米左右，具有低纬度、高海拔，近江近边近海等特征。

一、地势地貌

（一）贵州地势

贵州在地势上处于青藏高原从第一阶梯—第二阶梯的高原山地，向东部第三阶梯的丘陵平原的过渡地带，处于长江水系和珠江水系的分水岭地区，是高耸于四川盆地和广西丘陵之间受到河流强烈切割的岩溶化高原山地。其地势特点是西部高，中部稍低，自中部向北、东、南三面倾斜，即由西向东形成一个大梯坡，又由中部向南和向北再形成两个斜坡带。全域地势可分台面，第一台面海拔2900~2200米，由西部威宁、赫章、水城一带的高原组成；第二台面海拔降到1500~1000米，由中部山原（黔北、黔南）、丘原（黔中）组成；第三台面海拔继续降到800~500米，由江口—镇远以东的低山丘陵组成（图1-1-1）。

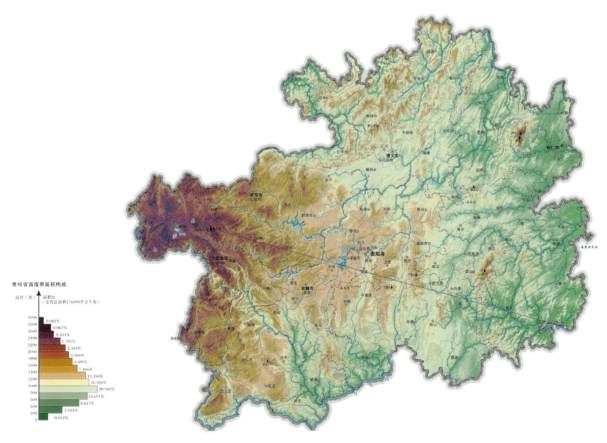

图1-1-1　贵州地势图

由于各条河流对高原边缘强烈地侵蚀切割，贵州地势起伏较大。河流上游的分水岭地区，高原面保存较好，地面起伏较小；河流的中、下游地区，大多河谷深切，相对高度常达300～700米。赫章县珠市乡韭菜坪海拔为2900.6米，为贵州境内最高点；黔东南州黎平县地坪乡水口河出省界两河口处海拔仅有147.8米，为境内最低点（图1-1-2）。

（二）贵州地貌

贵州在地貌上是一个以高原、山地为主的地区。高原、山原、山地约占全省总面积的87%，丘陵占10%，盆地、河流阶地占3%。其中，山地作为分布面积最大的地貌类型，按海拔高度可分为海拔900米以下的低山、海拔900～1600米的中低山、海拔1600～1900米的中山、海拔1900～2900米的高中山。不同成因的丘陵分布在高原边缘和高原夷平面上，呈孤立状、垅岗状或丛聚状，形态多样的盆地散布于贵州各地，按其海拔高度可分为海拔900米以下的低盆地、海拔900～1900米的中盆地、海拔1900米以上的高盆地，其共同特点是规模不大、面积超过万亩的大坝子为数不多，是全国唯一没有平原支撑的省份，素有"八山一水一分田"之说。

全境地貌主要为喀斯特和非喀斯特两大地貌类型，成因上表现为流水作用为主导剥蚀—侵蚀地貌系列和以岩溶作用为主导的溶蚀地貌系列（图1-1-3）。喀斯特岩溶地貌发育典型、分布范围广，面积约10.9万平

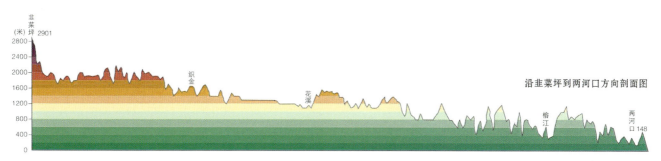

图1-1-2 贵州地形高差切面图

图1-1-3 喀斯特地貌类型图（来源：网络）

方公里，占全省面积的61.9%。

贵州的岩溶地貌类型齐全，几乎可以见到岩溶区所有的地貌形态和类型：在地表有石牙、溶沟、漏斗、落水洞、洼地、溶盆、槽谷、峰林、峰丛、溶丘、岩溶湖、潭、多湖泉等，地下有溶洞、地下河、伏流、暗潮，还有丰富多彩、千姿百态的多种钙质沉积形态如石钟乳、石笋、石柱、石花、石幔、边石、石瀑布、莲花盆、卷曲石等，这些地貌形态及其组合随着地貌部位的不同，有规律地分布在从宽阔的分水岭到深度切割的峡谷。

二、地理结构

（一）地质构造概况

贵州位于东亚中生代造山带与阿尔卑斯-特提斯新生代造山带之间的上升地壳区。贵州地层自元古代至新生界均有出露，累计厚度近4万米。贵州在已知约14亿年的地质历史时期，构造发展经历了武陵、雪峰、加里东、华力西-印支和燕山-喜马拉雅构造运动等五个阶段。贵州有形成于大洋地壳区、过渡地壳区和大陆地壳区的沉积岩、火成岩及变质岩等多种构造岩石组合。构造运动的性质既有激烈的褶皱运动，又有缓和的升降运动。雪峰运动奠定了扬子准地台的基底，广西运动使黔东南地区相继褶皱隆起而与黔西北广大地区的扬子准地台融为一体，嗣后又经受了后期的裂陷作用和俯冲型造山运动。扬子地块内，可按盖层性质的不同，分为三个二级单元。对盖层在某些地质时期分化较清楚的黔北台隆，尚可分为两个三级单元。扬子地块依其形变特征的不同又分为毕节北东向构造、凤冈北北东向构造、威宁北西向构造、贵定南北向构造、望谟北西向构造等五个变形区。卷入华南早古生代褶皱带的主要是贵州的东南部。基底构造在总体上是北东向的复式背斜及少量同向断层。它与晚古生代以上地层所组成的构造有明显的交角（如新化向斜），显然是基底构造。燕山期构造与扬子地块相似，主要呈北北东向（图1-1-4）。

（二）地质特征

1. 沉积地层发育齐全，自中元古界至第四系均有出露，海相地层层序连续。中晚元古代以海相碎屑沉积为主，古生代至晚三叠中期则以海相碳酸盐沉积占优势，晚三叠世晚期以后全为陆相碎屑沉积。地层中富含古生物化石，并赋存有丰富的煤、磷、铝、锰等沉积矿产。

2. 沉积岩发育，不仅分布广泛、岩类繁多，且形成环境变异多姿、相带发育齐全，其中碳酸盐岩最为发育，约占全省陆地总面积的61.9%，尤以生物碳酸盐岩占绝对优势。

3. 火成岩出露面积不大，分布零星，但岩类较多，属性较全，从超基性—基性—中性—酸性的岩石中皆可见及，尤以基性岩发育最佳。岩浆活动时间漫长，在中元古代—古生代—中生代十余亿年间的地史时间内均有活动，以中元古代和二叠纪两期最为强烈。成因类型复杂，既有幔源岩浆喷溢的基性熔岩和侵位基性岩、超基性岩，又有陆壳改造型花岗岩，其形成的原始构造背景以伸展为主。

4. 变质岩以层状浅变质岩系为主，属绿片岩相，具面型分布、相带宽阔、单相变质的特点，原岩以硅质碎屑岩为主。

5. 贵州经历的构造运动既有激烈的褶皱运动，又有缓和的升降运动。雪峰运动奠定了扬子陆块的基底，广西运动使黔东南地区褶皱隆起与西北的扬子陆块融为一体，多次造山运动形成了复杂的构造形迹，其中以规模宏大的侏罗山式褶皱分布最广，发育最好。

6. 矿产资源较丰富，矿种较多，但以沉积矿产和低温热液矿产为主。

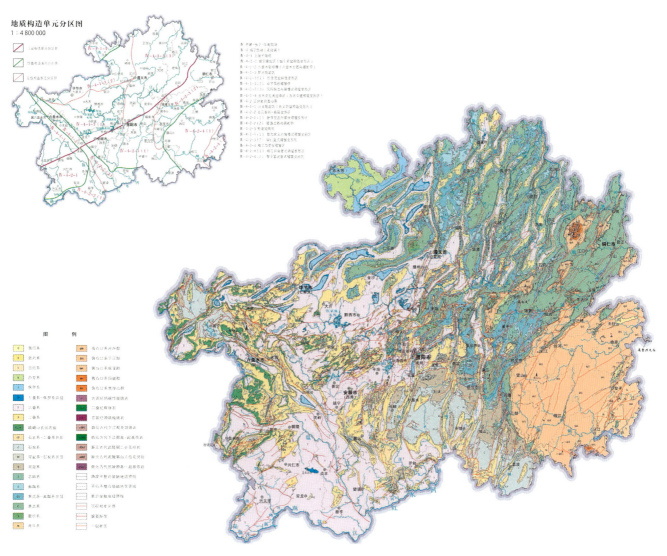

图1-1-4 贵州地质概况分布图

（三）岩石分布

贵州底层岩石以沉积岩分布最广，发育最佳；火成岩岩类较多，但分布零星；变质岩的岩类不多，相变单一。

岩石地层由老到新从东向西分布。黔东南及梵净山集中分布了6亿年前的变质岩，向西往黔南、黔中、黔东北、黔北、黔西北到赤水，基本格局依照震旦—寒武系到侏罗—白垩系的分布规律；在黔南、黔中、黔东北、黔北、黔西北地区，硅酸盐岩和碳酸盐岩基本上呈条带状互层分布；玄武岩集中分布于黔西北的毕节地区、六盘水市，黔中地区有少量的分布；碳酸盐岩分布占61.9%。

三、主要山脉

贵州境内山脉众多，重峦叠嶂、绵延纵横、山高谷深，大娄山、武陵山、乌蒙山和横亘中部的苗岭，构成了贵州高原的地形骨架（图1-1-5）。

（一）大娄山

大娄山位于贵州省北部，呈东北—西南走向，位于贵州省北部，西起毕节，东北延伸到四川。分布于仁怀县以北，习水县以东，绥阳正安以西，道真县以南的广大地区。在贵州境内的一段约长300公里，宽约150公里，海拔1500～2000米，是乌江水系和赤水河的分水岭，也是贵州高原与四川盆地的界山。大娄山地区山势险峻，道路崎岖，素有黔北咽喉之称。川黔要隘"娄山关"海拔1444米，而大娄山以南的低中山丘陵和宽谷盆地则为该区域的生产、生活提供了便利的空间和条件（图1-1-6）。

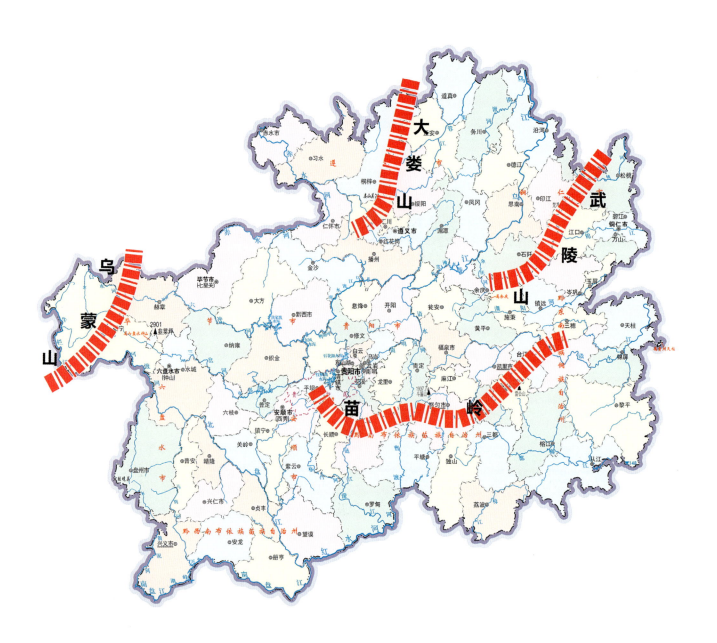

图1-1-5 贵州主要山脉分布示意图

(二)武陵山

武陵山位于贵州东北部,呈北东走向,由湖南延伸入境,分布于铜仁以北,沿河以东,松桃以西和重庆市秀山广大地区,是乌江水系和沅江水系的分水岭,海拔一般在1500～2500米,相对高度700～1500米。在贵州境内的一段地势起伏大,以梵净山凤凰顶为最高峰。梵净山是我国重点自然保护区之一,也是有名的佛教圣地,主峰海拔2572米,该区域的城镇及乡村聚落多具有显著的地域特征(图1-1-7)。

(a)大娄山全景

(b)板桥镇

(c)娄山关

图1-1-6 大娄山

(d) 响水田村　　　　　　　　　　　　　　　　(e) 泗渡镇田园

图1-1-6　大娄山（续）

(a) 梵净山

图1-1-7　武陵山

(b) 云舍村

(c) 松桃县城远景

(d) 印江田园

图1-1-7 武陵山（续）

（三）乌蒙山

乌蒙山位于贵州的西北部，呈东北—西南走向，由云南延伸入黔，分布于水城以西，天生桥以北，赫章以南，云南昭通以东的广大地区。是牛栏江、横江与北盘江、乌江的分水岭，海拔一般在2000~2600米，主脉常有超过2800米的山峰，最高峰位于东南山脉西北端的韭菜坪，海拔2900.6米，也是贵州全省海拔最高的山峰。乌蒙山地区威宁草海，是贵州高原最大的天然淡水湖，素有高原明珠之称。峰丛洼地及高山缓坡地带多为传统聚落的聚集地（图1-1-8）。

（四）苗岭

苗岭位于贵州省东南面，横亘于贵州中部，分布于玉屏以南，都匀以西，榕江以北的广大地区，是珠江水系和长江水系的分水岭。长约180公里，宽约50公里，一般海拔1200~1600米，其东部受到强烈切割，地面起伏较大，相对高度常达500~700米。苗岭的最高峰雷公山，海拔2178米，雷公山也是我国重点自然保护区，被誉为人类保存最完好的生态文化净地。该区域的聚落具有浓郁的原生态民族文化特征（图1-1-9）。

（a）永和镇

（b）青山镇

（c）板底乡

图1-1-8　乌蒙山

(d)保田镇

图1-1-8 乌蒙山（续）

（a）西江（千户苗寨）

（b）剑河温泉小镇（来源：龚小军 摄）

（c）雷公山

图1-1-9 苗岭

（d）平永镇

第二节 贵州流域特征

一、流域概况

贵州位于长江和珠江两大流域上游，大体以乌蒙山、苗岭为分水岭，以北区域属长江流域，以南区域属珠江流域（图1-2-1）。两大流域面积分别为11.58万平方公里和6.04万平方公里，分别占全省总面积的65.7%和34.3%。全省河网密布，河长大于10公里、流域面积大于20平方公里的河流有984条，河网密度为0.71公里/平方公里，东密西稀。全省江、河、湖、库水域面积约1845平方公里，约占全省面积的1%，全省水资源多年平均总量为1035亿立方米。

主要河流多发源于西部高原，水流方向受地势与地质构造条件制约，分别向东及南、北方向呈扇形展布。多数河流上游河谷开阔且平缓，在第一级台面向第二级台面转折的斜坡地带，常常出现河谷裂点，水流湍急；中游河谷深切狭窄，是造型地貌和旅游资源最丰富的地区；下游河谷又趋平缓。境内碳酸岩广泛分布，岩溶发育，约60%的河流穿行其间，在河流的中游，常见

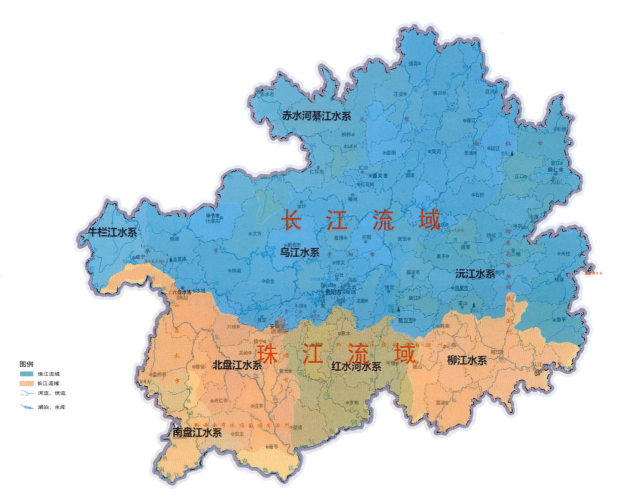

图1-2-1 贵州流域分布示意图

明、暗流（伏流）交替出现，地表水与地下水相互转化补给，而中游以下则主要是地下水补给地表水。喀斯特地区具有"地下水滚滚流，地表水贵如油"，对大气降水有很强的依赖性特征。

二、贵州水系

贵州河流主要有八大水系（图1-2-2），分属两大流域。其中属长江流域的有牛栏江横江水系、乌江水系、赤水河綦江水系和沅江水系四大水系；属珠江流域的有南盘江水系、北盘江水系、红水河水系、都柳江水系。

（一）牛栏江横江水系

牛栏江、横江，分别发源于云南昆明和威宁羊街，从南向北流经威宁县境后，在云南昭通汇入金沙江。牛栏江是滇黔界河，境内长79公里，主要支流有哈喇河和玉龙小河。

（二）乌江水系

乌江水系主要位于云贵高原东北部，是长江上游右岸最大的支流，发源于威宁盐仓镇香炉山，境内长889公里，流域面积6.68万平方公里，占全省总面积37.9%，是贵州省最大的河流，在重庆涪陵汇入长江，主要支流有六冲河、猫跳河、湘江、洪渡河、芙蓉江。

图1-2-2 贵州水系分布示意图

（三）赤水河綦江水系

赤水河綦江水系主要位于贵州省北部。赤水河发源于云南省威信县，境内长126公里，是长江右岸一级支流，流经金沙、习水、赤水后在四川合江汇入长江，主要支流有二道河、习水河、桐梓河、大同河、古蔺河，其水资源和旅游资源丰富。綦江水系上游为松坎河，境内长约80公里，流入重庆。

（四）沅江水系

沅江水系发源于贵定县，自西南向东北流经黔南、黔东南的贵定、都匀、凯里、黄平、剑河、锦屏等县，经湖南、湖北汇入洞庭湖，干流全长1022公里。支流有潕阳河、南哨河、亮江等，清水江是沅江上游，贵州境内长479公里。

（五）南盘江水系

南盘江是珠江主源，发源于云南曲靖，与红水河共同构成西江上游，是黔桂界河，流经兴义、安龙等6个县市，支流有黄泥河、马别河，境内长263公里，流域内水资源丰富。

（六）北盘江水系

北盘江是红水河的一条支流，发源于云南宣威市，多处为滇黔界河，境内长352公里，流经威宁、盘县等16个县市，在望谟县蔗香双江口与南盘江汇合后流入红水河，支流有大田河、麻沙河、打帮河等。

（七）红水河水系

红水河流经黔桂交界，流经望谟、罗甸等县，是黔桂界河，其上游为南北盘江，境界长度106公里，支流有蒙江、六洞河。

（八）都柳江水系

都柳江位于西江干流的上游，发源于独山县，流经三都、榕江、从江等县，至广西后汇入柳江，境内长330公里，支流有高岘河、马场河、寨蒿河、四寨河等，其水资源丰富。

三、主要河流

云贵高原，群山无边、沟壑纵横，巨细分歧的河流分布在17.6万平方公里的土地上，其中乌江和南、北盘江等14条主要河流架构了贵州江河格局和丰富多彩的人文、自然景观（图1-2-3）。

（一）乌江

乌江是贵州最大的河流，古称黔江、涪水、务川等，流经毕节、息烽、余庆、思南、沿河、酉阳、彭水、武隆、涪陵等贵州省和重庆市的46个县区，在涪陵注入长江。三岔河和六冲河为上游，两河汇合处至思南为中游，思南以下为下游。乌江流域地势高差大、切割强，自然景观垂直变化明显，以流急、滩多、谷狭而闻名于世，号称"天险"，自古为川黔航运要道（图1-2-4）。乌江也是古代贵州航运通道之一，思南、沿河均因为乌江航运而兴起。有"乌江百里画廊"等自然景观。

（二）北盘江

北盘江，有贵州裂缝之称，古代又名牂牁江，流经六盘水、安顺和黔西南，是夜郎国的核心区域。北盘江大峡谷秀丽险峻，雄奇壮美，而在峡谷中，还萦绕着远古壁画、古城遗址等夜郎文化之谜，有铁索桥、摩崖石刻、古驿道等历史痕迹。北盘江大峡谷将贵州分为东西两部分，现在有7座世界级别的大桥将途径两岸连接（图1-2-5）。流域内有闻名遐迩的黄果树瀑布、龙宫等自然景观。

图1-2-3 贵州主要河流分布示意图

图1-2-4 乌江峡谷风光

图1-2-5 北盘江高桥景观（来源：网络）

图1-2-6 南盘江自然风光

图1-2-7 赤水河

（三）南盘江—红水河

南盘江，是贵州与广西的界河，古时又称盘江。南盘江纵坡很大，滩多水急，礁石林立，沿途多为"V"形峡谷，有90余处急滩跌水。水力资源丰富，建有天生桥等多座水电站。这里水美鱼肥，自然景观中有著名的万峰湖（图1-2-6）。

（四）赤水河

赤水河，古称安乐水，在云、贵、川三省接壤地区，也是川黔物资交流的重要通道。经贵州省金沙县、仁怀市、习水县、赤水市至四川省合江县入长江，是国内唯一一条没有被污染的长江支流。赤水河两岸陡峭、多险滩急流，由于流域多由紫红色砾土岩组成，具有良好的渗水性，地面水和地下水通过两岸红土层渗入赤水河，通常在汇集两岸流量大的雨季，呈现出红色及褐黄色的景观。赤水河是中国美酒河，酝酿了茅台、习酒、郎酒、怀酒等数十种蜚声中外的美酒。沿岸有茅台、土城、复兴、丙安四大古镇，也承载着著名的四渡赤水战役的长征红色文化（图1-2-7）。

（五）清水江

清水江为沅江上游，先后流经台江、剑河、锦屏、天柱等县，在都匀称为剑江，剑河县原名清江县，得名于清水江（图1-2-8）。清水江是古代贵州最重要的航运通道之一，湖湘地区的汉文化便是通过清水江传入贵州的苗疆腹地，在锦屏和天柱还保留着大量的宗祠群。古代沅江航运一直深入福泉一带，在此建立牂牁郡。清水江沿途不仅有群峰叠翠的旖旎风光，更有独具特色的木商文化。

（六）都柳江

都柳江历代为黔桂两省水上交通枢纽，被称为侗族地区的母亲河。黔桂山货运出，粤桂百货、海盐交易大

图1-2-8 清水江

图1-2-9 都柳江

部分经都柳江转手，曾有古川码头停泊300余艘船只的繁荣景象。都柳江两岸重峦叠嶂、堆青拥翠，苗村、侗寨、水舍隐现其间（图1-2-9），江水清澈纯净，古榕垂竹倒映，渔舟往来其间，景色美不胜收。

（七）潕阳河

潕阳河，为古代五溪（沅水上游的五大支流）之一，流经黄平、施秉、镇远、玉屏。潕阳河上游峡谷风光秀丽，两岸奇峰峻岭，有小三峡的美誉，以奇峡、秀峰、绿水著称，是贵州最美丽的河流（图1-2-10）。有国家级潕阳河风景名胜区、云台山自然保护区，沿岸有镇远、旧州等历史城镇，还有山水清幽的铁溪及蜚声中外、集儒释道文化为一体的青龙洞古建筑群。

图1-2-10 潕阳河

图1-2-11 芙蓉江

图1-2-12 洪渡河

图1-2-13 锦江

（八）芙蓉江

芙蓉江发源于贵州省绥阳县大娄山麓的石瓮子，是乌江最大的支流，流经正安、道真等县。芙蓉江古名濡水，因与乌江交汇处的江口镇沿岸多芙蓉树，故称芙蓉江（图1-2-11）。芙蓉江景色秀丽，山清、水秀、崖雄、峰奇、峡幽、洞深、滩险、流急、瀑飞、泉涌，天作画廊，美不胜收。

（九）洪渡河

洪渡河属乌江水系支流，是黔北三大河流之一，发源于湄潭西河，流经湄潭、正安、凤冈、务川、德江、沿河等6县，在沿河县洪渡镇汇入乌江。洪渡河主要流经仡佬族地区，仡佬族风情浓厚，沿岸自然风光秀丽，峡谷幽深、壁立千仞，山光水色呈现一幅幅船在水中行、人在画中游的景致（图1-2-12）。

（十）锦江

锦江，古名大江，古武陵五溪之一，发源于江口县德旺乡太子石，由江口县经铜仁市入湖南省，主要支流有太平河、小江、川硐河等。锦江是铜仁的母亲河，有中国"最纯净的河流"之称，沿岸有历史文化悠久城镇和水运码头，源头是中国著名的佛教道场和自然保护区梵净山。锦江两岸风景如画，好似江南风光（图1-2-13）。

（十一）南明河

南明河在不同的河段名字不同，上游名为花溪河，流经贵阳主城区为南明河，在开阳叫作清水河和洛旺河，发源于苗岭山脉北麓平坝县玉龙乡，河长210余公里，流域地处贵州省中部社会、经济、文化中心地带。沿岸有花溪风景名胜区及青岩古镇，全国重点文保单位甲秀楼位于南明河中段（图1-2-14）。

（十二）湘江河

湘江河，长江支流乌江左岸的较大支流，宋代叫"穆家川"，从明代开始叫"湘江"。主源喇叭河发源于遵义市红花岗区西北娄山山脉金顶山，流经遵义市红花岗区、遵义县、湄潭县、瓮安县，河长155公里，被称为遵义市的母亲河（图1-2-15）。湘江流域内的遵义市区、绥阳县、湄潭县等地区是重要的农业生产基地和工业基地，经济较为发达。主要支流有乐安江（沙滩文化兴起之地）、湄江河。

图1-2-14　南明河

（十三）涟江

涟江，又称蒙江，是红水河岸的大支流，发源于贵阳市花溪区党武乡摆牛，经惠水县、罗甸县，至双江口注入红水河，全长250.2公里，在惠水称为涟江，是惠水的母亲河（图1-2-16）。主要支流有孟关小河、小檬江、鱼梁河、崇水、坝王河、格凸河及其二级支流摆所河、打扒河等。

图1-2-15　湘江河

（十四）猫跳河

猫跳河，贵州省水电梯级开发的典型河流，乌江右岸支流。因其下游狭窄，大猫（老虎）可跳石越峡，故称猫跳河。发源于安顺长山，流经平坝、清镇、修文等县，在杨桥汇入乌江，全长180公里。因为修建水电站，形成了红枫湖、百花湖等大型湖泊。

图1-2-16　涟江

第三节　贵州气候植被概述

一、气候特征

（一）贵州气候概述

贵州的气候温和，雨量充沛，光照适中，雨热同季（期），属亚热带湿润季风气候区。气温变化小，冬暖夏凉，气候宜人（图1-3-1）。全省年平均气温在15℃以上，东部边缘年平均气温为16℃～17℃，北部赤水和南部边缘地区年平均气温达18℃。西部是贵州省低温区，年平均气温低于12℃。全省大部分地区一月气温在3℃~6℃，全省无霜期为250~300天。南部和赤水河谷地区无霜期可达320~350天（图1-3-1）。

贵州降水水汽主要来自孟加拉湾和南海，其特点是雨日多，时空分布不均，降雨集中在5~7月，为阵性降水，暴雨多，强度大，占年降水量75%以上，全省大部分地区降水量在1100~1300毫米之间。11~次年4月降水量明显减少，仅占年降水量的5%以下。受大气环流及地形等影响，贵州气候呈多样性，有"一山分四季，十里不同天"之说（图1-3-2）。另外，气候不稳定，倒春寒、伏旱、洪涝、冰雹、秋风、绵绵雨等灾害时有发生。

图1-3-1 贵州气候景观（来源：网络）

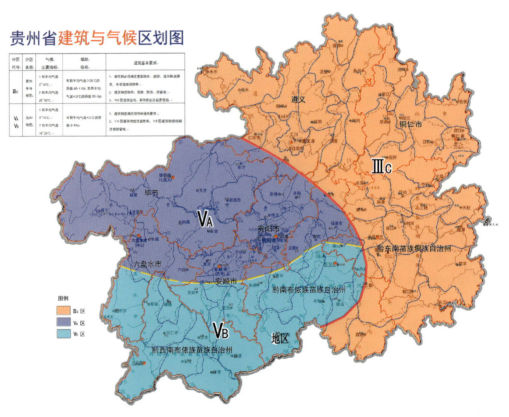

图1-3-2 贵州建筑气候区划图

（二）气候资源

1. 光能资源

全省大部分地区年日照时数在1200～1600小时，总的分布趋势为自西北向东南递减。北部大娄山两侧和东部清水江下游多在1100小时，西部边缘个别县超过1600～1800小时。全年日照率约在25%～35%之间，全年80%的日照数集中在4～11月。不低于10℃的日照时数以南盘江、北盘江、红水河、赤水河下游为多，其中最有特点的是罗甸一带，不低于10℃的日照天数达300天以上，不低于10℃日照时数达1200～1300小时。

全省太阳总辐射量在3349～3767兆焦耳/年，但其特点是散射辐射占总辐射比重大，散射率约在60%。在冬季其太阳辐射量几乎全由散射量组成。

2. 热量资源

贵州热量资源丰富，省内大部分地区年均气温在14℃～17℃。有3个高温区，年均气温17℃～20℃，分布于东部边缘，西北角赤水河谷地带和南部边缘，这三个高温区具有过渡性热带气候特点。一个低温区在省的西部高海拔地区，年均气温约在10℃～13℃。正是由于这种热量资源的多样性造就了贵州植物资源的多样性，为热带、亚热带乃至一些温带植物的生长和繁衍创造了适生环境。

贵州积温效率高，活动积温持续期长，全年不低于10℃积温大部分地区在4500℃以上，高温区可达5500℃～6400℃，低温区也在3000℃左右，不低于0℃的积温全省几乎都在5000℃以上。

3. 水分资源

贵州属亚热带季风气候，离海洋直接距离不到500公里，因而水汽条件比较丰富。年降水量为1100～1300毫米，而且年降水量相对变率小，是中国年降水量最稳定的地区之一。降雨量总的分布情况为从南到北、从东往西的递减趋势。从降水的月份配量分析：夏季（6～8月）降水占年降水量的47%，春季（3～5月）占26%，秋季（9～11月）占21%，冬季（12～次年2月）占5%。雨热同季，有利于各种植物的生长发育。贵州各地全年降水日约在170～200天，雨日多但降水强度不大，一般为416～719毫米/日，从而有利于植物根系的生长和有效吸收水分。

贵州降水的特点为：雨量充沛、雨势缓和、雨日多、雨水分配均匀、空气温润，十分有利于各种植物的生长和发育。

（三）气候生物

全省可分为南亚热带、中亚热带、北亚热带、暖温带和中温带。

南亚热带在红水河和南、北盘江河谷地带，农作物可一年三熟，适宜喜温亚热带经济作物；中亚热带在东、南、北三面地势较低的河谷地带，农作物可一年两熟或三熟，适宜发展多种亚热带经济作物；北亚热带在黔北、黔中和黔西南海拔1000米左右的广大地区，冬暖夏凉；暖温带在黔西北海拔1700～2400米之间的地区，冬冷而夏凉；中温带在黔西北海拔2400米以上的地带，长冬无夏。

二、土壤特征

（一）土壤概况

贵州土壤面积共15.9万平方公里，占全省土地面积的90.4%，土壤的地带性属中亚热带常绿阔叶林红壤—黄壤地带。中部及东部广大地区为湿润性常绿阔叶林带，以黄壤为主；西南部为偏干性常绿阔叶林带，以红壤为主；西北部为具北亚热带成分的常绿阔叶林带，多为黄棕壤。此外，还有受母岩制约的石灰土和紫色土、

图1-3-3 贵州土壤特征

粗骨土、水稻土、棕壤、潮土、泥炭土、沼泽土、石炭土、石质土、山地草甸土、红黏土、新积土等土类。其中黄壤面积最大，占总面积的38.6%，其次是石灰土，占24.4%，其他约占37%（图1-3-3）。

（二）土壤分布

黄壤属地带性土壤，集中分布于黔中、黔北、黔东海拔700~1400米和黔西南海拔900~1800米之间地带。

石灰土广泛分布于石灰岩地区，以黔中、黔南分布最广。

红壤主要分布于铜仁、黔东南海拔700米以上和黔南、黔西南海拔450~900米之间地带。

砖红壤性红壤主要分布于南北盘江及红水河湿热地区。

黄棕壤主要分布于山地区域，适宜发展林牧业。

山地灌木草甸土常于中山顶部和部分山脊出现，主要分布于黔东北海拔2200~2300米和黔东南1800米以上、黔西北2700米以上的山体和山脊。

紫色土主要分布于黔北赤水、习水、仁怀一带。

三、植被植物

贵州省地属亚热带高原山区，气候温暖湿润，适于各种植物生长发育，而且地势起伏剧烈，地貌类型多样，地表组成物质及土壤类型复杂，因而植物种类丰富，植被类型较多。全省森林覆盖率已达57%。贵州出产多种珍贵稀有植物，列入我国珍稀濒危保护植物名录的就有70种，其中银杉、珙桐、秃杉、杪椤4种为一级保护珍稀植物，占全国总数的50%；二级保护27种，占18.9%；三级保护39种，占19.2%。珙桐、秃杉、银杉、杪椤、钟萼木、喙核桃、杜仲、鹅掌楸、福建柏、香果树、马尾树、水青树等在贵州分布较多，是本省有代表性的珍稀植物（图1-3-4）。

全省有野生植物资源3800余种，蕴藏着丰富的经济植物资源。野生经济植物主要有食用植物、药用植物、工业用植物、保护和改善环境植物等4类。其中药用植物资源有3700余种，占全国中草药品种的80%。工业用植物约600余种，以纤维、鞣料、芳香油、油脂植物资源为主。食用植物约500余种，以维生素、蛋白质、淀粉、油脂植物为主。可供绿化、美化环境及有观赏价值的园林植物40余种。栽培植物种类丰富，有粮食作物、油料作物、纤维植物和其他经济作物近600个品种。

贵州的植被类型多样。自然植被可分为针叶林、阔叶林、竹林、灌丛及灌草丛、沼泽植被及水生植被5类。针叶林是贵州现存植被中分布最广、经济价值最高的植被类型，以杉木林、马尾松林、云南松林、柏木林

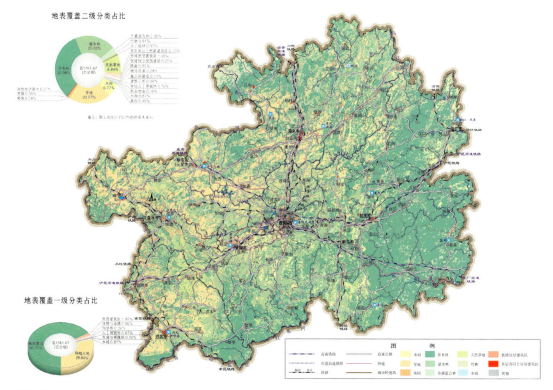

图1-3-4 贵州植物分布图

等较为重要。阔叶林中以壳斗科、樟科、木兰科、山茶科植物为主构成的常绿阔叶林是本省的地带性植被,此外还有常绿落叶混交林及落叶阔叶林。竹林以分布于赤水等地的楠竹林最为集中。多种森林植被破坏后发育形成的灌丛及灌草丛则是分布普遍的类型。栽培植被中,农田植被分为旱地植被与水田植被,以"包麦(油)""稻油(麦)"组合最为重要;经济林中以油桐林、油茶林、漆树林、乌桕林及果木林为重要。

第四节 贵州地理景观

一、贵州地理景观概述

本书所称地理景观是指地理环境四周以天然界线所围合的,性质上与其他区域有区别的地球表面所呈现出的特征性自然景象。贵州省以喀斯特地貌著称,主要的地理景观类型有山地、梯田、石林、峡谷、天坑、溶洞、丹霞、江河、湖泊、瀑布、草原、森林、花海等,这些地理景观要素综合组成不同的自然景象。

为了充分保护和开发利用不同地区的地理景观和资源,贵州省全境以自然保护为核心建立了自然地理景观的保护与利用体系,主要分为六大类,即世界自然遗产、自然保护区、地质公园、风景名胜区、森林公园、湿地公园。贵州的世界自然遗产共有4处,分别为:梵净山、荔波喀斯特景观、赤水丹霞、云台山;自然保护区有贵州习水国家级自然保护区等106处；地质公园有赤水丹霞国家地质公园等12处；风景名胜区有黄果树风景名胜区等71处；森林公园有贵州雷公山国家森林公园等97处；湿地公园有贵州黔西水西柯海国家湿地公园等54处。

二、贵州地理景观分布

（一）世界自然遗产

世界自然遗产是指从审美或科学角度看具有突出的普遍价值的由物质和生物结构或该结构群组成的自然面貌、地质和自然地理结构、天然名胜或明确划分的自然区域，以及明确划为受威胁的动物和植物的生境区。贵州省的世界自然遗产地有4处，总面积为248064.03公顷（表1-4-1、图1-4-1）。

（二）自然保护区

自然保护区106处，其中国家级11处，省级7处，市州级13处，县级75处，总面积852564.73公顷。主要保护对象可分为自然生态系统类、野生生物类、自然遗迹类等三个类别及森林生态系统类型、草原与草甸生态系统类型、内陆湿地和水域生态系统类型、野生动物类型、野生植物类型、地质遗迹类型、古生物遗迹类型等7个类型，其中森林生态系统保护类型为贵州省数量最多（表1-4-2、图1-4-2）。

（三）地质公园

地质公园12处，其中国家级9处，省级3处，总面积11585.42公顷。主要保护对象分为地质剖面、地质构造、古生物、地貌景观、水体景观、矿物与矿床、环境地质遗迹景观等7个类型（表1-4-3、图1-4-3）。

世界自然遗产（4处） 表1-4-1

典型案例	地理景观特征	分布区域
梵净山	山谷、河流、原始森林、溶洞、瀑布等地理景观类型为主，是我国著名的佛教道场和动植物基因库	铜仁市
荔波喀斯特	峰丛、峰林、河流、湖泊、森林等地理景观类型为主，被认为是"中国南方喀斯特"的典型代表	黔南州
赤水丹霞	丹霞、瀑布、洞穴、河流、峡谷等地理景观类型为主，是全国面积最大的丹霞地貌	遵义市
施秉云台山	山谷、河流、洞穴、森林等地理景观类型为主，被称为"植物宝盆、动物宝库"	黔东南州

自然保护区（106处） 表1-4-2

级别	典型案例	地理景观特征	分布区域
国家级（11处）	贵州习水国家级自然保护区	丹霞、山谷、河流、森林等地理景观类型为主，属森林生态系统类型自然保护区	遵义市、黔南州、黔东南州、铜仁市、毕节市
省级（7处）	贵州革东古生物化石省级自然保护区	山谷、河流、森林等地理景观类型为主，是我国研究古生物化石的重要保护区之一	黔东南州、黔南州、铜仁市、毕节市

注：市州级13处，县级75处，此处略。

地质公园（12处） 表1-4-3

级别	典型案例	地理景观特征	分布区域
国家级（9处）	贵州兴义国家地质公园	石林、瀑布、岩溶、峡谷、湖泊等地理景观类型为主，是我国锥状喀斯特发育最为典型、连片分布面积最广的地区	贵阳市、遵义市、安顺市、铜仁市、黔东南州、黔西南州、毕节市、六盘水市
省级（3处）	花溪省级地质公园	岩溶、山地、湖泊、森林等地理景观类型为主，是我国目前保存最完好的地质遗迹景观之一	贵阳市、黔南州

图1-4-1 贵州省世界自然遗产地分布图

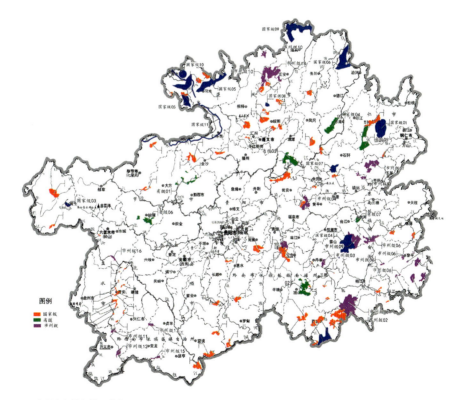

图1-4-2 贵州省自然保护区分布图

图1-4-3 贵州省地质公园分布图

（四）风景名胜区

风景名胜区71处，其中国家级18处，省级53处，总面积866221.92公顷。主要包括山岳类、岩洞类、江河类、湖泊类、特殊地貌类、生物景观类、纪念地类、民俗风情类、城市风景类、其他类等10个类型（表1-4-4、图1-4-4）。

（五）森林公园、湿地公园

森林公园97处，其中国家级31处，省级45处，市州级3处，县级18处，总面积286975.94公顷。主要保护对象包括地文景观、水文景观、生物景观、人文景观、天象景观5个类型（表1-4-5）。

湿地公园54处，其中国家级45处，省级4处，市州级

风景名胜区（71处） 表1-4-4

级别	典型案例	地理景观特征	分布区域
国家级（18处）	黄果树风景名胜区	瀑布、河流、溶洞、山谷等地理景观类型为主，是中国最大的瀑布，也是世界著名大瀑布之一	贵阳市、遵义市、安顺市、铜仁市、黔南州、黔东南州、黔西南州、毕节市、六盘水市
省级（53处）	百里杜鹃风景名胜区	花海、草原、山岭、湖泊、河流等地理景观类型为主，是世界上最大的天然杜鹃花园	

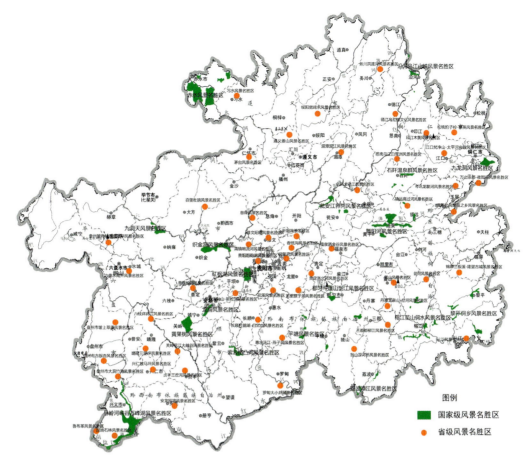

图1-4-4 贵州省风景名胜区分布图

5处,总面积70770.65公顷。主要包括河流湿地、湖泊湿地、沼泽湿地和人工湿地4个湿地大类,含永久性河流、洪泛平原、喀斯特溶洞、永久性淡水湖、草本沼泽、藓类沼泽、库塘湿地、稻田湿地8个湿地类型(表1-4-6)。

森林公园(97处) 表1-4-5

级别	典型案例	地理景观特征	分布区域
国家级(30处)	贵州雷公山国家森林公园	梯田、山地、河流、森林等地理景观类型为主,是一块集科考与生态旅游为一体的宝地	贵阳市、遵义市、安顺市、铜仁市、黔南州、黔东南州、黔西南州、毕节市、六盘水市
省级(45处)	贵阳鹿冲关森林公园	山地、洞穴、森林等地理景观类型为主,是贵阳主要的生态屏障之一	

湿地公园(54处) 表1-4-6

级别	典型案例	地理景观特征	分布区域
国家级(43处)	贵州黔西水西柯海国家湿地公园	岩溶、湖泊、河流等地理景观类型为主,是贵州高原上非常稀缺的资源	贵阳市、遵义市、安顺市、铜仁市、黔南州、黔东南州、黔西南州、毕节市、六盘水市
省级(6处)	遵义兴隆省级湿地公园	山地、湖泊、河流等地理景观类型为主,是遵义的重要自然生态环境保护地之一	遵义市、黔南州、安顺市、铜仁市

第二章

历史沿革与行政空间的变迁

第一节　贵州古文明起源

一、贵州文化历史划分

贵州文化构成形态复杂。从原始的部落遗存到民间自然崇拜和原始宗教，从各民族文化体系的传承到其各支系之间的千差万别，从中原文化到荆楚文化、巴蜀文化、古越文化、滇文化乃至儒、释、道、巫、傩等诸多文化现象，都有真实存在。

贵州建省时从周边省区划属贵州的地区，都可溯源到"首属地"的文化关系（表2-1-1）。文化的多元并存，使贵州文化具有特殊性。战国、秦汉时期，贵州高原古夜郎文化已初成繁荣。魏晋以后至唐、宋、元，贵州与外界的经济文化交往密切，贵州文化广纳中原文化及周边地域文化之长，经过融会贯通，明清达到繁盛，于是便有了影响深远的土司文化、阳明文化。在革命战争年代，拥有了长征文化、抗战文化。每一历史时期贵州所经历的对本土文化的固守以及与外来文化的融合，都以大量的研究及历史遗存的实物所证实。

贵州文化历史划分简表　　　　　　表2-1-1

序号	历史时代	时间	事件
1	鳖人时代	公元前30世纪（夏、商、周）	三四千年前的商周时期，贵州逐渐向铜石并用和青铜时代过渡
2	牂牁时代	春秋时期	远古牂牁人属于濮越民系，大约于越王勾践称霸时代立国
3	夜郎时代	战国时期、秦朝、汉朝	春秋中晚期至战国，贵州出现了铁器。其间出现了牂牁、夜郎、且兰等"部落方国"
4	郡县时代	秦汉时期	秦始皇统一中国后（公元前221年），将全国划为36郡
4	郡县时代	晋朝	两晋的大部分时期，贵州境内有牂牁、夜郎、平夷三个小郡
4	郡县时代	南北朝	南北朝时属宋国荆、益二州
4	郡县时代	隋朝	隋代贵州大体属于梁州刺史部和荆州刺史部管辖范围
5	土司时代	唐朝	唐代中央政府开始推行羁縻州制度，在当时的边疆地区利用地方土著管理地方事务，贵州境内出现了几个对后来产生深远影响的地方土司政权
5	土司时代	宋朝	宋代，由于朝廷面临来自北方辽国、西夏国的强大军事压力而无暇南顾，乌江以北的正州也逐步改为羁縻州。对贵州历史影响最大的是安、宋、田、杨四大土司政权
5	土司时代	元朝	元末天下大乱，西南土司纷纷立国称王。1282年，元朝置顺元等处宣慰司，其地在今贵阳市及黔南地区
6	行省时代	明朝	明永乐十一年二月初二（1413年3月3日），设置贵州布政使司
6	行省时代	清朝	清雍正五年（1727年），将属四川的遵义府，属广西荔波及红水河、南盘江以北地区，属湖广平溪、天柱县，划归贵州管辖
6	行省时代	民国时期	遵义会议成为中国建立红色政权的伟大转折点

二、远古时代

贵州是古人类发祥地之一，远古人类化石和远古文化遗存发现颇多。据考证，中国南方主要的旧石器时代文化遗址，差不多都是在贵州境内发现的。早在24万年前，贵州就有人类栖息繁衍，已发现石器时代文化遗址80余处。其中，贵州黔西沙井的观音洞遗址，是我国长江以南材料最丰富、最具有代表性的古文化遗址，而且是我国旧石器时代早期三个重要类型之一，观音洞以其独特而丰厚的文化内涵引人瞩目，与北京周口店文化、山西西侯度文化形成鼎立之势。中期的桐梓岩灰洞文化遗址，是南方少见的遗址之一，是长江以南地区最先用火的地方；还有盘县大洞文化遗址，更是我国南方最新发现的重要古人类遗址，其规模在国内外都是极罕见的，被列为1993年"全国十大考古新发现"之首；水城硝灰洞遗址中"水城人"开创的"锐棱砸击法"，是旧石器时期的新技术，在国内外考古发现中占重要地位。晚期有兴义猫猫洞、普定穿洞等遗址，形成贵州旧石器时代重要的区域性特征。

在已经发现的旧石器时代文化遗址中，不仅出土了为数众多的打制石器、骨器、哺乳动物化石，还发现了一定数量的古人类牙齿、颌骨、股骨、头骨化石。这些古人类化石，合乎逻辑地排列成由"直立人"到"智人"，由"早期智人"到"晚期智人"的发展过程。

出土的文物无论其数量、类型、工艺技术及成品的精美程度，都是全国其他地区无法比拟的，这一历史学时期贵州可谓"独领风骚数万年"。除此之外，贵州新石器时代文化遗址也很丰富。已经发掘的具有代表性遗址有赫章可乐遗址、平坝飞虎山遗址、毕节青场遗址、威宁中水遗址等。平坝飞虎山遗址是贵州高原首次发现彩陶信息的遗址，遗址具有新、旧石器地层叠压，文化内涵丰富，彩陶的出现更引人瞩目，考古发掘发现安龙观音洞文化遗址有序地反映了由旧石器向新时期转变的历史进程，这样的遗址在国内是不多见的。值得注意的是，在全省范围内，已经搜集到180多件新石器，散布面相当广泛，进一步说明新石器时代人们的活动空间更加广阔。

三、贵州文化遗址

（一）贵州文化遗址分布

根据贵州考古三普数据显示，贵州发掘出有代表性的史前文化与古人类遗址共有22处，其中以黔西观音洞为代表的旧石器时代遗址有11处，以平坝飞虎山为代表的新石器时代遗址有11处（表2-1-2、图2-1-1）。

贵州省主要史前文化与古人类遗址分布　　　　表2-1-2

序号	遗址名称	地理位置	文化时代	文物保护单位级别
1	黔西观音洞遗址	毕节市	旧石器时代早期	全国重点文物保护单位
2	毕节扁扁洞遗址		旧石器时代中期	贵州省文物保护单位
3	毕节海子街大洞遗址		旧石器时代晚期	贵州省文物保护单位
4	青场老鸦洞遗址		旧石器时代晚期	贵州省文物保护单位
5	黔西凤凰穿洞遗址		旧石器时代晚期、新石器时代早期	贵州省文物保护单位
6	麻窝口洞遗址		旧石器时代中期	贵州省文物保护单位

续表

序号	遗址名称	地理位置	文化时代	文物保护单位级别
7	盘县大洞遗址	六盘水市	旧石器时代中期	全国重点文物保护单位
8	水城硝灰洞遗址		旧石器时代中晚期	贵州省文物保护单位
9	六枝桃花洞遗址		旧石器时代晚期、新石器时代早期	贵州省文物保护单位
10	普定穿洞遗址	安顺市	旧石器时代晚期、新石器时代早期	全国重点文物保护单位
11	普定白岩脚洞遗址		旧石器时代晚期	贵州省文物保护单位
12	龙广观音遗址	黔西南州	旧石器时代至新石器时代	全国重点文物保护单位
13	普安铜鼓山遗址		旧石器时代至新石器时代	全国重点文物保护单位
14	兴义猫猫洞遗址		旧石器时代晚期	贵州省文物保护单位
15	兴义张口洞遗址		旧石器时代晚期、新石器时代早期	贵州省文物保护单位
16	安龙菩萨洞遗址		旧石器时代晚期、新石器时代早期	贵州省文物保护单位
17	桐梓岩灰洞遗址	遵义市	旧石器时代中期	贵州省文物保护单位
18	桐梓马鞍山遗址		旧石器时代晚期	贵州省文物保护单位
19	长顺来远神仙洞遗址	黔南州	旧石器时代晚期、新石器时代早期	贵州省文物保护单位
20	开阳打儿窝遗址	贵阳市	旧石器时代晚期、新石器时代早期	贵州省文物保护单位
21	贵安招果洞遗址	贵安新区	旧石器时代晚期、新石器时代早期	贵州省文物保护单位
22	贵安新区牛坡洞遗址		旧石器时代晚期、新石器时代早期	贵州省文物保护单位

图2-1-1 贵州文化遗址分布示意图

（二）旧石器文化遗址

1. 黔西观音洞

黔西观音洞遗址位于黔西县城南30公里的沙井苗族彝族仡佬族乡锦山村。洞由石灰岩构成，高出洼地15米，海拔1450米左右，主洞长90米，宽2～4米，支洞长5米，宽1～2米，因洞顶在堆积过程中坍塌，含旧石器的堆积物主要在洞外。2001年6月被国务院列为全国重点文物保护单位（图2-1-2）。

在黔西观音洞文化遗址发掘以前，贵州史前的历史是一片空白，自从发掘以后，贵州的历史便可上溯到距今约24万年以前。

观音洞出土的石制品分为三大类，即石核、石片、石器。发掘出土的石器规模大、系统性强、器型复杂、加工方法多样，有研究表明，这种以锤击法、石制工具为主的使用行为，不仅影响贵州桐梓岩灰洞、普定穿洞、兴义猫猫洞等地的旧石器中、晚期石器，还影响云南路南、呈贡等地的旧石器，并越出云贵高原，对四川铜梁、汉源、资阳等地的旧石器产生影响。由此看来，黔西观音洞文化，至少是西南地区，包括云南、贵州、四川的传播中心，它上继"元谋人"，下启川、滇、黔旧石器时代中晚期的文化，起着承前启后的重要作用。

2. 盘县大洞

盘县大洞遗址，位于盘县珠东乡十里坪村，距离县城城关镇49公里，洞口宽约55米，高约40米，遗址所在洞穴当地人称十里大洞，发育于十里坪坡立谷西缘，是一个由厚层灰岩发育成的巨大溶洞，由关牛洞、水洞、阴河坡、大厅和硝洞五条洞道组成。各条洞道有竖井、陡坎相通，主洞长约1600米，大厅长约220米，平均高30米，总面积约9900平方米。洞前十里坪坡立谷海拔1630米。谷地开阔平坦，总面积3平方公里左右。

图2-1-2 观音洞遗址（来源：档案资料）

1996年11月，经国务院批准公布为全国重点文物保护单位（图2-1-3）。

大量发掘出的动物骨骼、牙齿化石、鸟类和鱼类化石、石核、石片、石器及烧骨、碳屑等，不难推断出这一历史时期"大洞人"的生产生活行为特征。研究表明在石器打制与运用上与"观音洞文化"相比，大洞石器打制技术仍保持"观音洞文化"的传统风格，但是，大洞在技术上有所发扬，产生了手斧、手镐一类工具，被认为"在中国南方旧石器工业加工技术中独树一帜"。盘县大洞遗址的发掘位列当年"全国十大考古新发现"之首。

3. 桐梓岩灰洞遗址

桐梓岩灰洞遗址位于贵州东北面大娄山的中段、桐梓县城西北26公里的九坝乡白盐井村内，是一个发育于二叠纪厚层灰岩的喀斯特溶洞，洞穴呈喇叭形，高约3米，宽约1.8米，洞内有一宽大厅堂，洞道宽窄不一，呈折线延伸。1982年被列为贵州省重点文物保护单位。

据考古研究发现存有古人类牙齿化石，并有旧石器时代用火遗迹及相当多的动物化石。岩灰洞系贵州第一个找到古人类化石的地点，所发现的烧骨样本是长江以

图2-1-3 大洞古文化遗址（来源：档案资料）

南地区最早的用火证据，距今约20万年，"桐梓人"的发现，填补了古人类发展进化年代中的时间链条，具有重大的学术研究价值。

4. 安龙龙广观音洞遗址

安龙龙广观音洞遗址位于安龙县龙广镇，距县城37公里，地处槽谷型盆地中的一个溶蚀残存的小山上。洞口与盆地高差约20米，洞口高约12米，宽约20米，主洞深约15米，主洞西侧还有一穿洞高约8米，宽约5米，洞内有地下水出露。2013年5月被列为国家重点文物保护单位。

观音洞遗址自发掘以来，共有3000余件石制品出土，包括石核、砍砸器、雕刻器等，年代距今约1万年左右，同时还有大量骨器、陶片、人类和动物的遗骸，以及灰烬、烧骨和碳屑，证明古时人类具备会用火并会保留火种能力。该遗址填补了贵州新石器时代早期文化的空白，对探索贵州乃至中国新、旧石器时代过渡问题具有着重要价值。

5. 安龙铜鼓山菩萨洞遗址

铜鼓山菩萨洞遗址位于安龙县城南铜鼓井村南约3公里的铜鼓山南侧半山洞穴中，俗称菩萨洞。洞口与山脚高差约50米，洞体呈岩厦状，洞高约5.5米，宽约10米，洞深约5米，被列为省级文物保护单位。

在对遗址的发掘中，也发现了众多的石核、石锤、刮削器等石制品及哺乳动物化石、肉食类动物头骨等。经研究鉴定，其文化时代与安龙观音洞遗址属于同一时期，为旧石器时代晚期文化遗址，距今约1万年。

6. 普定穿洞遗址

普定穿洞遗址位于普定县城西北5公里一片溶蚀型大盆地中一座孤山上，为一个南北洞口对穿的石灰岩溶洞，当地人称为"穿洞"。洞口离地面约20米，海拔1286米，洞内最高处约9米，宽约13米，深约18米。

1988年1月被列为全国重点文物保护单位（图2-1-4）。

穿洞遗址文化时代是旧石器晚期，距今1.5万年左右。穿洞遗址发掘出动物化石有13个属种之多；出土石制器2万余件及众多的骨器，有骨锥、骨铲、骨针、骨棒等，出土的骨器超过全国总量的30倍，与此同时，出土的两具人类完整头骨，之前国内无先例，其考古价值被誉为"亚洲文明之灯"。

除以上发现遗址外，贵州旧石器时期文化遗址还有桐梓马鞍山遗址、水城硝灰洞、兴义猫猫洞、贵安牛坡洞、普定白岩脚洞遗址、威宁草海旧石器遗址等。

图2-1-4　普定穿洞古人类文化遗址（来源：档案资料）

（三）新石器时代遗址

1. 毕节青场老鸦洞遗址

青场老鸦洞遗址，位于距毕节市区45公里青场镇西北吴家屯河东岸洞穴中，洞口朝向西南，面积约230平方米。1999年被列为贵州省级文保单位。

老鸦洞发掘出了大量石制品、骨制品、古人类牙齿化石、植物种子、碳屑等，表明此区域早期就有人类生活，而大规模火塘、骨锥、精致石器表明，老鸦洞人具有较高的认知能力。研究表明，遗址形成于旧石器时代晚期至新石器时代过渡阶段，距今1.9万年左右。

2. 平坝飞虎山

平坝飞虎山是贵州高原首次发现彩陶信息的遗址，遗址具有新、旧石器地层叠压，文化内涵丰富。对研究贵州新、旧石器文化的相互关系和时代延续问题具有重要的意义。

飞虎山遗址位于安顺平坝县城区东南约11公里的白云镇平庄村与林下村交界坝区内的飞虎山腰，整个山体呈圆锥形，由高低错落、大小不一的17个天然洞穴相连通，考古发现这些洞穴中有7个洞穴留有古人类活动的遗迹。1982年2月，贵州省人民政府将飞虎山列为

图2-1-5　平坝飞虎山古人类遗址（来源：档案资料）

省级重点文物保护单位（图2-1-5）。

出土的大量石制器、骨制器中出现了磨光石器与骨器，表明在生产工具的加工制作上有了长足进展，并首次发现彩陶，据研究推断，其文化时代属新石器时期，距今约6000～4000年。

3. 普安铜鼓山遗址

铜鼓山遗址位于普安县青山镇营盘村陈家龙滩东侧约500米的铜鼓山山顶，遗址总面积4000平方米，考古发掘共清理房址4座、窑址1座、灰坑11个和活动面、火塘、大量零散柱洞等遗迹，出土较完整陶、石、铜、铁、玉器和大量冶铸青铜器的陶石器模、碎片等。2013年被列为国家重点文物保护单位。

从遗址分布格局来看，劳作与生活区域已相对独立，已经有了人类早期原始聚落及分区的雏形，通过对出土的铜制钱币及象牙雕刻饰品研究，其文化时代可追溯到2200年以上，遗址形成时间可推断在战国—西汉时期，对贵州早期人类活动研究具有重大意义。

除以上外，贵州新石器时代遗址还有广顺神仙洞、威宁中水遗址、黔西凤凰穿洞遗址、关岭陋阪龙尾巴田、松桃虎渡口新石器时代文化遗址等。

第二节　贵州古国溯源

一、鳖人时代

大约5000~4000年前，鳖人就生活在贵州高原乌江南北两岸的广大地区。据考证，贵州鳖人既是远古的鳖巴人，也是古代蜀人鱼凫部落的重要支系。鳖人是人类历史上最早的水利工程大师，贵州境内乃至中国境内早期众多的水利工程系统都留下了鳖人的身影，其历史可追溯到公元前22世纪至公元前17世纪尧舜治水的时期。

从建立夏朝到蜀国开明王朝，鳖灵的后裔治理蜀国约13个世纪。到春秋时代，鳖国作为周楚的属国，统治着川黔一带区域，其统治中心就位于乌江北岸今贵州省遵义市绥阳县城附近。至秦汉时代为鳖县治所，也即是，贵州历史上有记载具有部落或聚落的形制（又称为国或方国）。

二、牂牁时代

春秋时期，由位于贵州南部牂牁江沿岸的土著民族建立的方国，因江得名，称为牂牁国。很长一段历史时期中，与位于北部的鳖国并存。

牂牁江位于珠江上游北盘江、南盘江、红水河水域（图2-2-1）。远古牂牁人属于濮越民系，大约于春秋末期越王勾践称霸时代建立了牂牁国。勾践不仅被早期浙江越人、闽越人、南越人奉为祖先，他显然也是珠江上游牂牁人的祖先。春秋时代牂牁人的势力影响达到乌江南岸；汉代以后在贵州南部长期设有牂牁郡。直到战国时期牂牁国被夜郎国灭亡，牂牁历史纵贯春秋的完整时期，是贵州早期历史非常重要的一个组成部分。居于牂牁江区域的传统聚落有六枝的梭嘎村及长顺的广顺镇等（图2-2-2）。

图2-2-1　牂牁版图示意（来源：参照谭其骧《中国历史地图集》编制）

(a) 牂牁江

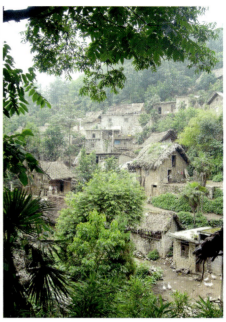
(b) 梭嘎苗寨

(c) 牂牁郡遗址

图2-2-2 牂牁时代

三、夜郎时代

夜郎国是继春秋鳖国、牂牁国之后在贵州高原崛起的又一个部落国。夜郎国鼎盛时期控制的范围不仅包括今天贵州全境,还拓展到四川南部、重庆东南部、湖南西部、云南东部、广西的北部地区(图2-2-3)。

夜郎国大致兴起于战国时期,到西汉末期时,因与周边国家持续发生战争,而被各方势力围剿,导致夜郎国被逐步瓦解,夜郎立国前后大约有300年时间。在《史记·西南夷志》中就有记载:"西南夷君长以什数,

图2-2-3 夜郎国范围示意图（来源：参照谭其骧《中国历史地图集》编制）

夜郎最大"，历史上位于乌江北岸的桐梓附近曾经就是夜郎国的治所之地（由西向东的迁移），而赫章可乐遗址及周边地区的发掘，也说明了那个时期的繁荣。由此推断，贵州南北盘江区域是当时夜郎国政治、经济的中心。至今在黔东北区域还保存着仍然传习夜郎历史的聚落有桐梓夜郎水寨等（图2-2-4）。

夜郎古国是中国历史上神秘的三大古国之一，它和消失在沙漠的楼兰古国以及变身著名旅游胜地的大理古国一起丰富绚丽了大中华的民族文化。

（a）可乐遗址

（b）夜郎水寨

（c）铺前村（夜郎谷）

图2-2-4 夜郎国

第三节 贵州治理体系的演变

一、郡县时代

（一）秦汉时期

1. 秦汉初年，中央政府在夜郎境内设置郡县，这一时期实际是中央与地方共治时期，所设鄨县、夜郎县、鄨郡等治所位于乌江北岸今贵州省遵义市桐梓县城附近。

2. 秦始皇统一中国后（公元前221年后），将全国划为36郡。贵州北部、西北部，分别属巴郡、蜀郡管辖；贵州南部、东部，分别属黔中郡和象郡管辖。

3. 西汉初年，贵州分属益州刺史部管辖，分别设犍为郡和牂柯郡。其中犍为郡管辖贵州北部、四川南部、重庆南部的大部分地区。牂柯郡管辖贵州南部及周边地区。西汉中晚期，贵州北部大部分地区划入牂柯郡管辖，统领包含且兰、鄨县、平夷、毋敛、夜郎（驻都尉）、谈稿、谈指、漏卧、漏江、同并、句町、宛温、都梦、进桑（驻都尉）在内的14个县。这基本上已经是今天贵州全省格局。

4. 东汉时期基本沿袭西汉建置。从秦楚争霸到东汉时期，贵州以外苗族集聚地区发生了多次地域与政权争夺的战争，大量苗族部落战败沿水路和陆路分别从云南、四川、湖南进入贵州东北、东南及西北一带，苗族的迁徙也成为这一历史时期贵州人口剧增及贵州开发的重要力量。

威宁的中水在商周时期就有了人类的聚居，这已是被贵州考古所证实的事实，直到秦汉时期因秦五尺道延伸，中水成为四川与云贵两省茶马通商、转运的重要通道，也由此形成该区域的聚落并延续至今（图2-3-1）。

（二）魏晋时期

三国时期牂柯郡管辖范围缩减为包含且兰、毋敛、广谈、鄨县、平邑、夜郎、谈指在内的7个县。

西晋时期贵州被分割属益州、荆州、梁州管辖，但仍然沿袭了三国时期以牂柯为郡的格局。西晋初年牂柯郡管辖范围有所调整，管辖了包括万寿、且兰、鄨县、平夷、广谈、毋敛、夜郎、谈指在内的8个县。

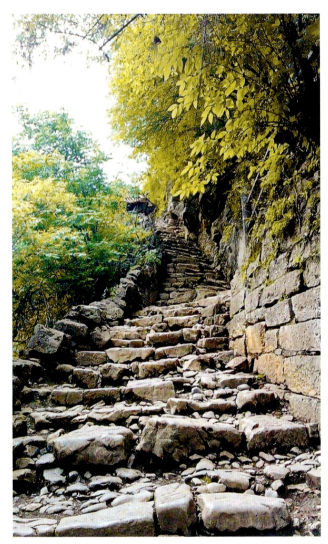

图2-3-1 威宁中水驿道（秦五尺道）

（三）南北朝时期及隋代

南北朝时属宋国荆州和益州管辖，"贵州"也在这一历史时期得名，前朝的各管辖区域也相对固定。到了南朝时，贵州地区从中部被一分为二，东部区域不再属贵州，与此同时，夜郎郡也从西部迁到东北部。

隋代贵州大体属于梁州刺史部和荆州刺史部管辖范围。贵州境内设有明阳郡和牂柯郡，明阳郡（今贵州凤冈县北部）统领明阳、宁夷、高富、绥阳4县。牂柯郡（今贵州瓮安县东北部）统领牂柯、宾化2县。

从这段历史时期开始，苗族也大规模地在武陵山区、苗岭山区和乌蒙山区分布及定居下来，形成早期的聚落（图2-3-2）。

(a) 苗族迁徙　　(b) 武陵山区活动
(c) 苗岭山区活动　　(d) 乌蒙山区民居　　(e) 苗族服饰

图2-3-2　苗族典型文化特征

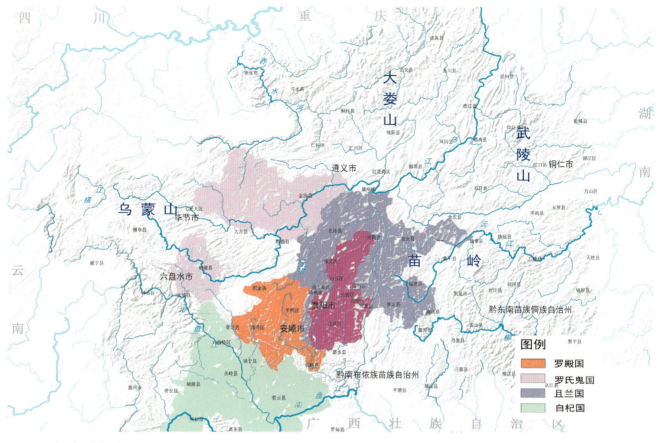

图2-3-3 贵州古国分布示意图

二、贵州古国

从夜郎时代开始直至明清近2000多年的历史时段内，在贵州行政版图区域内，除夜郎国和牂牁国外，还长期存在四个古国，主要分布在黔中及黔中以西地区（图2-3-3）。

（一）且兰古国

且兰国是2000多年前与夜郎同时存在的部族聚落国，历时500多年。据史料记载，汉武帝元鼎六年（公元前111年），且兰国反叛，被汉王朝灭亡，中央王朝将原且兰国所属的区域改为且兰县，划归牂牁郡管辖，新设立的牂牁郡首府也随之迁往这一区域（凯里西北部黄平旧州）。三国名将马超之子马忠，就为当时且兰牂牁郡守。在且兰国范围内尚有黄平旧州古镇、福泉古城等区域性的中心聚落仍然保存有其形成的历史时期显著的地域文化特征（图2-3-4）。

（二）罗殿国

罗殿国是一个由彝族人建立的部族聚落国，又称为罗甸国。罗殿古国是贵州历史上存在时间最长的方国之一，从三国时期到清朝，经历了约1400年。

罗氏是黔西北的彝族，他们世居在罗邑山中，以伐山通道为业。三国时期，南中叛乱，诸葛亮开始了著名的"七擒孟获"之战，在这场战争中，罗氏首领妥阿哲帮助诸葛亮战胜孟获，被册封为罗殿国王。罗殿国所辖

(a) 旧州古镇

(b) 福泉古城

(c) 镇远太平仓（来源：县文物局 提供）

(d) 飞云崖

图2-3-4 且兰古国

的区域为今大方县区域，唐朝时受到第二次加封，领地为今安顺地区。

（三）罗氏鬼国

罗氏鬼国也是一个由彝族人建立的部族聚落国。彝族先民曾称罗氏鬼国为"罗罗"或"罗苏"等。唐宋时代，随着大理国的崛起，彝族部落开始越过乌蒙山在今天贵州地区广泛发展。他们在唐末已形成较大的独立政权，因为这个民族崇尚鬼神，并有鬼主之说，所以又被称为"大鬼主罗殿王"。

罗氏鬼国和罗殿国几乎贯穿贵州的主要历史时期，两个方国都有各自的政权和相对固定的区域，罗氏鬼国领地为今六盘水一带区域。

（四）自杞国

自杞国是由彝族先民东爨乌蛮阿庐部落中的弥勒、师宗二部建立的，是南宋时期滇东、黔西南地区的一个以"乌蛮"为主体的少数民族政权。

从大的地理区位来看，自杞国独立于当时的宋朝和大理国之间，很长一段时间内向两国经营和倒卖战争所需马匹。就在这短短的百余年中，通过战马贸易，自杞势力已超出罗殿之上，一跃而起成为西南地区仅次于大理国的最重要的少数民族政权。1253年，蒙古灭大理国并围宋朝，自杞国作为前哨参战，鏖战整整六年，直到1259年，被蒙古国灭亡。自杞国的领地为位于南北盘江的兴义和云南省的罗平、师宗、泸西、路南、邱北等县一带。

三、土司时代

自秦汉开始直到明清时期，贵州区域建立起的政治体系虽然分属不同的郡县管辖，也有相对独立的行政空间，但由于贵州区域大部分地区山横水纵，交通不便，对外交往不多，由地域部族形成的支系众多，中央集权管理存在较多困难，因此贵州一直没有进入中央政权的主体，很长一段时期中央王朝都是依托地方的自治政权来进行共同管理，元、明、清三代，贵州少数民族地区的大小土司，不计其数，代代世袭，不仅拥有领地，还有军队，雄踞一方。土司为朝廷的命官，除"世守地方，保境安民"外，还要承担贡赋和征发。土司制度，在维护国家的统一，促进社会生产的发展和各族人民之间的经济文化交流方面，起到了一定的作用，也逐渐形成了安、宋、田、杨四大土司为主的地方政权，这些政权对贵州历史产生重大影响（图2-3-5）。

（一）水西安氏土司与水东宋氏土司

从唐宋时代开始，随着大理国的崛起，以彝族为主体的部落开始越过乌蒙山在今天贵州地区广泛发展。并在唐末形成较大的独立政权，被称为"大鬼主罗殿王"。

宋末，贵州中部有罗氏鬼国依附于宋；南部有罗殿国，依附于大理国。

元朝至元十六年（1279年）置八番罗甸宣慰司，对游离于四大土司管辖范围之外的以苗族为主的小部族群体聚居区域实施管理。至元十九年（1282年），设顺元等路军民宣慰司。至元二十九年（1292年），顺元、八番两宣慰司合并，设八番顺元宣慰司都元帅府于贵阳。

后来又以乌江上游的鸭池河为界分为水东、水西。水西由安姓土司统治，水东由宋姓土司统治，分别管辖除遵义、铜仁、黔东南之外的大部分地区。

（二）思州田氏土司

思州人自誉"先有思州，后有贵州"，从建制历史角度看，"贵州"是晚于思州的。乌江南北区域均为古鳖国属地，思州（今岑巩）及湘西土家族的历史，正溯为鳖人历史，鳖与鼈同义，鳖山、龙鳖河也因此而得名。

田氏土家世居黔中地，从隋代时期的土家田宗显任黔中刺史，到唐代贞观四年（公元630年）时设羁縻州思州，历经唐、宋、元、明朝代，思州都是由田氏世袭管辖。具体区域相当于今天贵州省铜仁市区域、黔东南州东部及湘西部分地区，直到明朝贵州施行"改土归流"始建贵州。

（三）播州杨氏土司

播州一带为春秋时代古鳖国的中心。战国时代属夜郎国。秦朝时期设置了鳖县，属巴郡管辖。汉朝初期设置的犍为郡，治所就设在鳖县。汉元鼎六年（公元前111年）鳖县、夜郎县等改为牂牁郡管辖。唐朝初期又设置了郎州，贞观十三年（公元639年）将郎州更名为播州，播州由此得名。

唐大历五年（公元770年）时，播州地区的少数民族发动叛乱，中央王朝派兵进行镇压后，将播州属地纳入中央政权管辖；晚唐时期大中十三年（公元859年）大理国王自称皇帝，派兵攻打并侵占播州，被中央王朝派兵收复。到咸通十四年（公元873年）大理国再次对播州进行攻打，中央王朝派杨端与其舅舅谢氏率领部队及罗荣五世孙罗太汪偕同征战收复了

图2-3-5 土司时代四大土司分布示意图（来源：参照谭其骧《中国历史地图集》编制）

播州，并在播州驻扎下来，杨、罗家族也随征战在播州安家，从此杨氏开始世袭统治播州的历史。明万历二十八年（1600年），设遵义府和平越府，播州地域被一分为二，遵义府属四川管辖，平越府属贵州管辖。播州杨氏土司管辖范围相当于今天贵州省遵义地区、黔东南州黄平凯里一带，以及瓮安、金沙、綦江等地。自唐末杨端至明末杨应龙，杨氏土司统治播州有700多年。至今还保留着较为完好的空间格局的遵义海龙屯就是杨氏土司世代延续的治所遗存（图2-3-6）

(a) 海龙屯　　　　　　　　　　　　　　(b) 飞龙关

(c) 飞虎关　　　　　　　　　　　　　　(d) 鸟瞰

(e) 朝天关　　　　　　　　　　　　　　(f) 海潮寺

图2-3-6　杨氏土司

第四节　行省时代

一、贵州建省

元末时期，西南土司纷纷立国称王，争夺地域和政权的战争不断，局势混乱，云南叛乱危及中央王朝政权，明洪武初年（1368年），朱元璋发兵平定云南全境，水西土司霭翠率部归顺明朝并协助平定云南战争，水西乃至贵州作为遏制云南的重要军事地位也彰显出来，进而也巩固了水西的地位，霭翠也被加封为贵州宣慰使。霭翠去世后，奢香继任贵州宣慰使，并修筑了贵州至云南、四川的驿道，促进了贵州地区经济文化的发展，为贵州行省的建立奠定了基础。

明永乐十一年（1413年），设置贵州布政使司。废除思州宣慰司与思南宣慰司，保留水东土司与水西土司，同属贵州布政司管辖。从此，贵州正式成为省一级的行政单位，成为中央政府直接管理的第十三个省级行政区域（图2-4-1）。

清雍正五年（1727年），将四川管辖的遵义府，广西管辖的荔波及红水河、南盘江以北地区，湖广管辖的平溪、天柱，划归贵州府管辖。将贵州府管辖的永宁州划为四川府管辖。

二、改土归流

（一）兵卫制形成

明朝在贵州的制度建设分成三个步骤：首先建立并强化军事机构，然后改造元代的土司制度，接着推行府州县管理。

朱元璋建立明朝后，以卫所为单位，将军队布防在全国各地，三分成守，七分屯种。从明洪武四年（1371年）开始，在贵州设置了贵州卫和永宁卫，大批军队不断地从中原地区向贵州集结，约有20余万人之多，形成24卫所的军事编制，同时又把每个卫所划分为5个千户所和50个百户所（屯或堡）的管理单元，相继星罗棋布地在交通要道和军事要隘布局并进行有规范行制的管理，形成了川滇咽喉、西南锁钥（图2-4-2），为平定云南做了充分的准备。这种制度与土司制度协同对贵州全域进行管理。

兵卫制的推行极大改变了贵州的政治形势，对贵州建省有着基础性的影响。卫所的设置使置地的中央政权得以落地和巩固。卫所治军，郡邑治民，分工治理为设省置府建立流官统治打下了基础；卫所穿插于土司领地，窥视动静，熟悉情势，既置土司于中央政权的监督之下，又为后期"改土归流"的展开积累了政治条件；卫所是贵州行省设置的开路先锋，也是贵州行省各级行政机构的坚强后盾；卫所土地成为贵州赋税的主要来源，同时也是汉民迁入的集散中心。随着汉族移民的逐渐增多，贵州"夷多汉少"的族群分布格局得以改变。

综观明朝建省前后及改土归流的历史进程中，其所设置的制度和采取的措施，无一不打上封建高度中央集权统治和封建大一统政治思想的烙印。

（二）改土归流

明初朱元璋在进军云南、实现统一过程中，便已开始改土归流的制度设计，他在进军云南，统一全国前后的一些重大决策和举措，为将贵州纳入朝廷的政权管理和正式建省奠定了基础。

元代开始在贵州出现土司制度，与其历史上政治地位、区位条件及文化背景有直接的关系，因为处于中央王朝及地方王朝各大势力的外围，整个社会组织是处于

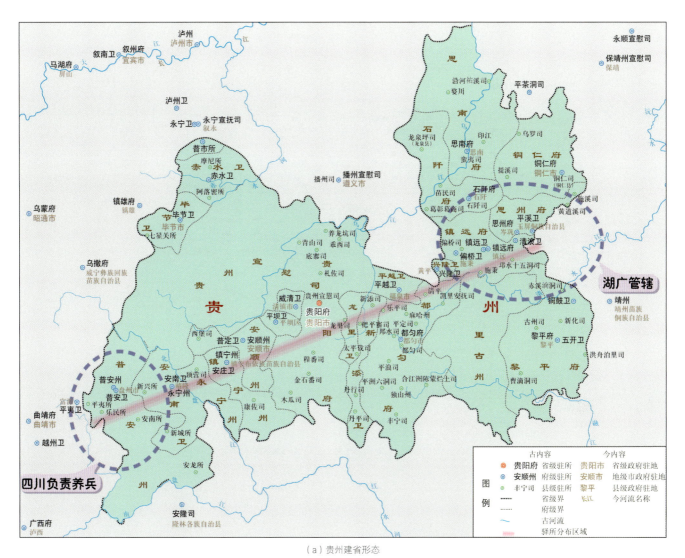

(a) 贵州建省形态

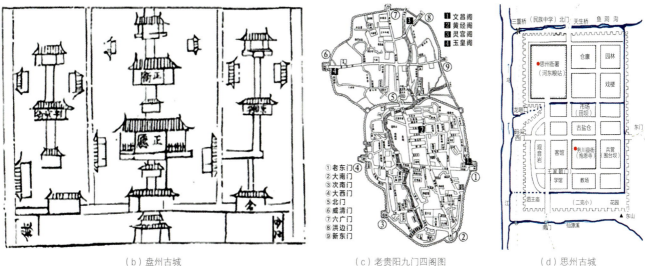

(b) 盘州古城　　　　(c) 老贵阳九门四阁图　　　　(d) 思州古城

图2-4-1 贵州建省时版图（来源：(a) 参照谭其骧《中国历史地图集》编制；(b)~(d) 网络）

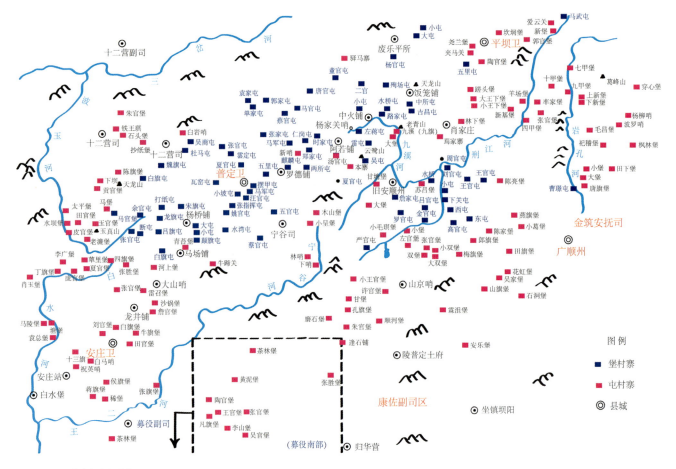

图2-4-2 明代安顺屯堡分布图

一种平稳的状态,中央王朝依靠地方土司管理贵州,为中央王朝节省大量人力物力的开支,贵州土司在中央集权的制度下享有对其领地内的土地和人民进行控制的地方自治特权,两种制度并行同时,贵州地方的经济力量得到加强。因为中央王朝与西南势力的战争,凸显了贵州战略地位,在完成国土统一后,仍继续扩大在贵州的军事力量,大量人口迁徙带来了中原及开放地区文化的渗透与交流,贵州也改变和完善土司制,为中央王朝施行集权管理做了准备。

1. 土司制度更加规范和严密,对土司的职责、职别、隶属、袭替、升迁、惩处都有明文规定,制度的严密和规范,既是土司制度日趋完备的标志,也是土司制向流官制过渡的必要准备。

2. 土司的类型更加多样化,有独立性较强的宣慰司、长官司、蛮夷长官司,也有受到中央政府钳制的军民长官司。土司既有少数民族的酋长,又有早期来到贵州而树立威望的中原移民,还有中央政府直接从卫所军官中任命的。

3. 土司的汉化程度越来越高。从明太祖时期开始,就鼓励土司子弟入国学,贵州少数民族土司及其子弟接受儒家文化,知晓忠君报国和上下尊卑,在意识形态方面为上层建筑的变革清除了障碍。

4. 先进的生产力和生产关系引入,开放的社会环境形成,土司地区的封建领主制经济逐渐让位于封建地主制经济。明朝初年开始实行屯田制度,通过屯田,大量肥沃而又长期荒芜的土地得以耕种,大大促进了社会

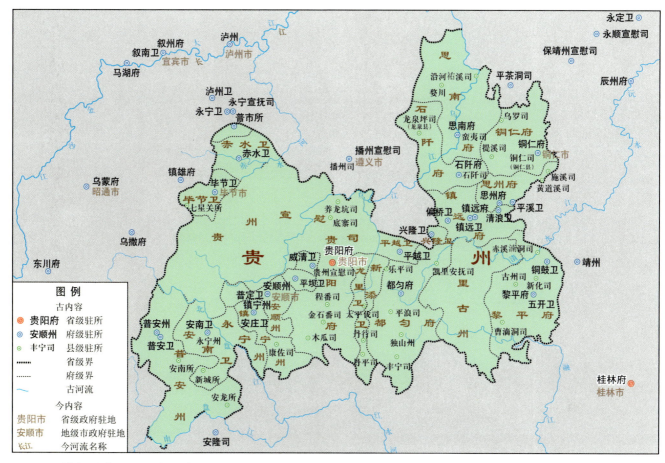

图2-4-3 明代贵州行政区示意图（来源：参照谭其骧《中国历史地图集》编制）

经济的发展，生产力的进步和生产关系的变化，为土司制度最终废除开辟了道路。

改土归流实质上是将地方特权收缩、中央集权延伸的过程，通过一系列制度准备解除了地方势力对中央王朝的威胁，将土官改为流官，并由中央王朝直接任命，中央直接控制的"流官"统治机构应时而生。既打破了世袭力量盘根错节的格局，同时也为中央王朝制度得以贯彻提供了组织保障，中央集权管理平稳落地（图2-4-3）。

值得注意的是，这一时期大量的外来民族如白族、满族、毛南族、壮族、土家、畲族等也随军及人口迁徙在贵州落户，改变了贵州既有的原生民族格局，成为贵州发展的重要力量，丰富了贵州文化多元性。对贵州地方行政体制、经济与社会结构和文化意识形态等各方面发展都具有典型意义。

三、清代民国时期

清雍正五年（1727年），遵义、荔波、红水河、南盘江以北地区及平溪、天柱划归贵州府管辖后，贵州的行政区域进行了一次重要的调整，"贵州省"正式成为命名的行政区，建立了由12府、1州、3厅为主体的行政机构，并形成贵州省的行政版图（图2-4-4），除此之外，还把过去中央政府没有进行管理的苗岭区域纳入了地方政权实施管理。

到民国时期的1913年，贵州地方政区进行了一

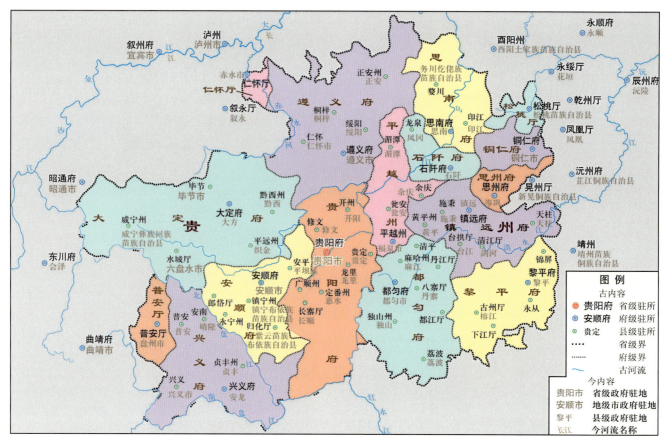

图2-4-4 清代贵州行政区示意图（来源：参照谭其骧《中国历史地图集》编制）

次调整，将清朝设立的府、厅、州，一律改为县。至1930年全省有81个县，县以下又划分为区、乡（镇）。

1935年，国民政府改组贵州省政府以后，建立了一套行政机构，省下设若干督察区，1937年就设置了6个行政督察专员区分管各县。1941年设置贵阳市，并在花溪镇设置贵筑县。到1948年，全省共设有1个直辖区，6个行政督察区，78个县（市），乡镇1397个，保1.29万个，甲12.84万个。

值得注意的是，从1930年开始到抗战结束这一历史时期，中央红军进入贵州建立红色政权及国民政府西迁重庆两大事件，带来了贵州又一次大规模人口集聚和生产建设，对贵州也产生了深刻的影响。

1. 红色政权建立

1930年4月至1936年10月，中国工农红军进入贵州，并在部分地区建立革命政权。1934年6月，中国工农红军第三军（即红二军团）进入黔东，建立黔东特区，7月成立了特区委员会，在沿河、德江、印江、松桃等县建立了县、区、乡革命委员会。1935年1月，中央红军进入遵义城，1935年10月在遵义召开了举世闻名的遵义会议，成为中国革命的伟大转折点。

1935年12月，中国工农红军第二方面军进入贵州，1936年2月在大定建立了川滇黔省革命委员会（后迁毕节县城），以后还在毕节、大定、黔西等地建立了县、区、乡人民政权。

2. 国民政府西迁

1937年7月7日，日本全面发动侵华战争，国民政府迁都重庆，经济、政治、文化中心的西移，贵州成为陪都屏障和战略后方，地理位置变得十分重要，一时大量的资金、设备、人才流入贵州，贵州经济第一次进入全国经济发展的主流圈，成为战时经济链条中不可或缺的一环。

1944年，日本军队首次攻入贵州境内。国民政府实行大规模征兵制度，开展军民训练的基础战时工程，对重要的军事战略基础设施在境内实施布局建设。

第五节　贵州行政空间形成

一、贵州历史沿革

贵州之名，始于宋代，建置可追溯到春秋战国时期。当时，西南各地，部落林立，互争雄长，君长数以十计。牂牁、夜郎独步西南，自雄一隅。秦、汉时期，在今贵州设立郡县，纳入职方。唐朝在今贵州境内，既设"经制州"以征赋税，又立"羁縻州"以相统率，对牂牁国、罗甸国等少数民族建立的地方政权则授以封号。宋代与唐代大体相似，在乌江以北设置路、府、州、县、军、监，在乌江以南仍立"羁縻州"五十余处。元朝强盛，海内划一，将贵州分属于湖广、四川、云南三行省，普遍推行土司制度，设立路、府、州、县，取缔独立性较大的地方政权，进一步纳入统一的行政建置，为贵州建省打下了基础，实为贵州行政建置承先启后的重要时期。明代240余年中，贵州的行政建置起了巨大变化，明初对土司进行整治，接着遍立卫、所、屯、堡，加强了对贵州的控制和开发，使之成为沟通湖广、四川、云南、广西的军事重地；明永乐十一年（1413年），朝廷在改土归流的基础上建立贵州等处承宣布政使司。贵州布政司的建立，在贵州史上具有划时代的意义，自此，贵州始为一省。至清代，进一步加强对贵州的统治，将卫所一律并入州县，实行大规模的改土归流，开辟"苗疆"六厅。康熙、雍正年间，将原属湖南省的镇远、偏桥、五开、铜鼓、清浪、平溪六卫及天柱县划归贵州，将原属广西省的荔波县及泗城府、西隆州在红水河以北的地方划归贵州，将原属四川省的乌撒府（后改威宁府）及遵义军民府划归贵州，而将永宁县（原永宁卫）划归四川，重新划定疆界，现在贵州省的行政范围就是由此确定的。

二、行政区划

1949年10月，中华人民共和国成立，1949年12月26日成立贵州省人民政府，贵州全省设1个直辖市贵阳市和贵阳、安顺、兴仁、毕节、遵义、铜仁、镇远、独山8个专区，共9个地级行政区及79个县，基本固定了贵州版图的四至范围。为适应政权建设和经济社会发展的需要，从1949年开始至2011年，经国家批准，又多次进行行政区划调整，主要为：

1950年将广西南丹县公昂乡划归荔波县管辖。

1952年将四川省秀山县九江乡划归松桃县管辖。

1953年将贵州天柱、锦屏2县的5个村划归湖南靖县管辖。

1955年将锦屏县4个乡划归湖南靖县管辖；将桐梓县17个乡划归重庆市管辖；遵义市升格地级市。

1956年将四川省綦江县2个村划归习水县管辖；设黔东南苗族侗族自治州和黔南布依族苗族自治州。

1958年遵义市降格为县级市。

1966年将云南省宣威县部分地区划归盘县特区管辖。

1978年撤六盘水地区，设地级六盘水市。

1979年将贵州省习水县东风大队划归四川省綦江县管辖，将綦江县的綦习大队划归习水县管辖。

1981年撤兴义地区，改设黔西南布依族苗族自治州。

1997年撤遵义地区和县级遵义市，设地级遵义市。

2000年撤销安顺地区设立地级安顺市。

2011年撤销毕节地区设立地级毕节市；撤销铜仁地区设立地级铜仁市。

到2018年年末，贵州全省总面积17.6万平方公里，设有贵阳市、六盘水市、遵义市、安顺市、毕节市、铜仁市6个地级市和黔南布依族苗族自治州、黔东南苗族侗族自治州、黔西南布依族苗族自治州3个民族自治州，共9个地级行政区划单位；88个县(市、区)，其中包含1个特区、15个市辖区、9个县级市、11个少数民族自治县；1381个乡、镇、街道办事处，4189个城市社区、13295个行政村村民委员会（表2-5-1、图2-5-1）。

全省行政区划统计　　　　表2-5-1

市州名称	地级单位		县级单位						镇	街道办事处	乡		城市社区居委会	村民委员会
		市		县	自治县	县级市	市辖区	特区				民族乡		
全省合计	9	6	88	52	11	9	15	1	837	227	317	193	4189	13295
贵阳市	1	1	10	3	0	1	6	0	50	0	27	18	629	949
六盘水市	1	1	4	1	0	1	1	1	39	22	26	25	385	722
遵义市	1	1	14	7	2	2	3	0	180	52	21	8	577	1458
安顺市	1	1	6	1	3	0	2	0	48	21	18	10	253	956
毕节市	1	1	8	6	1	0	1	0	135	37	91	72	1424	2223
铜仁市	1	1	10	4	4	0	2	0	94	33	49	38	287	2668
黔西南布依族苗族自治州	1		8	6	0	2	0	0	83	26	17	3	223	1008
黔东南苗族侗族自治州	1		16	15	0	1	0	0	129	17	60	15	233	2125
黔南布依族苗族自治州	1		12	9	1	2	0	0	79	19	8	4	178	1186

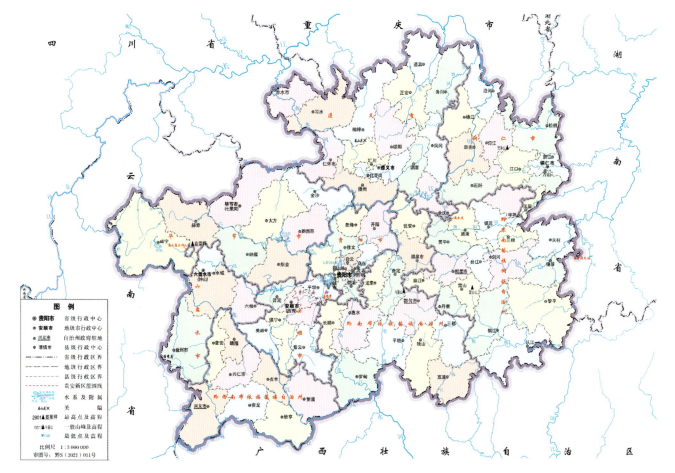

图2-5-1 贵州行政区划图

第三章 民族演变及分布

第一节　贵州民族与人口迁徙

一、民族概况

贵州是一个多民族、多语种的内陆山区省份。据全国第六次人口普查显示，全国56个民族中除塔吉克族和乌孜别克族外，贵州共有54个民族，少数民族人口总量居全国第四位。其中苗族、布依族、侗族、土家族、彝族、仡佬族、水族、回族、瑶族、白族、壮族、畲族、毛南族、蒙古族、仫佬族、满族、羌族、汉族这18个是世代居住在贵州的民族。

贵州少数民族人口占全省总人口的36.1%。全省有3个民族自治州、11个民族自治县，地级行政区划单位占全省的30%，县级行政区划单位46个，占全省的52.3%；少数民族自治地区国土面积9.78万平方公里，占全省面积的55.5%。还有193个民族乡。千百年来，各民族和睦相处，共同创造了多姿多彩的贵州文化。

贵州的民族文化源远流长、丰富多彩，是中华民族文化宝库中的瑰宝之一。山多洞穴多、温和湿润的自然环境，五大古族系长期交往、结集的社会历史背景，铸就了贵州民族文化诸多的特色和深厚的底蕴。山川的纵横交错虽不便于交通，客观上却有利于民族文化的积淀与传承。各民族大杂居小聚居的分布格局以及与内地联系的日趋加强，促进了民族文化的传播和变异。贵州民族文化在此特定的自然生态和社会生态的静与动之中，和谐而有序地发展变化着。总体来说，贵州民族文化是以家庭为单元、以血缘为纽带、以民族为标志、以社区为范围、以自然经济为基础的山地农耕文化。

二、人口迁徙

1949年时贵州总人口约1400万，贵州的人口发展经历了几千年漫长的历史时期。在原始社会的古族时期的人口，是一种自然生息的状态，同时受到自然环境条件及生产供给的限制，人口几乎没有突破性的变化。直到秦朝统一国家后，贵州仍然也还是人烟稀少，缺少经济要素，被中央王朝边缘化的原始蛮荒之地。随着国家治理体系触角的不断延伸及政治格局的改变，使得贵州有了人口大规模发展的机遇，其中具有历史意义的有四次。

（一）魏晋时期

从秦楚争霸到东汉时期，贵州以外苗族集聚地区发生了多次的地域与政权争夺的战争，苗族的祖先从黄河流域被迫一次次往长江沿岸及以南地区迁徙，一部分西迁到湘西湖北，一部分南迁到湖南广西交界。唐末至五代时期，这部分苗族又迁徙到了桂北。不断战败的苗族部落沿水路和陆路分别从云南、四川、湖南、广西进入贵州东北、东南及西北一带，沿着都柳江而上广泛分布，一部分越过都柳江和清水江的分水岭到达清水江中上游，并且进入贵州腹地（图3-1-1），乃至深山野谷。贵州的特殊地理条件和社会环境无疑是苗族先民为躲避战争围剿的战略选择，虽然当时的迁徙无法统计进入贵州的苗族人的具体数量，但苗族的这一次迁徙成为这一历史时期贵州人口剧增及贵州开发的重要力量，苗族也因此成为贵州世居民族中历史最早的外来民族之一。

（二）明朝时期

明朝的"调北征南"是朱元璋为了方便管理云贵高原地区的政治手段。中央王朝在平定西南叛乱后，贵州在控制西南的锁钥地位凸显，为了防备云贵高原

图3-1-1 中部苗族迁徙路线（来源：参照谭其骧《中国历史地图集》编制）

上的一些不确定的因素发生，需要进行长期和大量的布防，而贵州本就人烟稀少，隐存着较大的人口危机，加上驻扎军费、后续补给等诸多问题成了中央王朝棘手的现实，为了解决这些问题，便在已有的兵卫制基础上进行了更进一步的制度设计并加以实施，这才有了"调北征南"这项巨大的人口迁徙工程，除近30万的兵士留守外，大量的湖广、江西籍人口或随军或被抽丁迁徙进入贵州屯田、屯堡、建寨，发展生产（图3-1-2）。"调北征南"是贵州历史上进入人口最多的一次，这次的大迁徙持续的时间很长，从明洪武十五年

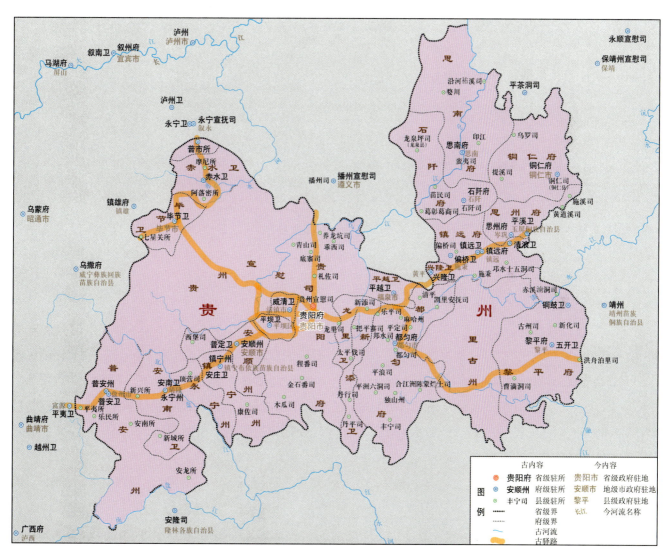

图3-1-2 贵州驿路分布示意图（来源：参照谭其骧《中国历史地图集》编制）

(1382年）开始一直到永乐年间，前后进入贵州的人口差不多达200万，包括汉族、土家族、畲族、回族、壮族等在内的多种民族也从这一历史时期开始在贵州繁衍。

（三）清朝时期

清朝时期经济动因招来"客民"。移民大潮在清代再次涌现，但已不是如同明代那种通过政府行为组织前来"戍边"的"屯民"，而是在经济利益驱使下招来的自由移民。因为前代移入的人已成"土著"，便把新来的人称为"客民"。这些客民大体分为三类：第一类是"买当苗人田土"的客民；第二类是"佃种苗人田土"的客民；第三类是"贸易、手艺、佣工"的客民。显然，他们都是因经济利益驱使而来，有钱的来贵州购田置产，无钱的来贵州租种土地或打工，商人感到贵州有生意可做，手艺人也前来开设作坊。他们亲戚相招，有来无去，与日俱增，给贵州经济注入一股新的活力，促进发展了贵州手工业。这一时期前后进入贵州的人口也有近30万，包括毛南族、羌族、满族、蒙古族、白族等在内的多种民族也开始在贵州定居下来。

（四）民国时期

1931年开始中央红军战略转移进入贵州。1937年爆发抗击日本侵略的战争，国民政府西迁重庆一直延续到抗战结束。这两大事件，带来贵州又一次大规模人口集聚和生产建设，尤其是文化教育机构迁入贵州办学对贵州科学技术、文化进步产生了深刻的影响。

第二节　贵州民族结构及分布

一、民族结构

贵州是一个多民族共居的省份，全省54个民族成分中，世居民族有18个。据全国第六次人口普查，全省世居少数民族共3413.58万人，占全省总人口的98.2%，其余民族共计61.28万人，约占总人口的1.8%。

人口超过10万的世居民族共有10个，约占总人口的97%，其中：汉族2234.42万人，占总人口的64.3%；苗族396.84万人，占总人口的11.4%；布依族251.06万人，占总人口的7.2%；土家族143.7万人，占总人口的4.1%；侗族143.19万人，占总人口的4.1%；彝族83.45万人，占总人口的2.4%；仡佬族49.52万人，占总人口的1.4%；水族34.87万人，占总人口的1.0%；回族18.48万人，占总人口的0.53%；白族17.95万人，占总人口的0.5%。

二、世居民族分布

目前居住在贵州的54个民族中，大部分是随着社会的发展慢慢迁徙过来的，世代居住在贵州的民族有18个。全省有3个民族自治州、11个民族自治县、193个民族乡，这些民族自治区域是贵州除汉族外世居少数民族聚居的重要载体（图3-2-1）。其主要分布为：

苗族：黔东南州、黔南州、黔西南州、松桃县、紫云县、务川县、水城县；

布依族：黔南州、黔西南州、镇宁县、紫云县；

侗族：黔东南州、玉屏县、碧江区、石阡县；

土家族：铜仁市；
彝族：毕节市、六盘水市；
仡佬族：遵义市、关岭县、石阡县；
水族：三都县；
回族：威宁县、兴仁市、平坝区、兴义市；
白族：毕节市、盘州市；
瑶族：黔东南州、荔波县；

壮族：从江县、独山县、荔波县、都匀市；
畲族：凯里市、麻江县、都匀市、福泉市；
毛南族：平塘县、独山县、惠水县；
蒙古族：毕节市、石阡县、思南县；
仫佬族：凯里市、麻江县、黄平县；
满族：黔西县、大方县、金沙县、云岩区；
羌族：石阡县、江口县。

贵州省常住人口中，少数民族人口约为1254.80万人，约占全省总人口的36.11%，其中有17个世居少数民族，包括苗族、布依族、侗族、土家族、彝族、仡佬族、水族、回族、白族、瑶族、壮族、畲族、毛南族、满族、蒙古族、仫佬族、羌族。

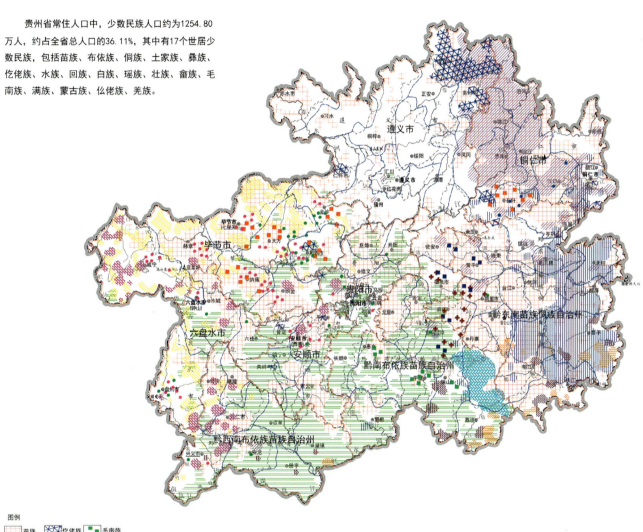

图3-2-1 贵州少数民族分布图

第三节　贵州典型民族文化特征

一、原生民族文化

（一）布依族

1. 概述

布依族是贵州的土著居民，早在石器时代就在这里劳动生息。与壮族有同源的关系，也可以说是同一个民族，都是古代百越的一支，迄今世居在贵州约有3000年左右。贵州布依族人口251.06万人，主要分布在黔西南布依族苗族自治州、黔南布依族苗族自治州、安顺市。其中，册亨县、望谟县、罗甸县、荔波县、独山县、平塘县、惠水县的布依族人口比重均超过全县总人口的50%（图3-3-1）。

2. 文化特征

布依语属汉藏语系壮侗语族壮傣语支，没有本民族文字。布依族的文化艺术绚丽多彩，地戏（又称傩戏）、花灯剧是布依族人喜爱的剧种（图3-3-2）。布

图3-3-1　贵州省布依族分布示意图

(a) 布依石板当瓦盖

(b) 布依歌舞

(c) 布依节庆

(d) 布依服饰

图3-3-2　布依族典型文化特征

依族音乐"八音坐唱"有"声音活化石"之称，天文地理山川草木皆可入歌；民间流传的口头文学有神话、传说、故事、寓言、谚语和诗歌等。布依族的织锦、蜡染久负盛名。蜡染多以花、鸟、虫、鱼作图案，丰厚朴实，绘画活泼豪放，构图大胆，形象生动；服饰以蓝、青、黑、白色为主，男子的服装式样各地基本相同，多包头帕，头帕有条纹和纯青两种；衣服为对襟短衣；妇女着大襟短衣，部分着百褶长裙，系绸缎腰带，头戴织锦头帕，喜佩带各式各样的耳环、戒指、项圈、发簪和手镯等银饰。

3. 节庆

布依族除了有与汉族相类似的节庆外，本民族所专有节庆还有如"了年"（正月最后一天）、三月三（地蚕会节）、四月八（牛王节）、六月六（祭盘古）、吃新节等，这些节庆大都与民族传说和乡风教育有关。

布依族重礼好客，节庆迎客必有"进门酒""交杯酒""格当酒""转转酒""千杯酒"和"送客酒"等六道酒礼，意寓吉祥如意。"三月三"是布依族的传统盛大节日，农历三月初三稻耕开始，要祭山神、土地神和祖先神及稻米魂，祈愿风调雨顺、五谷丰登。

图3-3-3 贵州省仡佬族分布示意图

(二)仡佬族

1. 概述

仡佬族人与古代贵州一代的僚人有渊源关系,古僚人,是西汉时夜郎国(主要在今贵州、云南境内)的主体民族之一。仡佬族独立成族世居在贵州迄今已有1400余年。贵州仡佬族共有49.52万人,约占全国87%,主要分布在务川、道真、石阡县及六盘水、铜仁、毕节、安顺等地区,其中务川县仡佬族人口约占全省的40%(图3-3-3)。

2. 文化特征

仡佬族没有自己的文字,历史由口传文学(如古歌)传承。仡佬族的民间文学有诗歌、故事、谚语等,多以天地诞生、民族源流、善良智慧为题材,常以号子、山歌、盘歌、古歌等形式抒发情怀,音韵优美,自成一格;木雕、石刻、砖刻等是仡佬族传统的雕刻艺术,图形有自然狮虎蝙蝠、花鸟鱼虫、龙凤麒麟、神话故事、风俗传说等;仡佬族刺绣精美,以挑花最具特色,图案为周围环境的花草、山水、动物等;善长竹编,有"打簸箕仡佬"之称。仡佬族的传统服饰很有特色,男女都穿筒裙,由染色羊毛和麻编织而成,颜色以青、蓝为主;女子上着齐腰短上衣,绣着鳞状花纹,下着无褶长筒裙,以青、红、白三色分为三段,外罩前短后长的青色无袖长袍,头缠青布长头帕,脚穿钩尖鞋。男子的服装多为对襟短衣,头缠青布或白布长头帕。

3. 节庆

仫佬族人崇拜祖先，奉祀竹王、山神，有本民族专司祭祀、祈福求寿、超度亡灵的巫师（图3-3-4）。除与汉族有相似节庆外，属民族独有的节庆还有祭山节、吃新节、牛王节、敬雀节、捉虫节等。

（三）仫佬族

1. 概述

仫佬族是贵州古老的世居民族之一，具有悠久的历史，与广西的仫佬族族源相同，由古僚族群中逐渐发展而来，进入贵州时间大约在元代，迄今世居700余年。贵州省仫佬族共有2.84万人，主要分布在黔东南州的麻江县、凯里市、黄平县，黔南州的福泉市、都匀市、瓮安县。麻江县仫佬族人口近1.8万人，占全省仫佬族总人口的63.3%（图3-3-5）。

2. 文化特征

仫佬族人民日常讲话用仫佬语，仫佬族人民善唱山歌，这是他们历来用以歌唱生产、生活与感情，传授科学文化知识的艺术形式。歌的种类可分为即兴而作的短歌（随口答）、讽刺性歌谣（口角歌）和叙事式歌谣（古条）。工艺美术以刺绣、挑花和银饰品为主。刺绣主要图案有花、鸟、虫、鱼等，五彩斑斓，寓意深远，这些

（a）务川仫佬乡

（b）仫佬族敬雀节

（c）石阡仫佬族服饰

图3-3-4 仫佬族典型文化特征

图3-3-5 贵州省仡佬族分布示意图

工艺品手工精细,样式精美,贴近生活。仡佬族服饰比较简朴,服色尚青是主调,具有古代僚人的服饰特点。如妇女上衣很短,仅及腰,袖背上全部绣上鳞状花纹。下穿无褶筒裙,脚上穿的是钩尖鞋。男子多穿对襟衣,男女均以长帕包头。

3. 节日习俗

仡佬族过去崇信多神,节日较多。一年之中除十月、十一月之外,几乎每个月都有节日。三年一次的"依饭"节也叫"喜乐厚",是仡佬族最隆重的节日(图3-3-6)。"依饭"的目的主要是向祖先还愿,祈保人畜平安、五谷丰收。仡佬族特殊的节日有:正月十五过小年要捣糍粑;二月春社要包粽子;三月初三婆王节(又称小儿节);四月初八牛节,拜祭牛栏神;五月初五端午节,各村寨抬纸船巡田垌驱虫,以保丰收;六月初二为吃虫节,是发扬除虫方法的传统节日;八月十五为后生节,青年男女社交活动的节日。

(四)水族

1. 概述

水族与古代"骆越"族有历史渊源,是其中一支发展起来的,公元前214年,秦朝统一了岭南,水族先民逐渐向北往黔桂边境迁移,进入贵州大约在秦汉时期,迄今世居2000余年。贵州水族共有34.87万人,约占全国水族人口的85%,主要分布黔南州三都县及独山、荔

(a) 复兴村　　　　　　　　　　　　　　(b) 黄平仫佬短墙

(c) 黄平仫佬服饰　　　　　　　　　　　(d) 凯里仫佬节庆

图3-3-6　仫佬族典型文化特征

波、都匀、榕江、雷山、从江、丹寨、福泉等区域，其中三都县水族人口占全省60%以上（图3-3-7）。

2. 文化特征

水族有自己的文字，通常以水书的形式存在，水书也被誉为象形文字的"活化石"。民间文学艺术主要为民歌，又分为单歌、双歌、蔸歌、童谣、调词、诘词、丧葬歌等，通常以说唱的形式进行叙事及交流感情。水族善刺绣和织锦，尤其以马尾绣及豆浆印染技艺独树一帜，具有珍贵的文化艺术价值；水族服饰以青、蓝、绿色为主，男子穿大襟无领蓝布衫，戴瓜皮小帽；妇女穿青黑蓝色圆领立襟宽袖短衣，下着长裤，系刺绣围腰，穿绣青布鞋，包头巾戴银饰。

3. 节庆

水族有许多传统节日，主要有端节、卯节、苏宁喜节、荐节、敬霞节等，最隆重的当推"端节"，与汉族的春节相似，是辞旧迎新、庆贺丰收、祭祀祖先的盛大节日（图3-3-8）。在水族中，有"过端不过卯，过卯不过端"的传统区分，各地水族基本上是同宗同姓的一同过节。

（五）瑶族

1. 概况

瑶族祖先为盘古，秦汉时期以武陵区域为中心分布，至两广区域，到明末清初瑶族由两广向云贵迁徙，

图3-3-7 贵州省水族分布示意图

(a) 怎雷村　　　(b) 水族服饰　　　(c) 榕江水族节庆

图3-3-8 水族典型文化特征

图3-3-9 贵州省瑶族分布示意图

进入贵州世居迄今已有400多年。贵州瑶族共有4.09万人,主要分布在黔南州荔波县及黔东南州榕江、从江及丹寨区域,贵州瑶族以荔波"白裤瑶"为典型,占全省瑶族人口的75%以上(图3-3-9)。

2. 文化特征

瑶族有自己的语言,但没有本民族文字,一般通用汉文。在远古时代就有了民族起源的神话传说,歌谣在其文化艺术中占有十分重要的地位,源远流长,形式多样,内容丰富,有讲述天地万物起源的创世歌;记述民族历史的古歌;表现劳动生活的狩猎歌和农事季节歌;爱情歌;祭祀用的乐神歌等。瑶族擅长印染、挑花、刺绣、织锦、竹编、雕刻、绘画、打造等,形式多样,内涵丰富,其中尤以蜡染、挑花出名。主要以表现树木花草、飞禽走兽、云霞水文为题材,千姿百态。服饰颜色以青、蓝、白为主,男子喜欢蓄发盘髻,并以红布或青布包头,穿无领对襟长袖衣,喜着斜挎白布"坎肩"及绣边白裤;妇女喜着无领大襟上衣(又称两片服),下着长裤、短裙或百褶裙,喜爱以银簪、银花、银串珠、弧形银板等配以彩色丝带做头饰(图3-3-10)。

3. 节庆

瑶族是多神崇拜的民族,所以瑶族独有的节庆多与神灵祭祀有关,主要有盘王节、祭春节、达努节、社王节、耍歌堂、啪嘎节等。盘王节,俗称"跳盘王""还

(a) 懂蒙村

(b) 瑶族服饰

(c) 瑶族建筑

图3-3-10　瑶族典型文化特征

盘王愿"，主要仪式由师公跳神祈祷，唱盘王歌，跳长鼓舞，祷告盘王（盘瓠）保佑赐福。

二、典型世居民族文化

（一）苗族

1. 概述

在贵州苗族是除汉族之外的第一大民族，苗族的先祖可追溯到原始社会时代活跃于中原地区的蚩尤部落。苗族在历史上共有三次大的迁徙，大致路线是由黄河中下游至湘（湖南）、至黔（贵州）、至滇（云南）。进入贵州时间大约在汉代，迄今世居2000余年。贵州省苗族共有396.84万人，全省各市州均有分布，其中又以黔东南苗族侗族自治州最多也最集中，约占全国苗族总人口的1/4，占全省苗族的39.5%，而台江又是全国苗族人口比例最高的一个县，苗族人口占全县人口97%，被称为"天下苗族第一县"（图3-3-11）。

2. 文化特征

苗族有自己的语言，属汉藏语系苗瑶语族苗语支。原先苗族有自己民族文字，因战乱而失传。苗族人民善于歌舞，歌舞形式丰富多彩，苗族舞蹈、鼓舞、芦笙舞令人叹为观止，苗族被称为"歌舞的民族"。民间文学

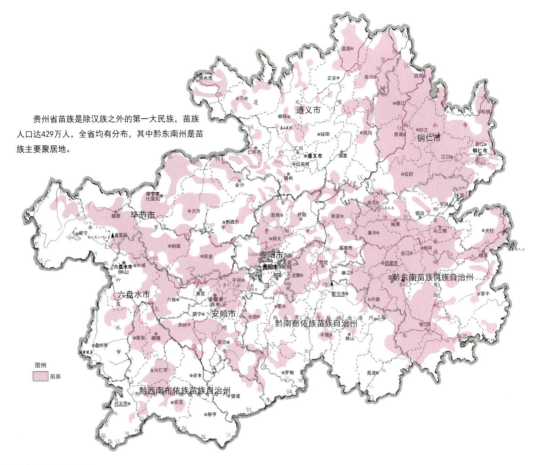

图3-3-11 贵州省苗族分布示意图

主要有诗歌、传说和故事，多以口头文学形式传承。诗歌只讲调而不押韵，篇幅长短不拘；歌曲主要有飞歌、酒歌等；舞蹈有芦笙舞、板凳舞等。民间工艺美术丰富多彩，最常见的是挑花、刺绣、织锦、蜡染、银饰等几类。刺绣及银饰技艺巧夺天工，独树一帜，具有很高的艺术价值，黔东南苗族服饰不下200种，是我国和世界上苗族服饰种类最多、保存最好的区域，被称为"苗族服饰博物馆"（图3-3-12）。从内容上看，服饰图案大多取材于日常生活中的物象，有表意和识别族类、支系及语言的重要作用，这些形象记录被专家学者称为"穿在身上的史诗"。服饰色彩追求浓郁和厚重的艳丽感，注重适应服装的整体感的要求。从形式上看，分为盛装和便装。银饰是苗族女性的代表标志，服饰则是代表苗家人独特的艺术品。

3. 节庆

苗族是一个富有古老文明、讲究礼仪的民族，岁时节庆独特鲜明，节庆内容丰富多彩，每月都有一个以上的节庆日。传统节庆按功能含义分为：祭祀性节庆（如牯藏节、祭尤节、姊妹节、晾桥节等）；农事活动节庆（如插秧节、吃新节、踩鼓节、闹冲节、捕鱼节、砍火星节等）；社交婚恋节庆（如四月八、花山节、赶秋节、游方节等）；纪念庆贺性节庆（如龙船节、爬坡节、芦笙节、斗牛节等）。

(a) 岜沙村（来源：龚校军 摄）

图3-3-12 苗族典型文化特征

(b) 六枝梭嘎　　　　　(c) 松桃苗族节庆　　　　　(d) 上郎德村　　　　　(e) 凯里苗族服饰

图3-3-12　苗族典型文化特征（续）

（二）彝族

1. 概述

彝族是贵州最古老的民族之一，相传是古羌人的分支。在鳖人时代就世居在贵州区域，迄今已有4000年左右。贵州彝族共有83.45万人，约占全国彝族人口的10%。贵州主要分布在毕节的威宁、赫章、大方、黔西、纳雍、织金、金沙及六盘水等的县区（图3-3-13）。

2. 文化特征

彝族能歌善舞，民间重大活动歌舞都是重要的表现形式，如"跳歌""跳乐""跳月""打歌舞""锅庄舞"等，动作欢快，节奏感强，反映彝族人热情奔放的性格特征。彩漆绘、刺绣、贴花和铸造技艺极富民族特色，喜黑、红、黄、蓝等纯度极高色彩，图案有日、月、云彩、山形、花草、动物等；彝族服饰多以毛、麻织品为主，男子通常穿黑色窄袖右斜襟上衣和多褶宽裤脚长裤，包头帕搭坎肩；妇女多着右襟短衣，穿长裙，通常盘肩、领口、襟边、裙沿有花饰，头上缠包头，系围腰和腰带，多以金银及玉石为饰物。

3. 节庆

彝族对火的崇拜和祭祀非常普遍，重要的节庆活动中几乎都与火有联系。主要有火把节、彝族年、拜本主会、密枝节、跳歌节等。其中以祭神祭田、祈年丰收、送祟除邪为主要内容的火把节是彝族最隆重盛大的传统节日，以火为中心，载歌载舞举行活动，体现了彝族人民尊重自然规律，追求幸福生活的美好愿望（图3-3-14）。彝族火把节享有"中国民族风情第一节""东方狂欢夜"的美誉。

（三）侗族

1. 概述

侗族的祖先可以追溯到秦汉时期的百越、干越。侗族的名称来自"溪洞"，今天当地还有许多地名叫"洞"。侗族大约于隋晋时期进入贵州，迄今世居1400年左右。贵州省侗族共有143.19万人，主要分布在黔东南苗族侗族自治州的黎平、天柱、锦屏、从江、榕江、剑河、三穗、镇远、岑巩和铜仁市的玉屏侗族自治县、万山区等地，其中黔东南州侗族人口占全省侗族人口

074

图3-3-13 贵州省彝族分布示意图

(a)海坪乡

(b)大屯土司庄园　　　(c)彝族服饰　　　(d)晴隆三宝彝族节庆

图3-3-14 彝族典型文化特征

80%以上（图3-3-15）。

2. 文化特征

侗族分为南侗和北侗，民族语言为侗语，属汉藏语系壮侗语族侗水语支。信仰多神，世袭用习惯法（"款约"）维护社会秩序。文化艺术丰富多彩，有"诗的故乡，歌的海洋"之美誉。侗族诗歌的韵律严谨，题材广泛，多以人类起源、民族迁徙和习惯法为题材，具有史料价值。音乐曲调既多又美，一领众和，侗族大歌气势磅礴，节奏自由，蜚声中外（图3-3-16）。民间舞蹈，有"哆耶"、芦笙舞等。手工艺品有挑花、刺绣、彩绘、雕刻、剪纸、刻纸、藤编、竹编，图案花纹有人物、禽兽、花卉、鱼虫等，形象生动，色彩绚丽而调和。银饰有颈圈、项链、手镯、耳环、戒指、银簪、银花。纺织品有侗锦、侗帕、侗布。先用靛染，后涂蛋白的"蛋布"，颜色鲜亮，为侗族固有衣料。服饰色彩以黑、青（蓝）、紫、白四色为主，男穿对襟短衣，有的右衽无领，包大头巾；女子上着大襟、无领无扣衣，下穿裙或裤，束腰带包头帕戴银饰。

3. 节庆

侗族的节日以春节、祭牛神（农历四月初八或六月初六）、吃新节（农历七月间）、斗牛节较为普遍。并有借生产活动交流感情的习俗，以过节的形式开展农事活动，如讨葱节、采桑节、种棉节、播种节等。有些地区还有在十月或十一月过侗年的习俗。由于民族之间的

图3-3-15 贵州省侗族分布示意图

交往，侗族还有清明、端午、中秋、重阳等节日。其中侗族的年节被称为行年。

（四）土家族

1. 概述

土家族是唐代末期形成的一个有共同语言、共同地域、共同经济生活和共同文化心理素质的民族，有研究认为湘西的先民是土家族的主要来源之一，土家族进入贵州时间大约在明代，迄今世居600余年。贵州省土家族共有143.7万人，约占全国土家族人口的25%，主要分布在铜仁市包括碧江、印江、沿河、江口、思南与德江在内的6个县区，约占全省土家族人口的70%（图3-3-17）。

2. 文化特征

经过长期的历史发展，土家族形成了绚丽多彩的文化和独有的风俗习惯。民间文化有民间故事、诗歌、戏曲等，诗歌内容丰富，形式多样，以长篇叙事诗《绵鸡》最为著名。民间音乐品种繁多，有劳动号子、山歌、神歌等。打击乐"打溜子"被誉为"土家族的交响乐"，传统曲牌多达200多套。戏剧有茅古斯、阴花歌、傩戏、南戏、西戏等多种。土家族的傩戏，可以称为"中国戏剧的活化石"。铜仁土家族地区，被认为是我国保存傩戏最完整、演出傩戏最多的一个傩文化圈。手工艺品有"西朗卡铺"（土家铺盖），织工精巧，色彩绚丽，有100多种图案。木雕工艺独树一帜，多以花、鸟和人物故事为主题，具有较高的艺术价值。服饰喜用红色，男女服装均为满襟款式，男子穿琵琶襟上衣，缠青丝头帕；妇女着左襟大褂，衣袖比较宽大，下着镶边筒裤或八幅罗裙，喜欢佩戴各种金、银、玉质饰物（图3-3-18）。

3. 节庆

土家族节庆民俗较多。从节日内容看，有祭祀节日、纪念节日、庆贺节日、社交娱乐及生产性节日五类。尚自然崇拜和动物崇拜，祀鬼神。除了有与汉族相类似的节庆外，本民族所专有节庆还有赶年（提前汉族年过节）、土地节、牛王节（或称牛毛大王节）、六月六等，其中"赶年"节是土家族最为隆重的传统节日。

（五）白族

1. 概述

白族与古氐羌族群有密切的渊源关系，即"僰，羌之别种也"，大约唐宋时期就有白族从云南进入贵州，但是形成大规模族居，应是明代随军屯制度而形成，世居贵州迄今也有400余年。贵州白族人口17.95万人，约占全国的9%。贵州白族主要分布在毕节和六盘水两市，其中毕节白族人口约占全省的75%（图3-3-19）。

2. 文化特征

白族人民在长期的历史发展过程中，创造了光辉灿烂的文化，汉文一直是白族人民习惯用的文字。在艺术方面独树一帜，其雕刻、绘画、漆器技艺有很高的艺术造诣，名扬古今中外。民间古典戏曲"吹吹腔"及踏歌等具有鲜明民族特色。白族男女都崇尚白色，以白色为尊贵。表现在服饰特征上，男子多穿白色对襟衣，外套黑领褂，下着蓝色或黑色长裤，背挎包或佩挂刀具；女子则穿白上衣，红坎肩，或是浅蓝色上衣，外套黑丝绒领褂，右衽结纽处挂"三须""五须"银饰，腰系绣花短围腰，下穿蓝色宽裤，足蹬绣花鞋，缠绣花或印花包头帕（图3-3-20）。

3. 节庆

白族除有与汉族相似的节庆外，火把节、三月街（民族节）、清明节、中元节、冬至是白族传统的节日。

(a) 乌公村（侗寨）（来源：龚小军 摄）

(b) 侗族服饰

(c) 侗寨建筑

图3-3-16 侗族典型文化特征

(d) 小黄村长桌宴

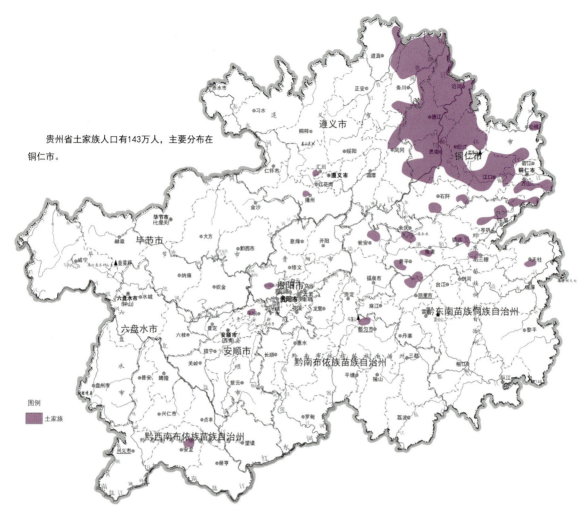

图3-3-17 贵州省土家族分布示意图

(a) 云舍村　　　　　　　　　　　　(b) 尧上村

图3-3-18 土家族典型文化特征

（c）石阡土家婚礼　　　　　　　　　　　　　　　　　　（d）土家服饰

图3-3-18　土家族典型文化特征（续）

图3-3-19　贵州省白族分布示意图

(a) 毕节梨树镇小河村

(b) 安顺讲义村服饰

(c) 纳雍白族民居

图3-3-20　白族典型文化特征

（六）畲族

1. 概述

畲族与瑶族同源，贵州畲族先祖来源于江西，大多于明朝洪武年间，或奉旨征讨、迁徙或避祸而迁入，世居在贵州已有600余年。贵州省畲族共有3.66万人，约占全国畲族人口的6%，主要分布在黔东南州麻江、凯里和黔南州的福泉、都匀，其中麻江县聚居的畲族约占全省的78%（图3-3-21）。

2. 文化特征

畲族有本民族的语言，文学艺术十分丰富，山歌是畲族文学的主要组成部分，多以畲语歌唱的形式表达，山间田野劳动，探亲访友迎宾之时，也常常以歌对话，具有鲜明的民族特色。畲族人善编织和刺绣，彩带和竹编技艺备受赞誉。服装崇尚青蓝色，男子服装与汉族服装区别不大；女装则以"凤凰装"最具特色，多在衣领、大襟、袖口上镶刺绣着各色花纹图案和花鸟龙凤图案的花边，斑斓绚丽，丰富多彩。头饰喜结龙髻，戴凤冠插银簪（图3-3-22）。

3. 节庆

畲族人尚原始宗教信仰和图腾崇拜，重视祖先崇拜，信奉鬼神，每年二、七、八月的十五日都为传统祭

图3-3-21 贵州省畲族分布示意图

祖日。除此之外,还有三月三、农历四月的分龙节、立秋节、中秋节、重阳节、春节等传统节庆。

(七)回族

1. 概述

回族进入贵州大致可分为三个时期,一是明朝平定云南后军队的留守人员;二是清朝中叶因商贸兴起,从云南等地入黔经商者;三是抗战时期逃难留居贵州人员。这些不同时期进入贵州的回族,成为今天贵州回族的先祖,迄今世居最早的已有700余年。贵州省回族共有18.48万人,主要分布在毕节市、黔西南布依族苗族自治区州、安顺市、六盘水市,并主要聚居在威宁、兴仁和平坝县(图3-3-23)。

2. 文化特征

在文学、哲学、音乐、书画方面,回族也有许多创造,历史上有众多的记载,回族音乐与西夏乐、中国乐一起,构成了元代宫廷音乐,"花儿"是民间音乐的典型,为回族人民所喜闻和传唱;砖雕、刺绣和剪纸可称为回族民间艺术之花,以旺盛的生命力深深扎根于回族民间艺术土壤之中,内容丰富,生活气息浓厚。回族擅长经商,以特色饮食制作为突出。回族服饰具有中亚人传统穿衣打扮特点,最显著的特征便是

(a)凯里畲族建筑　　(b)畲族服饰　　(c)麻江畲族节庆　　(d)福泉畲族村

图3-3-22　畲族典型文化特征

穆斯林服饰：男子多戴白色无搪帽，着长袍；女性则戴各色"盖头"，遮盖脖颈、头发和前额，着长衫和扎腿裤。

3. 节庆

回族信奉伊斯兰教，通常不过其他民族的节日，只按伊斯兰教教义过开斋节、古尔邦节和圣纪节。开斋节又叫肉孜节，以符合条件的回民为主体，节庆期间要做到静性寡欲、斋戒饮食，参加会礼，由阿訇带领纪念已故亲人，走亲访友，相互祝贺和款待。回族的三大节庆具有全民性、稳定性和纪念性，由于活动场所集中在清真寺，因此节庆又具有交流学习和进行贸易的特点。

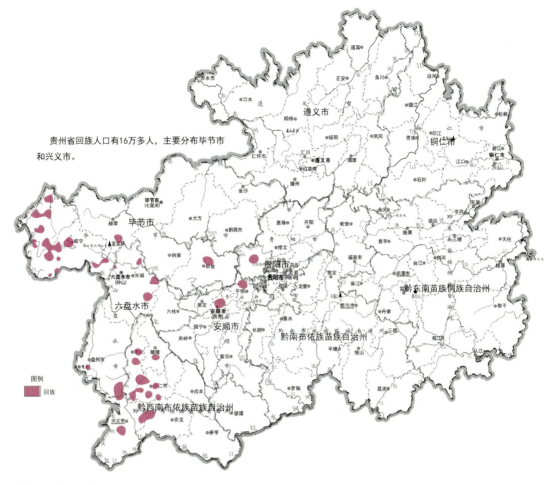

图3-3-23 贵州省回族分布示意图

（八）蒙古族

1. 概述

蒙古族源于成吉思汗建立的蒙古汗国。蒙古族大约在清代由四川进入贵州，迄今世居约300年左右。贵州省蒙古族共有4.16万人，主要分布在毕节和铜仁区域，其中以大方、思南、石阡三县居多，约占全省蒙古族人口的75%以上（图3-3-24）。

2. 文化特征

长调、呼麦、马头琴、安代舞是最能代表蒙古族草原文化的艺术表现形式，其中长调又称长歌，曲调悠长、高亢悠远、舒缓自由，宜于叙事，又长于抒情。蒙古族的曲艺内容绝大多数是描写草原、骏马、骆驼、牛羊、蓝天、白云、江河、湖泊等。民间装饰及剪纸具有抽象化和大写意的特征，从信仰图腾到生活的现实场景都凝练了蒙古族智慧。皮具及游牧生活用品装饰技艺精湛，也体现在族人的服饰上：男女服装款式上区别不大，男装多为蓝、棕色，女装喜欢用红、粉、绿、天蓝色；着右襟长袍、戴帽穿靴，腰带是蒙古族服饰重要的组成部分，男子腰带多挂刀子、火镰、鼻烟盒等饰物，女装喜用玛瑙、翡翠、珊瑚、珍珠、白银装饰。

图3-3-24 贵州省蒙古族分布示意图

3. 节庆

传统节日有"白节"、祭敖包、那达慕、打鬃节等。蒙古族民间一年之中最大的节日是相当于汉族春节的年节,亦称"白月",传说与奶食的洁白有关,含有祝福吉祥如意的意思。节日的时间与春节大致相符;"那达慕"在蒙语中有娱乐或游戏之意,通常在夏秋季牧闲时举行,内容有摔跤、赛马、射箭、舞蹈,以及物资交流等。

(九)满族

1. 概述

满族是来自北方的民族。清康熙年间,中央王朝派兵平定水西土司势力后,满洲清兵就留守贵州西部,成为贵州满族的先民,在贵州世居迄今有300余年。贵州省的满族有2.3万人,主要分布在毕节区域的大方、金沙、黔西三县(图3-3-25)。

2. 文化特征

因辛亥革命时期"反满",为免受迫害,贵州世居满族跟内地的满族一样,刻意隐瞒自己的民族成分,时间长达70余年,因此许多本民族的文化也在这一历史时期散失了。满族的"八角鼓戏"是一种集说、唱、舞相结合的艺术形式,是吸收诸宫调、杂剧及各地民歌、小曲,形成牌子曲剧,多以表达历史和民间故事为题

图3-3-25 贵州省满族分布示意图

材。满族日常生活中离不开歌唱,族人喜唱民歌。民歌歌词语言通俗、活泼,其旋律质朴、简明。有牧歌、情歌、喜歌、战歌、猎歌及丰收喜庆歌等。满族的窗花剪纸极富生活特色,鸟兽花卉,古今人物,栩栩如生,充满活力。

3. 节庆

贵州满、汉长期杂居共处,满族已在语言、服饰、习俗等方面与汉族无差异,但也保留了部分本民族的传统节庆,如走百病、二月二引龙节、虫王节、腊八节和过小年等。

(十)羌族

1. 概述

羌族是源于西南地区的一个古老民族,大约在明末由四川迁徙到贵州定居,迄今世居300余年。贵州省羌族共有0.16万人,主要分布在铜仁的石阡、江口两县(图3-3-26)。

2. 文化特征

羌族有自己的语言,属汉藏语系藏缅语族羌语支语言。羌族具有工艺品制作的精湛技艺,马鞍、耳环、手镯、帽花、各种挂饰、佩饰及石雕、木雕、漆器、

图3-3-26 贵州省羌族分布示意图

织毯、挑花、刺绣等极具民族传统风格,集精巧实用与审美于一体,花卉瓜果、飞禽走兽、松梅竹菊、花团锦簇、鱼水和谐等是表现的主题。男女服饰(图3-3-27c)除色彩区别较大外,款式大同小异,多着长衫、袍、长裤,缠头帕或戴皮裘帽,搭坎肩系腰带打绑腿。

3. 节庆

羌族地区至今仍保留原始宗教,盛行万物有灵,多种信仰的灵物崇拜,也体现在节庆活动中,祭山会就是羌族独有的传统节日,每年的农历四月初一族人都会点燃松油、柏枝,祭祀天神"木比塔",巫师带领敲羊皮鼓,合唱民族史诗,祈求年景丰收(图3-3-27d)。除此之外,还有农历十月以庆祝丰收和感恩还愿为主要内容的羌历年。

(十一)毛南族

1. 概述

贵州的毛南族,历史上称为佯僙人,通常认为毛南族与布依族、仫佬族、仡佬族有渊源,进入贵州大约于明末清初时期,迄今世居已有300余年。贵州省毛南族共有2.73万人,主要分布在黔南州的平塘、惠水、独山三县,其中聚居在平塘县最多,约占贵州毛南族总人口的90%以上(图3-3-28)。

(a) 羌寨鸟瞰　　　　　　　　　　　　　　　(b) 石阡羌族民居

(c) 羌族服饰　　　　　　　　　　　　　　　(d) 羌族节庆

图3-3-27　羌族典型文化特征

2. 文化特征

毛南族有自己的语言，属汉藏语系壮侗语族侗水语支。毛南族聪明、勤劳，在长期的生产、生活实践中，创造了光辉的文化艺术。毛南族的神话传说、民间故事相当丰富，真实地反映了毛南族人民的道德观、价值观和艺术修养。口头文学有民歌、神话、传说、故事、童话等，极具民族特色的"猴鼓舞"深受族人喜爱（图3-3-29c）。毛南族的编织和雕刻，技艺精湛，集艺术性和实用性为一体。男女服饰都喜欢穿蓝色和青色的大襟和对襟衫，忌穿白色衣服。男性上衣饰铜扣，又称为五扣衣，衣服口袋缝在右衣襟里不外露。盛装时头缠黑色羊角巾，缠黑色腰带，穿宽筒裤子，脚穿白底黑面的布鞋；妇女多穿青色或蓝色右襟上衣，女装最大的特点是镶有三道黑色花边的左开襟上衣和裤子，系有绣花纹图案围腰，戴银饰，穿绣鞋；毛南族的银器饰物除了常用的银手镯、耳环、银项圈外，还有银麒麟、银环、银簪、帽饰、颤花、银钗、银梳等。

3. 节庆

毛南族信仰多神，许愿和还愿是毛南人最主要、最普遍的集体宗教活动，节庆活动也大多带有宗教信仰的特征。毛南族除和邻近的壮、汉族有共同的春节、清明节、端午节、中元节、重阳节，也有自己独特的庙节，

图3-3-28 贵州省毛南族分布示意图

又称"分龙节",放鸟飞是庙节最有意义的活动,有"领魂"祭神、洗枪、晨读、放鸟飞等内容,祈祷风调雨顺,以保丰收,此外还有赶祖先圩等。

(十二)壮族

1. 概述

壮族是中国56个民族中人口最多的少数民族,贵州境内壮族大约于明朝嘉靖时期由广西迁来,迄今世居600余年。贵州省的壮族共有5.26万人,主要分布在贵州与广西交界的黔东南和黔南区域的从江、黎平、榕江、荔波、独山以及都匀等县区,其中聚居在从江县的最多,约占全省壮族总人口的60%以上(图3-3-30)。

2. 文化特征

壮族人民能歌善唱,在发展过程中与多民族文化融合,形成了本民族特色歌舞戏剧艺术,有请歌、求歌、激歌、对歌、客气歌、推歌、盘歌、点更歌、离别歌、情歌、送歌等。用壮语演唱的壮剧、师公戏、木偶戏等深受喜爱。铜鼓盛行于壮族地区,也代表壮族具有了铜鼓技艺的最高水平。壮族服饰主要有蓝、黑、棕三种颜色。黔东南区域的壮族服饰及颜色、类型与当地侗族或苗族近似。男女衣着尚青黑,故又称这一带壮族为"黑壮"(图3-3-31)。

（a）独山毛南村落　　　　　　　　　　　　　　　　　（b）毛南族服饰

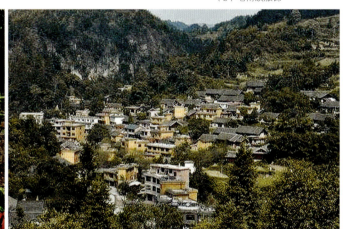

（c）毛南族打猴鼓　　　　　　　　　　　　　　　　　（d）交懂组

图3-3-29　毛南族典型文化特征

3. 节庆

壮族信仰原始宗教，祭祀祖先，贵州壮族与周边民族在习俗上有趋同的特征，主要节庆有春节、中元节、三月三、清明、中秋、端午、重阳、尝新、冬至、牛魂、送灶等，最为隆重的当属"三月三"，三月初三是备耕时间，壮族都以赶歌圩的形式为春耕农忙做物质的和精神的准备，吃五色饭、五色蛋，预祝五谷丰登。

（十三）汉族

1. 概述

明朝洪武初年，朱元璋为统一天下，以形成稳定集中的政治局面而发动了多次的"平滇"战争，贵州成为西南的锁钥，洪武十四年（1384年），调动了三十万江南大军发动了历史上有名的"调北征南"讨伐滇黔的战争，建立了兵屯制，战争结束后，大批江南水乡汉族兵士就驻留下来，成为贵州汉族的先祖，迄今世居在贵州

贵州省壮族人口有5万多人,主要分布在从江县、黎平县、独山县和荔波县。

图3-3-30 贵州省壮族分布示意图

已有600余年。主要分布在具有军事战略重地的交通要点和布防区域,涉及贵州大部分地区(图3-3-32)。

2. 文化特征

贵州汉族文化最典型的当属屯堡文化,带有中原文化、江南文化遗存的屯堡文化在几百年发展历程中与当地的民族文化相融合,形成了独特的地域文化特点。屯堡人的语言经数百年变迁至今仍保存着北方语音的特点。文学艺术音乐戏剧集众家之所长,得以发扬光大,屯堡人的花灯曲调带有江南小曲的韵味,原始粗犷的屯堡地戏被人誉为"戏剧活化石"。石头营造独具特色,蜡染技艺蜚声中外。男性服饰已有大量改良,颜色以藏青白色为主,形式大致为对襟衣,长裤,包头帕;女性服饰沿袭江南汉族服饰特征,颜色以蓝、绿、藏青、藕荷色为主,通常是宽衣大袖右开襟,大衣袍长及膝下,领口、袖口、前襟边缘皆镶有流绣花纹,腰间以两端垂于膝弯部的织锦丝带系扎,挽髻结发戴玉簪,同时还有包头帕的习惯(图3-3-33)。

3. 节庆

屯堡人讲究"周公礼制",是传统汉文化的延续,有对神灵崇拜、祖先崇拜的传统,节庆活动也以敬奉神灵和祭供祖宗为主要内容,主要有腊祭、祭灶、祭土地、春节、元宵、清明、端午、七夕、中元、中秋、重阳等。

(a) 从江壮族村落

(b) 壮族服饰

(d) 壮族嬉水节

(c) 荔波壮族民居

(e) 壮族三月三

图3-3-31　壮族典型文化特征

三、非物质文化遗产

非物质文化遗产既是历史发展的见证，又是珍贵的、具有重要价值的文化资源。贵州省通过进行系统、有针对性地挖掘和抢救，建立起省级非物质文化遗产名录体系，到2018年末，贵州省共公布了五批省级非物质文化遗产名录，共计10类797项，其中国家级104项（表3-3-1）。

贵州省第六次人口普查数据显示，贵州省常住人口约为3474.65万人，汉族人口约为2219.85万人，占常住人口的63.89%。

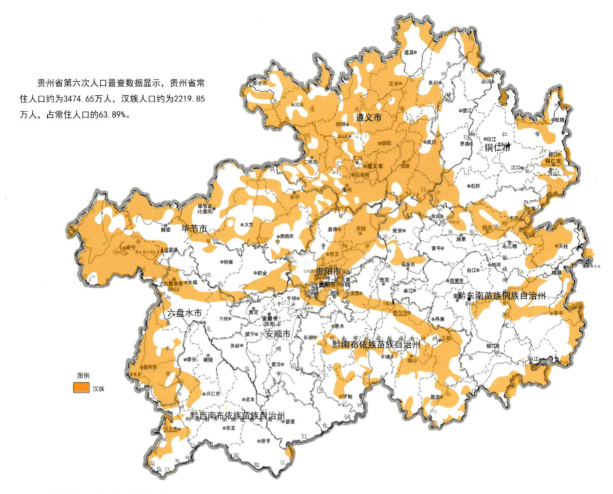

图3-3-32 汉族在贵州历史迁徙及定居示意图

贵州国家级及省级非物质文化遗产名录及扩展名录　　　　　　　　　　　表3-3-1

序号	分类	省级数量	国家级数量	代表内容
1	民间文学	51	11	苗族古歌、彝族古歌刻道、仰阿莎、布依族盘歌、珠郎娘美、金汉列美、丁郎龙女苗族贾理、亚鲁王、布依族摩经、布依族叙事诗、簪汪古歌、播州杨应龙传说等
2	传统音乐	91	10	侗族大歌、侗族琵琶歌、苗族民歌、布依族民歌、芦笙音乐、布依族勒尤、彝族民歌、土家族民歌、盘江小调、铜鼓十二调、土家族打镏子、龙灯锣、薅秧歌船工号子、凤冈吹打乐、黔北打闹歌、绕家呃嘣、高腔大山歌、屯堡山歌、水族"夺咚"、普宜乐都莫蒌等
3	民间舞蹈	75	11	苗族芦笙舞、木鼓舞、毛南族打猴鼓舞、瑶族猴鼓舞、彝族铃铛舞、狮舞、铜鼓舞、阿妹戚托、布依族转场舞、畲族粑槽舞、瓦窑四面花鼓、莲花十八响、采月亮、土家族摆手舞、金钱杆、彝族酒礼舞、卡堡花棍舞、响篙舞、仡佬族踩堂舞等
4	传统戏剧	52	12	侗戏、布依戏、彝族撮泰吉、傩戏、安顺地戏、黔剧、花灯戏、阳戏、文琴戏、思州喜傩神、丝弦灯、端公戏等
5	曲艺	11	1	布依族八音坐唱、嘎百福、君琵琶、安顺唱书、围鼓、水族双歌、布依族说唱"削肖贯"等
6	杂技与竞技	52	1	赛龙舟、隆里花脸龙、德江土家舞龙、麻山绝技、布依高台狮灯、寨英滚龙、瑶族民间陀螺竞技、仡佬族打篾鸡蛋、古典戏法、攀崖技艺、游氏武术、民间棋艺、岩鹰高跷等

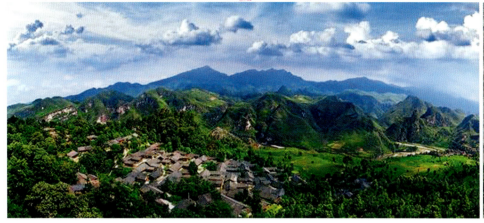

(a) 楼上村　　　　　　　　　　　　　　　　　　(b) 天龙镇

(c) 黎平古城　　　　　　　　　　　　　　　　　　(d) 安顺旧州明代服饰

图3-3-33　汉族典型文化特征

续表

序号	分类	省级数量	国家级数量	代表内容
7	传统美术	25	8	苗绣、水族马尾绣、苗族剪纸、泥哨、侗族刺绣、水族剪纸、石氏面塑、通草堆画、布依族织锦、布依族刺绣等
8	传统手工技艺	175	19	苗族蜡染技艺、苗族芦笙制作、玉屏箫笛制作、苗族银饰锻制、茅台酒酿制、皮纸制作、紫陶烧制、苗族织锦、枫香印染、彝族漆器髹饰、侗族木构建筑营造、毛尖茶制作、思州石砚制作、彝族赶毡制作、侗族鼓楼花桥建造、侗族鼓楼营造技艺、屯堡石头建筑技艺、水族石雕、傩面具制作、旺草竹编等
9	传统医药	27	6	同济堂传统中药、瑶族医药、苗医药、侗医药、中医传统制剂、布依族医药、水族医药、火龙丹、罗氏癞疱疗法、胡三帖、半枫荷熏浴疗法、黔西王氏食疗医药等
10	民俗	238	25	水书习俗、侗族款约水族端节、布依族查白歌节、侗族萨玛节、苗族鼓藏节仡佬毛龙节、苗族独木龙舟节、苗族跳花节、苗年、侗族萨玛节、苗族服饰、布依族"三月三"、月也、火把节、仡佬族三幺台、布依族服饰、侗族服饰、屯堡抬亭子、彝族毕摩祭祀文化、占里侗族生育习俗、仡佬年、天柱宗祠文化、侗族祭萨、竹王崇拜等
合计		797	104	

第四章

传统聚落文化特征及文化分区

第一节 传统聚落与聚落文化

一、传统聚落的概念

（一）聚落与传统聚落

聚落是人类聚居和生活的场所，聚落环境是人类有意识开发利用和改造自然而创造出来的生存环境。聚落是人类各种形式的聚居地的总称。"聚落"一词古代指村落，如《汉书·沟洫志》中记载的"或久无害，稍筑室宅，遂成聚落"。近代泛指一切居民点。

聚落是聚落地理学的研究对象，人类各种形式的聚居地的总称。它不单是房屋建筑的集合体，还包括与居住直接有关的其他生活设施和生产设施。聚落既是人们居住、生活、休息和进行各种社会活动的场所，也是人们进行生产的场所。聚落作为人类适应、利用自然的产物，是人类文明的结晶。聚落的外部形态、组合类型无不深深打上了当地地理环境的烙印。同时，聚落又是重要的文化景观，在很大程度上反映了区域的经济发展水平和风土民情等。当然，聚落也对地理环境和人类的经济活动发生作用，城市聚落对经济的发展和分布更有着巨大的影响。

聚落约起源于旧石器时代中期，随着人类文明的进步逐渐演化。在原始公社制度下，以氏族为单位的聚落是纯粹的农业村社。进入奴隶制社会后出现了居民不直接依靠农业营生的城市型聚落。但是奴隶制社会和封建制社会商品经济不占主要地位，乡村聚落始终是聚落的主要形式。进入资本主义社会以后，城市或城市型聚落广泛发展，乡村聚落逐渐失去优势而成为聚落体系中的低层级的组成部分。

聚落通常是指固定的居民点，只有极少数是游动性的。由各种建筑物、构筑物、道路、绿地、水源地等物质要素组成，规模越大，物质要素构成越复杂。聚落的建筑外貌因居住方式不同而异。例如，婆罗洲伊班人的大型长屋，中国闽西地区的土圆楼，黄土高原的窑洞，中亚、北非等干燥区的地下或半地下住所，某些江河沿岸的水上住所，游牧地区的帐幕等，都是比较特殊的聚落外貌。聚落具有不同的平面形态，它受经济、社会、历史、地理诸条件的制约。历史悠久的村落多呈团聚型，开发较晚的区域移民村落往往呈散漫型。城市型聚落也因各地条件不同而存在多种平面形态。聚落的主要经济活动方向决定着聚落的性质。乡村聚落经济活动的基本内容是农业，习惯上称为乡村。城市聚落经济活动内容繁多，各种经济活动变量间的关系，反映出城市的功能特征和性质。

传统聚落是各历史时期人类活动和自然环境相互作用的结果，它们从不同侧面记录了当时社会经济、政治、文化和民俗等信息。本书特指新中国成立以前遗留下的聚落。

（二）乡村聚落与城镇聚落

世界上的聚落千差万别，大小相差悬殊，大至拥有上千万人口的特大城市，小到只有三家五户的小村落。一般可将聚落分为乡村聚落和城镇聚落两大类，城镇是由乡村发展而成的。乡村是以农业活动和农业人口为主的聚落，规模较小；城镇是以非农业人口为主的聚落，规模较大，是一定地域范围内的政治、经济、文化中心。

乡村聚落的居民主要从事耕作、放牧、捕鱼、伐木等生产活动；经济比较落后；房屋比较低矮、建筑物密度小；交通线路少，路面等级低。城市聚落的居民主要从事工业、服务业等非农产业生产；经济比较发达；房屋比较高大，高层建筑物密度大；交通线路多成网状，路面等级高。人类先有乡村聚落，后有城镇聚落。

（三）传统聚落文化

中国传统聚落文化，从理论上可归纳为物质文化层面、行为文化层面、精神文化层面。物质文化层面包括自然环境景观、空间格局、建筑形态等，同时还包括生产生活活动工具及产品。行为文化层面，是指生产生活活动过程，内含了社会、族群、家庭等关系维系下的行为主体——民族，不同的民族产生了不同的历史。精神文化层面是指人类活动产生的非物质载体或产品，包括制度、法律、宗教、语言、艺术、习俗等。

中国传统聚落具有独特的聚落文化，其文化要素的独特性包括：空间格局的独特性，建筑形态的独特性，聚落历史的独特性，多民族的独特性，地方语言的独特性，其他非物质文化的独特性。

贵州少数民族聚落文化也不例外，由物质与非物质两方面的文化因子构成，包含自然与文化两重属性，组成不同的三个层次，即物质文化层、行为文化层、精神文化层，每一层次上因组成因子不同而表现出不同的文化特质。三个层次在体系中既有各自相对独立性，不同文化层表现出各自的特征，彼此间又相互依存和相互制约，构成一个由物质文化和非物质文化组成的有机联系的文化整体。

二、贵州聚落文化类型

（一）区域中心聚落

区域中心聚落通常以规模、防御设施、高等级的宗教和政治甚至经济中心功能设施而体现出其中心地位，本书所指的区域中心聚落主要是传统聚落中的城镇聚落。一般来说，一个地域分布范围内，有一个城市区域中心聚落和若干个县、镇区域中心聚落。

（二）传统聚落文化类型

聚落的生成条件是在长期的历史发展过程中，在特定的地理环境和社会经济背景中人类活动与自然相互作用的综合结果，体现了特定地域环境和一定历史时期的人地关系、社会经济基础和丰富多彩的民族文化等。贵州境内有18个世居民族，原始的自然环境、原生的民族文化和原貌的历史遗存是贵州得天独厚的资源。生活在贵州的各民族在历史的长河中，在迁徙、流动的过程中，受贵州地理环境多样性的影响，特别是山川河流的阻隔，逐渐形成了"大杂居、小聚居""既杂居、又聚居"的聚落形态。贵州各民族都找到了他们生存发展的空间，并且由于贵州高原山地峡谷环境的封闭性，制约了外来文化的入侵，使其各自长期保持传统文化的传承，表现出"三里不同俗，十里不同风"的特点，这种原生态的多元少数民族聚落文化的保存共生的展示，不仅在国内，即使在世界上也是十分罕见的。由于多种原因长期形成的多样而又独特的贵州少数民族聚落文化，具有各自鲜明的地域文化特征，就如朵朵绚丽各具特色的民族文化之花点缀在贵州高原之上。

因此，本书将贵州传统聚落文化分为地域型传统聚落、历史型传统聚落、民族型传统聚落。地域型传统聚落是以山脉水系为空间特征的聚落类型，历史型传统聚落是以贵州行省前后为时间主线的聚落类型，民族型传统聚落是以贵州原生民族为特征的聚落类型。

三、聚落文化分区

贵州在地势上处于青藏高原从第一阶梯—第二阶梯的高原山地，向东部第三阶梯的丘陵平原的过渡地带，处于长江水系和珠江水系的分水岭地区。贵州建省时从周边省区划属贵州的地区，都可溯源到"首属地"的文化关系。文化的多元并存，使贵州文化具有特殊性，每一历史时期贵州都经历了本土文化的固守以及与外来文化的融合。贵州是一个多民族、多语种的内陆山区省份，据全国第六次人口普查显示，全国56个民族中除塔吉克族和乌孜别克族外，贵州共有54个民族，少数民族人口总量居全国第四位。千百年来，各民族和睦相处，共同创造了多姿多彩的贵州文化。

受地域、历史、民族因素影响，贵州聚落中心有聚集型和散布型两种基本形态。民族聚落有显著的地域差异，总体呈"大杂居、小聚居和普遍散居"的分布特征。探讨贵州聚落文化的组成、类型、特征，有助于揭示贵州少数民族聚落文化的内涵，有助于传承与发展传统聚落文化中的优秀内涵，有助于在保护利用中突出聚落文化的区域特点。

按照不同类型的传统聚落文化，将贵州的传统聚落文化进行分区，可分为贵州传统聚落地域文化分区、贵州传统聚落历史文化分区和贵州传统聚落民族文化分区（图4-1-1）。

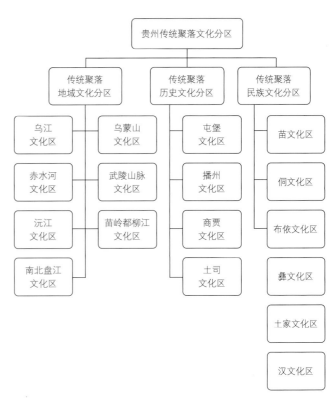

图4-1-1 贵州传统聚落文化分区框图

第二节 地域文化分区

一、地域文化及分区

贵州地理空间由主要山脉乌蒙山、武陵山、苗岭和水系乌江、赤水河、沅江、南北盘江、都柳江所分割，对传统聚落文化产生了深远的影响，呈现出相对封闭独立的地理环境特征，形成了贵州独特的地域文化，本书提出贵州传统聚落地域文化分区的概念。

贵州传统聚落地域文化分区，主要分为乌蒙山文化区、武陵山文化区、苗岭都柳江文化区、乌江文化区、赤水河文化区、沅江文化区、南北盘江文化区七个地域文化分区（图4-2-1）。

二、地域文化分区特征

（一）乌蒙山文化区

乌蒙山文化区处于滇东高原向黔中山原丘陵过渡的倾斜地带，以喀斯特地形和高山丘陵为主；常有坦荡的夷平面和宽阔的盆地、湖泊（俗称海子）散布其间，威宁盆地是乌蒙山区最大的盆地，草海是乌蒙山区著名的湖泊。

乌蒙山文化区包括了除金沙、黔西外的毕节市和水城、六枝，融合了悠久的土司文化、彝族文化和苗族文化，具有很大的科学价值和自然人文价值。该文化区的建筑形式常为土坯房、石墙房和木板房，是地域建筑形

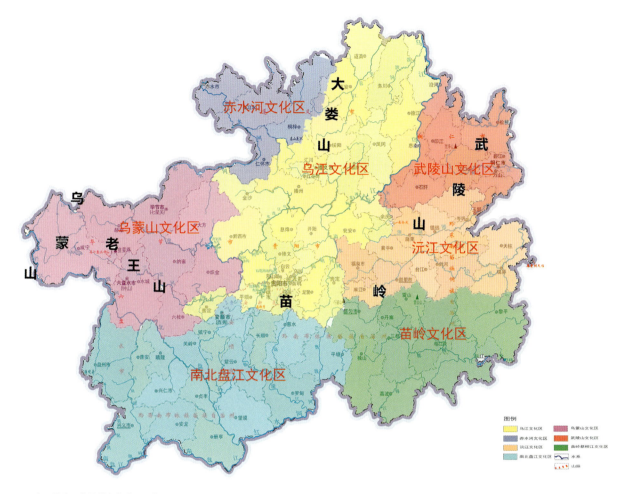

图4-2-1 贵州传统聚落地域文化分区示意图

式类型最多、最典型的地区，典型的传统聚落有赫章县城及兴仁县的卡嘎布依寨等（图4-2-2）。

（二）武陵山文化区

武陵山文化区地处云贵高原向湘西丘陵过渡的斜坡地带，地面起伏不太大，全境以山地为主。武陵山文化区几乎包括了乌江以东的铜仁市全境。

此区域山同脉，水同源，民同俗，土家、苗、侗、汉等多个民族在这里繁衍生息。武陵山文化区融合了土家族和苗族文化、土司文化。武陵文化积淀了大量的文物古迹资源、民族文化资源和名胜文化资源。多姿多彩的民族文化艺术形成了丰富多样的建筑形式，土家族民居和徽派建筑形式整体形成了融合度较高的建筑风貌，这在松桃的苗寨、石阡的翁水屯村等都有集中的体现（图4-2-3）。

（三）苗岭都柳江文化区

苗岭都柳江文化区地处云贵高原东南部向广西丘陵过渡的斜坡地带，岩溶地貌广泛发育，范围包括都匀、黎平、从江、榕江、雷山、丹寨、三都、独山和荔波。

苗岭都柳江文化区融合了苗族文化和侗族文化，村寨一般依山傍水，建筑以木材使用占主导地位，构筑一种通风性能较好的干爽的"吊脚楼"。屋顶除少数用杉

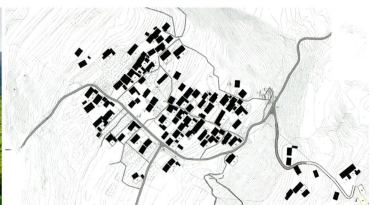

图4-2-2 乌蒙山文化区（来源：规划资料）

木皮盖之外，大多盖青瓦，平顺严密，大方整齐，这个区域原生态少数民族文化保存最为完好（图4-2-4）。

（四）乌江文化区

乌江文化区地处云贵高原向湖南丘陵和四川盆地过渡的斜坡地带，地形起伏大，是以山地、丘陵为主的丘原盆地地区，也是贵州坝区相对集中的区域；其范围包括贵阳市、金沙、黔西、瓮安、龙里、贵定、平坝、普定、沿河、德江、思南，以及除桐梓、习水、赤水、仁怀外的遵义市。乌江流域居住着汉、苗、布依、土家、壮、侗、彝、瑶、仡佬等10个民族。

乌江文化区融合了土司文化、播州文化、屯堡文化，以及苗族、土家族、布依族、汉族文化。该区域是以历史文化、民族文化和地域文化为主导的分区，屯堡、布依族风格农房和石材建筑具有典型性。建筑材料传统多为木材和石灰，现代多采用白色涂料进行外墙装饰，体现了更为丰富的建筑文化特色（图4-2-5）。

（五）赤水河文化区

赤水河历来就是川、黔间大宗货物运输的重要水道，航运早兴，清代曾称为怀河，赤水河为川盐入黔四大口岸之一。由于川盐通过赤水河中下游地区，推动和促进了这一地区经济、政治和文化的快速发展，使之很快成为贵州历史上经济文化较为发达地区之一。

赤水河文化区包括了仁怀市、桐梓、习水和赤水

（a）印江县城　　　　　　　　　　　　　　　　　（b）松桃苗寨鸟瞰

（c）翁水屯村平面图　　　　　　　　　　　　　　（d）翁水屯村

图4-2-3　武陵山文化区（来源：规划资料）

市。该文化区融合了盐商文化、酒文化和汉族文化。建筑材料传统多为木材和石灰，色彩以白色为主色调，以棕木色和蓝色等为点缀色，聚落的形成也多因航运与商贸（图4-2-6）。

（六）沅江文化区

沅江文化区处于云贵高原向湖南丘陵盆地过渡地带；清水河是沅江主源，在都匀称剑江，都匀以下称马尾河（龙头江），至岔河口汇入重安江后始称清水河。其范围包括黔东南州的凯里、麻江、台江、剑河、三穗、天柱、锦屏、黄平、施秉、镇远、岑巩和黔南州福泉。

该区融合了商贾文化、苗族和侗族文化。以民族文化特征和地域特征为主导的分区，以苗侗文化为特色，同时徽派风格和少数民族风格融合也是本地区的特色。受到地形影响，吊脚楼是沅江文化区的主要形式，建筑多无院落。在少数丘原、滨河地段，徽派建筑和少数民族建筑融合的特征更为彰显（图4-2-7）。

（七）南北盘江文化区

南北盘江文化区地处典型的低纬度高海拔山区，地形起伏大，地貌复杂，其范围包括黔西南州、盘县、紫云、关岭、镇宁、长顺、惠水、罗甸和平塘。该区域融合了水域生态文化与布依族文化。传统建材为石头和木材，以木黄、砖灰为主色调，传统聚落广泛地分布在峰丛峡谷间（图4-2-8）。

（a）雷山梯田

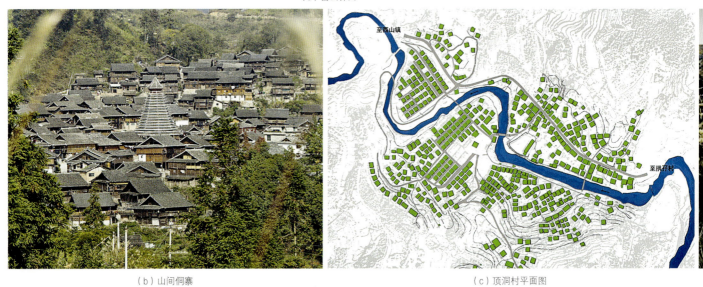

（b）山间侗寨　　　　　　　　　　　　　　　　（c）顶洞村平面图

图4-2-4　苗岭都柳江文化区（来源：规划资料）

(d)顶洞村

(a) 长碛古寨　　　　　　　　　　　　　(b) 长碛古寨平面图

(c) 遵义播州乌江　　　　　　　　　　　(d) 思南县城

图4-2-5　乌江文化区（来源：规划资料）

(a) 茅台镇　　　　　　　　　　　　　　(b) 大同古镇（社区）

(c) 丙安古镇　　　　　　　　　　　　　(d) 丙安古镇平面图

图4-2-6　赤水河文化区（来源：规划资料）

(a) 沅江苗寨　　(b) 剑河侗寨

(c) 下寨村　　(d) 下寨村平面图

图4-2-7　沅江文化区（来源：规划资料）

(a) 北盘江　　(b) 南盘江

(c) 堵德村　　(d) 堵德村平面图

图4-2-8　南北盘江文化区（来源：规划资料）

第三节　历史文化分区

一、历史文化及分区

贵州历史悠久，不同历史发展时期形成了众多的传统聚落，从而形成了独特的聚落文化。从历史文化影响角度，本书以贵州行省前后为主要线索，提出贵州传统聚落文化分区。

贵州传统聚落历史文化分区，主要分为屯堡文化区、播州文化区、商贾文化区、土司文化区四个历史文化分区（图4-3-1）。

二、历史文化分区特征

（一）屯堡文化区

屯堡文化系明代从中原、江南随军或经商到滇、黔的军士、商人及其家眷生活方式的遗存。在贵州安顺聚居着一支与众不同的汉族群体——屯堡人，他们的语言、服饰、民居建筑及娱乐方式都沿袭着明代的文化习俗，是明代历史的活化石。这一独特的汉族文化现象被人们称之为"屯堡文化"。

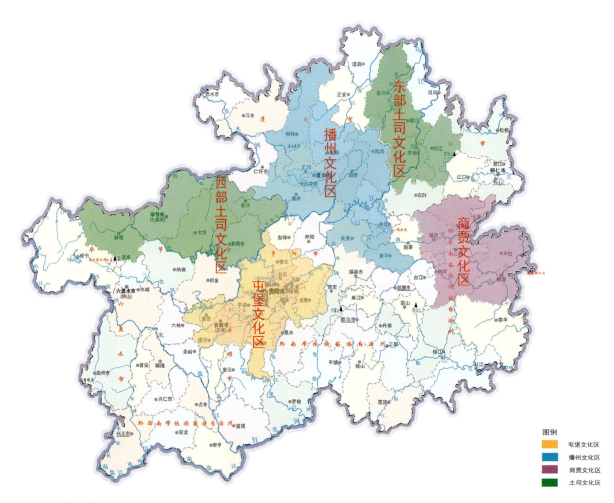

图4-3-1　贵州传统聚落历史文化分区示意图

屯堡文化区包括贵阳市、安顺、普定、龙里。该区域融合了乌江文化、汉族文化。

屯堡文化区建筑最大的特点是石头的广泛应用。一户民宅就是一座石头的城堡，一个村庄就是一座纯粹的石头城，屯堡是一个防御敌人的整体。石头建筑的屯堡居民，具有强烈的军事色彩，村寨内部的巷子互相连接，纵横交错，巷子又直通寨中的街道，形成"点、线、面"结合的防御体系，这些屯堡型的聚落有着明显的中原文化特征（图4-3-2）。

（二）播州文化区

播州文化是以历史上的播州（今遵义市）为依托，延伸涉及黔东、黔西北、黔中部分地区的一种具有历史延续性和连续表现形式的地域文化，不仅在时间上经历了千余年的发生发展过程，而且有着广阔的存续空间。元代设置的播州宣抚司，初隶属于四川行省，一度曾划归湖广行省。播州文化又是一种通道文化，黔北历来是巴蜀、荆楚地区南下或西进的必经之道。播州杨氏在黔北的统治长达七百余年，对黔北地区经济社会的发展影

（a）安顺屯堡

（b）隆里所村（古镇）

（c）秀水村

（d）秀水村平面图

图4-3-2 屯堡文化区（来源：规划资料）

响十分巨大。在一定程度上，今天的黔北文化与杨氏土司长达七百余年的统治是密切相关的。甚至可以说，封建时代的黔北文化，主要是作为地域文化的播州文化。

古代播州文化发展是西南一个重要组成部分，也是今天贵州文化史的重要组成部分。通过对唐、宋、元、明时期播州文化传播和发展历程的研究，探索古代播州文化的发展规律，对研究黔北以及贵州历史文化具有一定的现实意义。

播州文化区融合了乌江文化、汉族文化，以地域特征为主导、民族文化特色为辅的分区，黔北汉族受巴文化影响，形成地域广泛的黔北民居。同时仡佬族聚集程度高，苗族分布也较为广泛。建筑材料传统多为木材和石灰，现代多采用白色涂料进行外墙装饰（图4-3-3）。

（三）商贾文化区

古时"商"与"贾"（gǔ）都可以指称商业活动。明清时期，贵州的镇远、锦屏等地是滇黔赴京驿道的必经之地，潕阳河边有许多码头，商贾往来频繁，货物集散不绝。因为受江南文化的影响，商贾文化区的建筑绝大多数是巴蜀、湘鄂、外来文化和宗教文化与当地民族民间工艺在特定社会历史条件下相融合的产物，精致典雅，别具特色。

商贾文化区包括镇远、锦屏、三穗、天柱，融合了沅江上游文化和汉族侗族文化。

商贾文化区的建筑多有"封火墙"（马头墙），传统建材以木材和青砖为特色，以砖灰、木黄为主色调，建筑形式仅从外表看，与古徽州的建筑风格相似，这与

（a）遵义播州

（b）湄潭七彩部落

（c）黑溪古寨

（d）黑溪古寨平面图

图4-3-3 播州文化区（来源：规划资料）

明代迁居此地的移民多来自江南有关（图4-3-4）。

（四）东部土司文化区

"以土官制土民"的土司制度，是中国封建社会在特定的历史时期、特殊的地域实施的一种特殊的政治措施，以中国西南地区最为典型。思州土司，为思州田氏在乌江流域黔中地区所建的土司政权，其历史可以追溯到隋朝。思南、思州田氏宣慰司为贵州四大土司中的两大土司，其中思州田氏土司是黔中历史上最著名的土司之一，世袭千年，领地幅员辽阔，史学素有"思播田杨，两广岑黄"的称誉。思南、思州（今岑巩）分别成为黔东北和黔东的两个地区的政治经济文化中心，也是改土归流的直接发生地，为贵州建省奠定了地域基础。

（a）镇远古城

（b）三门塘村

（c）中南门古城

（d）隆里所村（古镇）

（e）敦寨镇

图4-3-4　商贾文化区（来源：规划资料）

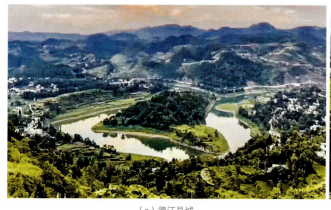

(a) 德江县城　　　　　　　　　　　　　(b) 岑巩县城

(c) 苗王城　　　　　　　　　　　　　　(d) 苗王城平面图

图4-3-5　东部土司文化区（来源：规划资料）

东部土司文化区包括思南、印江、德江、务川、凤岗，与乌江文化、土家族、苗族、汉族文化相融合。

东部土司文化区是以民族文化特征和地域特征为主导的分区，土家族民居和徽派建筑形式影响到了其他民族，整体形成了融合度较高的建筑风貌。传统建材以木材和青砖为特色，色彩以砖灰、木黄为主色调（图4-3-5）。

（五）西部土司文化区

西南地区的土司，以贵州水西安氏彝族土司最为典型。水西安氏彝族土司是贵州历史上与思州田氏、播州杨氏、水东宋氏并驾齐名的四大土司之一，因明朝贵州宣慰司以水西安氏为宣慰使，其地位"位居诸土司之上"，创建的政治制度和彝汉文化共融发展模式泽被后世，对贵州社会发展产生过较大的影响。水西彝族土司始于元代，完善于明代，终于清初的改土归流。"水西"地区的彝族及苗族、仡佬族、布依族等各族人民长期处于彝族土司管辖之下。所谓"水西"，即贵州西部乌江上游鸭池河以西广大地区，包括毕节市大部和六盘水市一部分，其地的彝族土司建筑，蕴藏着丰富多彩的虎文化。彝族土司及其后裔，在明清时代修建了许多富丽堂皇的庄园（图4-3-6）。

西部土司文化区包括大方、黔西、金沙、七星关、

(a) 大屯土司庄园

(b) 毕节大方土司

(c) 营上村（古寨）

(d) 营上村（古寨）平面图

图4-3-6 东部土司文化区（来源：规划资料）

赫章。与乌蒙山文化、彝族文化相融合。西部土司建筑，包括庄园、衙门、墓葬等，彝族先民属于氐羌系统，长期从事牧业生产，主要放养羊群。其是以地域特征和民族文化特征为主导的分区，民族杂居程度高，融合性也较高，土坯房、石墙房和木板房均有分布，是地域建筑形式类型最多、最典型的地区。传统建材多样，有木材、石材、土等，色彩以灰、土黄、木黄为主色调。

（六）区域中心聚落

贵州宣慰司明洪武初置，治今贵阳市城南。初属四川，明永乐十一年（1413年）改隶贵州。辖境约当今贵州省西北部，息烽、修文以西，普定以北，水城以东，大方以南，乌江上游鸭池河以西地区。都司卫所制是明朝最主要的军事制度，兼有行政功能。

贵州行省前尾洒、水西、黄平、平越、普定、普安、乌撒形成了7个卫所。

尾洒卫，治今晴隆县。明洪武二十二年（1389年）降为堡。洪武二十三年（1390年）复建卫于江西坡，更名为安南卫，治今普安县江西坡，领五千户所，后迁治于尾洒堡北。

水西卫，治所记载不明。

黄平卫，治今黄平县，同年降为黄平千户所。

平越卫，治今福泉市。原平越千户所，洪武十五年

（1382年）改平越卫，洪武十七年（1384年）升平越军民指挥使司。

普定卫，治今安顺市。洪武二十五年（1392年），云南布政司所属安顺、镇宁、永宁三州及西堡、宁谷等六长官司隶属普定卫。明正统三年（1438年），设置安顺军民所，六长官司及镇宁、永宁二州划归安顺军民所管辖，普定卫仅领五千户所。

普安卫，治今盘县。明洪武二十二年（1389年）升为普安军民指挥所，领五千户所。

乌撒卫，治今威宁县，明洪武二十一年（1388年），增设七星关千户所，后改隶毕节卫。

这7个卫所具有防御功能，形成了贵州最初级的城镇。

贵州行省后7个卫所发展为15个府州，防御功能减弱，政治管理功能增强，并逐步形成区域聚落中心。黄平府和黎平府逐步发展为现今黔东南州，平越府和都匀府逐步发展为现今黔南州，普安和兴义府逐步发展为黔西南州，尾洒和石阡府逐步发展为现今铜仁市。目前历史遗存较好的府州有黎平府、都匀府、兴义府、石阡府。

第四节　民族文化分区

一、民族文化及分区

贵州是一个多民族共居的省份，全省共有民族54个，其中世居民族有汉族、苗族、布依族、侗族、土家族、彝族、仡佬族、水族、回族、白族、瑶族、壮族、畲族、毛南族、满族、蒙古族、仫佬族、羌族等18个民族。其中有5个原生民族，分别为布依族、仡佬族、仫佬族、水族、瑶族。

全省少数民族依次分布在黔东南、铜仁、黔南、毕节、黔西南、安顺、六盘水、贵阳和遵义。苗族主要分布在黔东南、黔南、黔西南、黔西北和黔东北；布依族主要分布在黔南、黔西南、黔中；侗族主要分布在黔东南、黔东；土家族主要分布在黔东北和黔北；彝族主要分布在黔西北和黔西南；仡佬族主要分布在黔北、黔西北和黔中；水族主要分布在黔南；回族主要分布在黔西北、黔西南和黔中；白族主要分布在黔西北；瑶族和壮族主要分布在黔东南、黔南；畲族分布在黔东南和黔南部分县市；毛南族分布在黔南部分县内；满族、蒙古族分布在黔西北部分县内；羌族分布在黔东北的石阡、江口两县境内。千百年来，各民族和睦相处，共同创造了多姿多彩的贵州文化。

众多民族产生丰富多彩的民族文化，本书从民族文化特征、影响、融合角度等，提出贵州传统聚落民族文化分区。

贵州传统聚落民族文化分区，主要分区为苗文化区、侗文化区、布依文化区、彝文化区、土家文化区、汉文化区的六个民族文化区（图4-4-1）。

二、民族文化分区特征

（一）苗文化区

苗文化区又分为黔东北苗文化区、黔东南苗文化区、黔西北苗文化区。

黔东北苗文化区，主要包括松桃、印江和江口。在古代称为红苗，是苗族的一支，其名称始见于明代。以其衣裙多杂有红色而得名。自称"果熊"（苗语译音）。

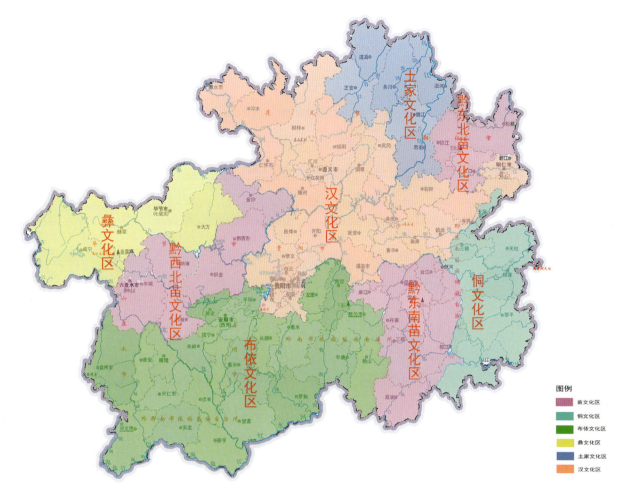

图4-4-1 贵州传统聚落民族文化分区示意图

操苗语湘西方言。黔东北苗文化区主要融合了武陵山文化。

黔东南苗文化区主要包括凯里市、麻江、台江、剑河、丹寨、雷山、榕江、荔波。在古代称为黑苗，是苗族的一支，其名称始见于明代。以其衣裙多藏青色而得名。自称"模""毛"之清化音，部分地区自称"嘎脑"（苗语译音）。操苗语之黔东方言。黔东南苗文化区融合了沅江文化、苗岭都柳江文化。

黔西北苗文化区主要包括金沙、黔西、织金、纳雍、水城。在古代称为白苗，是苗族的一支，其名称始见于清代。操苗语川黔滇方言。因穿白衣裙而得名，主要分布在贵州西部。黔西北苗文化区融合了土司文化和乌蒙山文化。

苗文化属于典型的农耕文化，苗文化区的聚落在选址和布局上常常是依山就势，建筑空间布局常常考虑自给自足的农耕生活方式（图4-4-2）。

（二）侗文化区

侗族先民在先秦以前的文献中被称为"黔首"，一般认为侗族是从古代百越的一支发展而来。侗族主要从事农业，农业以种植水稻为主，种植水稻已有悠久的历史，兼营林业，农林生产均已达到相当高的水平。侗族信仰多神，侗族居住的村寨一般具有依山傍水的特点。

(a) 西江（千户苗寨）　　　　　　　　　　(b) 报京村

(c) 加榜村　　　　　　　　　　(d) 大湾村（苗寨）

图4-4-2　苗文化区

侗文化区包括玉屏、三穗、天柱、锦屏、黎平、从江，融合了都柳江文化和沅江文化。侗寨一般由民居、鼓楼、寨门、寨墙、戏台、禾仓、禾晾、水井、石板路、池塘、排水沟等不同功能的建筑和设施组成。鼓楼是侗寨中最具特色的建筑物，是聚落文化的中心，居聚落建筑的统领地位（图4-4-3）。

（三）布依文化区

布依族由古代僚人演变而来，以农业为主，布依族祖先很早就开始种植水稻，享有"水稻民族"之称。布依族信仰祖先和多种神灵。山、水、井、洞及生长奇特的古树无不被认为是神灵的化身。各村寨建有土地庙。有一些特定的宗教仪式，要供奉神竹。各地布依族还供奉雷神、门神、灶神、龙王等。这些反映了布依族作为农耕民族的原始宗教信仰。布依族民居有楼房、半楼房和平房数种。

布依文化区，主要包括安顺市、黔西南州和除瓮安、福泉的黔南州、盘州和六枝，融合了屯堡文化和南北盘江文化。黔中一带，由于地产石头，从基础到墙体都用石头垒砌，屋顶也盖石板，称为石板房；加上石砌的寨墙和山顶的石砌古堡，形成典型的石头建筑群（图4-4-4）。

（四）彝文化区

彝族主要聚居于云贵川，是中国具有悠久历史和古

(a) 小黄村

(b) 肇兴侗寨

(c) 黄岗村

(b) 停洞镇鼓楼

图4-4-3 侗文化区

老文化的民族。其族源为西北地区的古氐羌人，后有一支系南下与滇东北、黔西北、川东南地区的土著部落融合，形成了早期彝族先民，并长期统治该地区。

彝文化区主要包括大方、七星关、赫章、威宁，融合了乌蒙山文化和土司文化。彝文化具有边陲山寨文化的典型特点，同时受到东南亚海洋文化和邻国文化的影响，使其具有热情奔放、内敛性强的特点。彝文化区在建筑形态和选址原则上有类似东南亚民族建筑的特色（图4-4-5）。

（五）土家文化区

土家族是中国历史悠久的一个民族，世居湘、鄂、渝、黔毗连的武陵山区。土家族人自称为"毕兹卡"。"土家族"是汉族对"毕兹卡"的称呼。贵州土家族是中国古代巴人的后裔，他们奉祭白虎，住吊脚楼唱土家山歌，跳摆手舞、唱哭嫁歌、跳丧鼓等，此外，还有针织挑花刺绣、木石雕刻、藤竹编织等工艺，有过赶年等节庆，保持着鲜明的土家民族风格和特色。

(a) 镇山村

(b) 黔西南布依村

(c) 六盘水布依族寨

图4-4-4 布依文化区

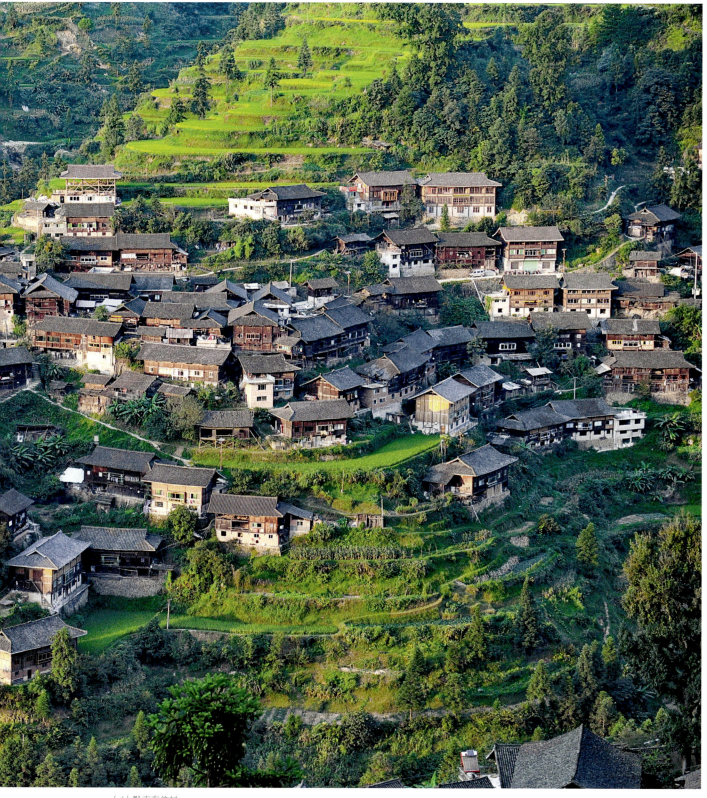

(d）黔南布依村

(a) 大方彝族村

(b) 八堡乡

(c) 毕节彝族村

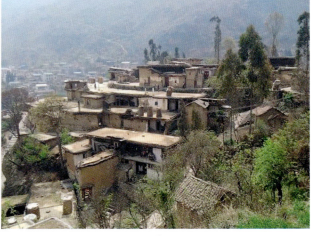
(d) 赫章彝族民居

图4-4-5 彝文化区

土家文化区主要包括务川、正安、道真、沿河、德江和思南，融合了武陵山文化、乌江文化和土司文化。土家族最突出的特点是水居渔猎文化。贵州铜仁西部的三县与遵义的部分地区受到巴文化的影响较深，其建筑选址和空间功能大多数都与巴文化的水居渔猎有很大的关系（图4-4-6）。

（六）汉文化区

汉文化区包括贵阳市、铜仁、岑巩、镇远、施秉、黄平、福泉和除务川、正安、道真以外的遵义市。其融合了乌江文化、沅江文化、商贾文化、屯堡文化和播州文化。

贵州的汉文化主要分为三大类，其一是以贵阳地区为主的现代汉文化，由于贵阳属于典型移民城市，新中国成立以后进行三线建设等引入大量移民；其二是以遵义地区为主的民国汉文化，主要是抗日战争以及内战等时期从东部迁徙而来的大量汉人；其三是以赤水至遵义经贵阳至安顺再到毕节这条走廊的明清汉文化，原因是明清时期官军从四川运盐和运粮的通道。贵州的汉文化也具有农耕文明的典型特征（图4-4-7）。

(a) 云舍村　　　　　　　　　　　　(b) 桥塘村

(c) 庙堂镇　　　　　　　　　　　　(d) 万古村

图4-4-6　土家文化区

(a) 镇远古城

(b) 天龙镇　　　　　　　　　　　　(c) 云山屯村

(d) 鲍屯村

图4-4-7　汉文化区

第五节 传统聚落文化分区

一、传统村落分布

2012年,国家启动传统村落调查,建立中国传统村落名录。到2019年,住房和城乡建设部、文化部、财政部三部门共公布了五批入选中国传统村落名录的名单,贵州省累计共有724个村落列入名录,数量居全国第一。主要集中在黔东南、安顺和铜仁,其中黔东南州累计409个,居全国市(州、地、盟)第一。众多的传统村落是贵州文化的重要代表和名片(表4-5-1、图4-5-1)。

贵州省各市(州)中国传统村落统计　　　　表4-5-1

市、州	区、县
贵阳市(7)	花溪区(2)、开阳县(5)
六盘水市(10)	水城县(1)、盘县(6)、六枝特区(3)
遵义市(39)	赤水市(3)、遵义县(2)、汇川区(1)、播州区(1)、正安县(2)、桐梓县(3)、凤冈县(7)、湄潭县(9)、道真县(1)、务川县(6)、习水县(2)、仁怀市(1)、余庆县(1)
毕节市(3)	织金县(1)、大方县(2)
安顺市(67)	西秀区(30)、平坝区(13)、普定县(4)、关岭县(1)、镇宁县(6)、紫云县(5)、黄果树区(7)、经济技术开发区(1)
铜仁市(110)	碧江区(6)、万山区(2)、德江县(12)、江口县(7)、玉屏县(2)、石阡县(23)、思南县(17)、印江县(12)、沿河县(12)、松桃县(18)
黔西南布依族苗族自治州(11)	兴义市(4)、兴仁县(2)、册亨县(2)、贞丰县(2)、普安县(1)
黔东南苗族侗族自治州(409)	凯里市(8)、从江县(81)、丹寨县(17)、剑河县(30)、锦屏县(11)、雷山县(68)、黎平县(98)、榕江县(29)、黄平县(8)、三穗县(1)、镇远县(2)、岑巩县(2)、台江县(41)、施秉县(1)、麻江县(3)、天柱县(9)
黔南布依族苗族自治州(68)	都匀市(2)、荔波县(7)、平塘县(8)、三都县(51)

二、传统区域中心聚落

贵州传统聚落文化类型分为地域文化型、历史文化型和民族文化型,不同的文化类型形成了三维度的文化分区。本书把贵州省域形成的众多传统聚落,分为城镇聚落和乡村聚落;将不同时期影响较大的传统城镇聚落命名为区域中心聚落(图4-5-2~图4-5-5)。

区域中心聚落按照规模又可以分为一级、二级、三级区域中心聚落。一级区域中心聚落有21个,二级区域中心聚落有81个,三级区域中心聚落有359个(图4-5-6)。

一级区域中心聚落是指行省后贵州7个卫所逐步发展为21个传统聚落中的城镇聚落,这些城镇聚落是政治、宗教、经济、文化中心,通常为现在的市、

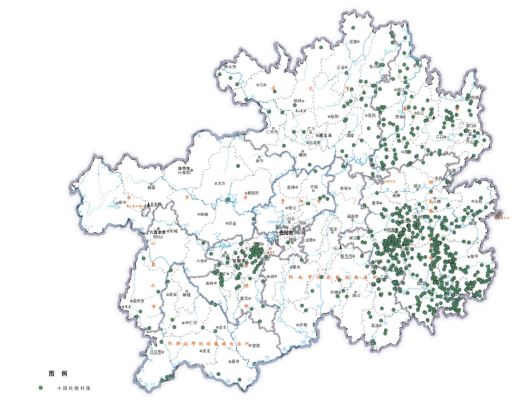

图4-5-1 贵州传统村落分布示意图

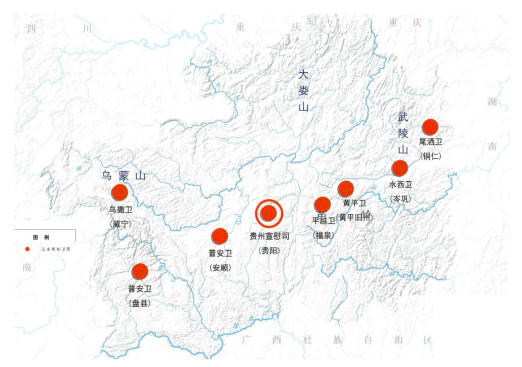

图4-5-2 元末明初传统区域中心聚落分布示意图

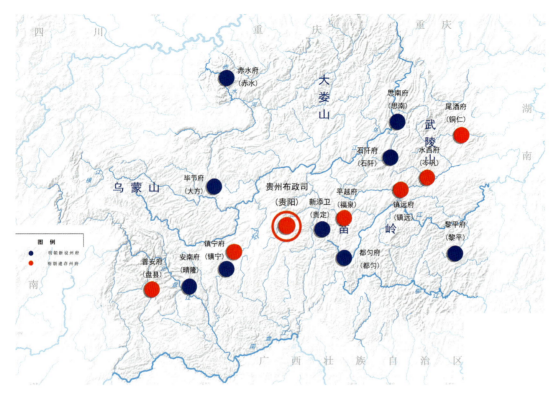

图4-5-3 明朝传统区域中心聚落分布示意图

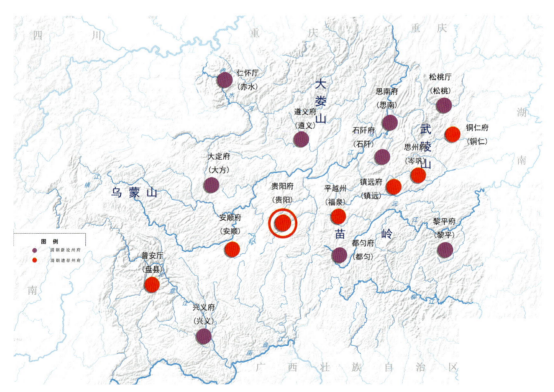

图4-5-4 清朝传统区域中心聚落分布示意图

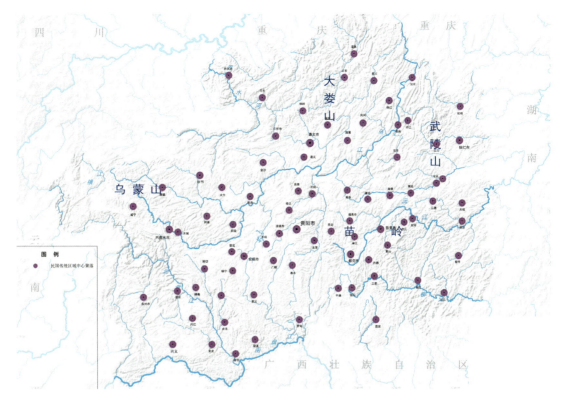

图4-5-5　民国传统区域中心聚落分布示意图

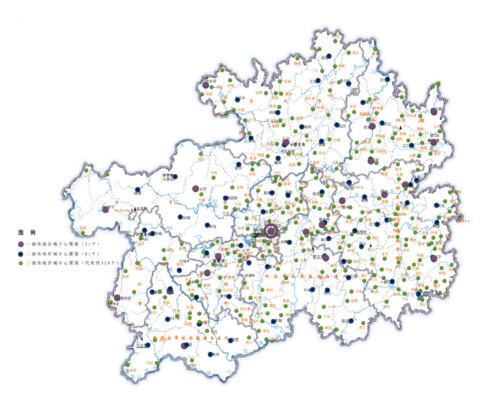

图4-5-6　贵州传统区域中心聚落分布示意图

县所在地。

二级区域中心聚落是指行省后形成的除一级区域中心聚落以外的传统聚落中的城镇聚落，通常为现今的县城所在地。

三级区域中心聚落是指贵州行省后形成的传统聚落中的乡村聚落，通常为现今的镇、乡所在地。

三、传统聚落文化综合分区

贵州传统聚落产生了多元的聚落文化，将聚落文化划分为地域文化、历史文化、民族文化，分别提出地域文化分区、历史文化分区、民族文化分区。将三个维度的文化分区进行融合和叠加，形成贵州传统聚落文化综合分区（表4-5-2、图4-5-7、图4-5-8）。

贵州传统聚落文化综合分区　　　　　　　　表4-5-2

序号	名称	范围	地域特征	主要民族	历史文化特征
1	黔中文化区	贵阳市云岩区、南明区、花溪区、乌当区、观山湖区，修文县、清镇市；安顺市；黔南州长顺县；六盘水市六枝特区	以山地、丘陵为主的丘原盆地地区，是贵州坝区相对集中的区域；处于长江与珠江分水岭地带；属温和地区和夏热冬冷地区；建筑材料常用石材和木材	苗族、布依族、回族和满族	屯堡文化，文化形式为游牧文化与农耕文化并存
2	黔北文化区	遵义市；贵阳市息烽县、开阳县；黔南州瓮安县；毕节市金沙县	云贵高原向湖南丘陵和四川盆地过渡的斜坡地带，地形起伏大，大娄山南以低中山丘陵和宽谷盆地为主；属长江流域的乌江、赤水河和綦江三大水系；属夏热冬冷地区和温和地区；建筑材料常用砖石	苗族、仡佬族和土家族	播州土司、巴文化、汉文化，文化形式为农耕文化
3	黔东北文化区	铜仁市所辖除玉屏县以外的区县	云贵高原向湘西丘陵过渡的斜坡地带，地面起伏不太大，全境以山为主；属长江流域的沅江水系和乌江水系；属夏热冬冷地区；建筑材料常用石材和木材	苗族、侗族、土家族、仡佬族、蒙古族和羌族	楚文化、巴文化、湘文化、水东土司文化、徽派文化，文化形式为农耕文化和水居渔猎文化
4	黔东南文化区	黔东南州所辖除麻江县以外的县（市）；铜仁市玉屏县	云贵高原向湖南、广西丘陵盆地过渡地带；河流分属两个水系苗岭以北的清水江、潕阳河属长江水系，苗岭以南的都柳江属珠江水系；属夏热冬冷地区；建筑材料常用木材	苗族、侗族、土家族、瑶族、壮族、畲族和仡佬族	徽派文化、水西土司文化、苗侗文化、商贾文化，文化形式为山地农耕文化
5	黔南文化区	黔南州所辖除长顺县、瓮安县以外的县（市）；黔东南州麻江县	云贵高原东南部向广西丘陵过渡的斜坡地带，岩溶地貌地广泛发育；红水河、都柳江流经；属夏热冬冷地区和夏热冬暖地区；建筑材料常用石材和木材	苗族、布依族、水族、畲族、壮族、侗族、瑶族、毛南族、仡佬族、和白族	桂文化、百越文化，文化形式为农耕文化
6	黔西北文化区	除金沙县以外的毕节市所辖区县；六盘水市钟山区、水城县	滇东高原向黔中山原丘陵过渡的倾斜地带，以喀斯特地形和高山丘陵为主；属长江流域乌江水系、赤水河水系、金沙江水系；属珠江流域的有北盘江；属夏凉冬冷地区；建筑材料常用土、石	彝族、苗族、回族、白族、布依族、满族、蒙古族和仡佬族	大方彝族土司、氐羌文化为主、满蒙文化，文化形式为游牧军事文化与农耕文化并存
7	黔西南文化区	黔西南州；六盘水盘州市	典型的低纬度高海拔山区，地形起伏大，地貌复杂；属珠江水系南北盘江流域；属夏冬温和地区；建筑材料常用木材、石材	布依族、彝族、回族、壮族、白族和满族	布依文化和滇文化，文化形式为东南亚海洋文化

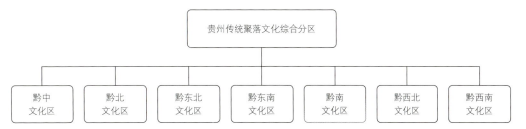

图4-5-7 贵州传统聚落文化综合分区框图

图4-5-8 贵州传统聚落文化综合分区示意图

第五章 城镇聚落空间形态

第一节 城镇聚落空间特征

一、城镇聚落文化类型

本书提出了区域中心聚落的概念,也就是城镇聚落。贵州城镇聚落主要以历史上形成的行政管理中心为主,同时也纳入了部分规模较大现为建制镇的聚落。

根据城镇聚落文化分区,将城镇聚落文化划分为地域文化型、历史文化型、民族文化型、多元文化融合型,一般城镇聚落以地域文化、历史文化为主,在聚落发展过程中,逐步融入民族文化,在区域或次区域中,几种文化类型都呈现出不同程度的融合或多种方式的组合。

二、选址条件分析

城镇型聚落从选址条件的角度,包括地理环境、交通条件、军事屯堡、民居聚居等,分别以案例叙述的方式来体现选址条件的分析。

(一)地理环境

山水,对城镇的选址影响深远,是顺应自然、因地制宜思想的体现。

贵阳青岩,山为古镇的整体依托与背景,古镇的竖向空间随地形的变化而高低起伏,青岩格局就形如一只头南尾北的老龟,盘踞于城中五座小山之上,民间俗称此为"五虎擒羊之地"(图5-1-1)。

毕节织金,"一水贯城河纳百泉"城内一水南北穿流,将城划为东西两半,而又以"贯城五桥"把东西两城连为一城,即横跨东西的日升桥、太平桥、回龙桥、月华桥和童生桥把两城连接起来。织金山水,灵秀天成,引人入胜(图5-1-2)。

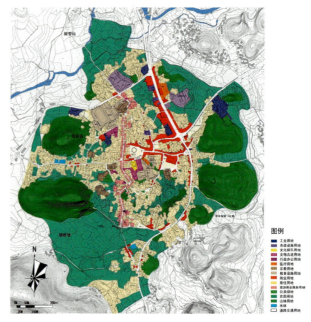

图5-1-1 青岩古镇空间格局

图5-1-2 织金古城空间格局

（二）交通条件

良好的交通条件，会带来大量的人流和物流，进而形成重要的商业物资集散地，古城商贾云集，商业繁荣。

铜仁石阡古城是联系乌江水系和沅江水系最近的"水陆都会"，是明清的商贸重地。古城格局源于明嘉靖元年（1522年）修筑土城，嘉靖四十年（1561年）修建石城。明代中期至清代，大量外来客商和外来人口入驻石阡，城墙外和码头与码头之间逐步修建起了相互连接的商铺、会馆等建筑，逐渐形成了商贸重镇（图5-1-3）。

黔东南镇远，是湘楚中原西通滇黔，远至缅甸、印度等东南亚国家的水陆转运的重要驿站，明清时期衍升为黔东地区政治、军事、商贸、文化的中心，被称为中国"南方丝绸之路"上苗疆的"清明上河图"，至今还保留着多处古驿道、古码头等（图5-1-4）。

（三）军事屯堡

屯军，源自朱元璋的"遣汉制夷"政策，军事移民的屯堡，汉族在动荡的政治社会环境中孤傲自处，形成了特殊的屯堡文化和屯堡族群，进而影响聚落空间的营建。这类聚落通常兼具军事防御和日常生活的功能。

黄平旧州，古镇形态依据八阵图所建。围绕小屯山构成一个封闭的环路，内部多为曲折狭窄巷道，若外敌侵入，则如陷入迷宫一般，分不清方位。一些巷道更是蜿蜒曲折，利于防守，如七道坎等。旧州现存一处城墙遗址，护城河依旧保持其清晰完整的河道线路。可以推断，当时由城墙加护城河形成的防御体系是很完备的（图5-1-5）。

青岩古镇，明洪武十一年（1378年）设置的贵州前卫所属青岩堡，为屯军单位，设土司管理，承载着军事重地的使命，其体现的军事攻防理论及城防体系，蕴含着丰厚的军事文化。青岩格局是"内向封闭"型，以

图5-1-3　石阡县城空间格局

古城墙为边界，古城墙围合的空间为城池核心，以城中心场坝为原点向外辐射道路，推动着整个城由中心向外拓展，由此形成了一种由内向外生长的自然格局。两条东西和南北走向的街道在场坝相交呈十字形，各通一城门，城内其余20余条小巷都与这两条主街相连（图5-1-6）。

（四）民族聚居

一个民族或多个民族聚居的聚落，在长久的历史岁月中能稳固发展到今天，与自然环境、建筑环境、民俗环境及地域文化早已经构成一个和谐的有机体，正所谓民族聚居在特定的地域环境下会孕育形成具有特色的聚落空间。

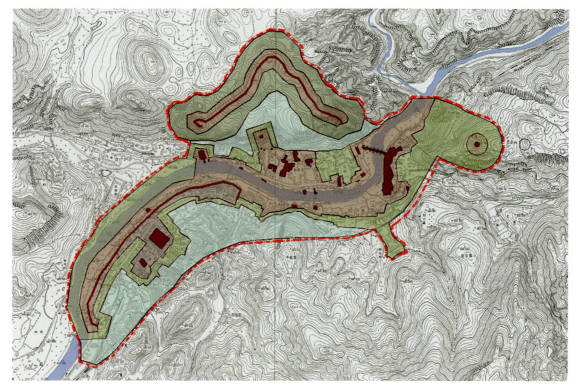

图5-1-4 镇远古城空间格局

图5-1-5 旧州古镇空间格局图

132

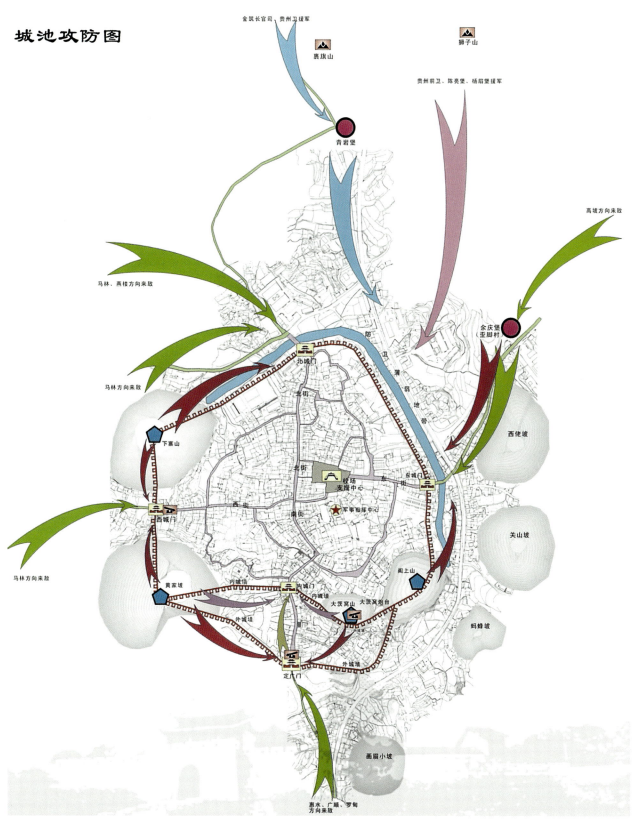

图5-1-6 青岩古镇军事攻防图

图5-1-7 西江（千户苗寨）全景图（来源：龚校军 摄）

雷山县西江镇传说有千年以上历史，由10余个依山而建的自然村寨相连成片，是中国乃至全世界最大的苗族聚居地（图5-1-7）。

黎平肇兴，是侗族人的聚居地，1160年，肇兴的先民就在此建寨定居，距今已有840多年的历史。肇兴侗寨是首屈一指的，享有"千家肇洞"和"侗乡第一寨"之美誉（图5-1-8）。

三、典型城镇聚落选择与分布

本章对4种不同文化类型的城镇聚落共选取了16个案例进行归纳总结，其中，典型历史文化型的案例有黄平旧州、六枝郎岱、平坝天龙、贵州遵义、贵阳青岩；典型地域文化型的案例有湄潭永兴、毕节织金、锦屏茅坪；典型民族文化型的案例有雷山西江、黎平肇兴、道真洛龙、印江木黄；多元文化融合型的案例有铜仁石阡、黔东南镇远、黔东南黎平、黔西南安龙（图5-1-9）。

图5-1-8　肇兴侗寨全景（来源：龚校军　摄）

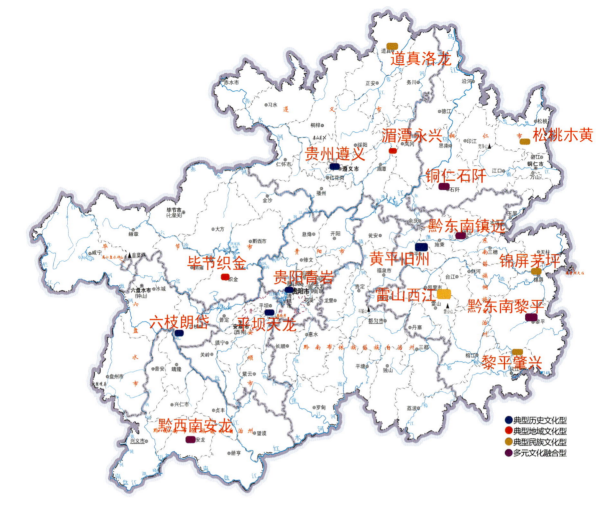

图5-1-9 典型城镇聚落案例分布示意图

第二节 典型历史文化型空间形态

一、黄平旧州古镇

（一）地理区位

旧州古镇位于贵州省黄平县西北部，距离县城25公里，距州府凯里79公里，距省会贵阳市204公里（图5-2-1）。通过银白高速、安江高速到达贵阳市；通过余安高速到达凯里市。古城面积约1.4平方公里，全镇约1.49万户、5.68万人，聚居有16个民族，其中少数民族（以苗族为主）占62%。

（二）历史沿革

旧州的历史可追溯至2500多年前的春秋战国时

期，曾为战国时期且兰民族酋长国的古都，是潕阳河上游的政治、文化、商贸中心（图5-2-2）。公元前298年，楚将庄蹻率军溯沅水（潕阳河）至黄平（旧州）登陆灭且兰后讨伐夜郎。宋理宗宝佑六年（1258年）建古城，因掘土为黄，取名为黄平府；元代改为黄平安抚司；明朝又改制为黄平州；民国曾为县治；1950年建旧州镇至今。2007年6月，旧州镇被列为国家第三批历史文化名镇。

图5-2-1 黄平旧州区位示意图

（三）自然环境

旧州古镇区域地势平坦，有广阔无垠的万亩大坝，是贵州省三个著名大坝之一（图5-2-3）。这里气候温润，雨量充沛，自然生态环境优越，古镇所处潕阳河上段，峡谷纵深长达30公里，地貌独特，河谷深邃，悬崖峭壁，溶洞遍布，群瀑飞舞，峰高岭秀，植被神奇，风光绮丽，古城西面有世外桃源般纯朴的朱家山原始森林，是贵州的"绿色宝库"和"动植物基因库"。

（四）文化特征

旧州古镇历史悠久，在历史上形成了水陆两大交通体系，其一就是以潕阳河为水运通航经商，其二是在历史上各个时期发展起来对外交通与经贸往来的古驿道。旧州是长江支流沅江沿潕阳河上溯到黔东的最后一个通商码头，古时所有福建、江西、湖南、湖北等地百货均由潕阳河水路舶来，至此转驮贵阳、安顺等地，而当地土特产又经此水运到洞庭湖后，分销武汉、上海、江浙一带。历代货运频繁，商贾云集，市井喧嚣，经贸发达。使旧州成为集当地少数民族文化、汉文化、外来文化和宗教文化等融为一体的多元文化之乡。

图5-2-2 旧州古镇（来源：龚校军 摄）

1. 旧州是且兰文化发源之处。旧州在古代受且兰文化影响，距今已长达2300余年。据《华阳国志·南中志》记载："汉且兰国邑，在今贵州黄平县西之老黄平，系贵州东部最大之湖迹平原，农业发展在黔东地区

图5-2-3 旧州大坝（来源：规划资料）

为最早，故秦汉时已能建成且兰王国。"历史悠久的旧州是且兰文化的发祥地，也是贵州先民创造的最悠久历史的古文明，是少数民族聚居之地，造就了旧州神秘而独特的少数民族民俗风情。

2. 旧州是多民族的共融之家。旧州在历史上曾经是古且兰的疆域，是少数民族聚居之地。从汉、唐以来，就有中原居民逐步迁入，尤其在明清时达到了高潮，江西、湖南、湖北、四川、福建等地吸引大量人口以贸易活动进入定居。众多历史的演变因素使得旧州成为汉族、苗族、侗族、布依族、壮族等多民族杂居地。在历史发展的长河中，各民族相互影响，相互融合，共同创造了旧州灿烂的文化，多民族的文化融合是旧州文化的核心特色，体现在歌舞、戏剧、曲艺、宗教、节庆、婚俗、传统礼仪、服饰、工艺品、建筑、街区、饮食等各个方面。多民族共融的文化氛围使旧州具有浓郁的地方文化特质。

3. 旧州是商宦文人聚居之所。旧州地灵人杰，在明清两朝的科举考试中进士举人迭出，一时文化繁荣，后来史称"黄平科名辈出""在黔为文物声名之地"，如早清的"陈探花"，晚清名臣石赞清，民初有"圣人"雅誉的孙叔瑶。旧州也是大文豪郭沫若母亲的故乡，当今更有闻名国内外的影界常氏三弟兄，歌坛王家三姐妹。古镇区由于地处长江支流沅江沿㵲阳河上溯到黔东的最后一个通商码头，商业繁华（图5-2-4），有众多大商巨贾世居于此，现镇内众多大宅院如卢氏晴川宅第、达源发等都是明证。无论为官或经商，旧州乡绅都颇崇文重教、兴办义学、热心公益，一些乡绅更以诗文和书画名扬乡里，可谓英才辈出。

4. 旧州是明清商埠繁华之镇。旧州古镇在历史上是贵州重要的水陆交汇点，为黔东的交通要道和战略要地，陆上有古驿道西达贵阳，北通遵义；水上有航运直达湖南、江西。旧州地处长江支流沅江沿㵲阳河上溯到黔东的最后一个通商码头，东西水路通畅，因

图5-2-4 古城西大街（来源：龚校军 摄）

而在明清时期成了我国大西南联系内陆的交通枢纽，成为黔地内陆联系四面八方的货物集散地，对当地的经贸、文化、人民收入起到重大促进作用。据史载，战国末期黄平至湖南航道已通，时断时通；㵲阳河水运真正大发展是清雍正四年（1726年）施秉县知县沈遴疏通诸葛洞之后，旧州船只可再次直达常德。其后237年间，水运畅通，造就了旧州古镇的繁荣。当时旧州老里坝每天都挤满了商船，最多时可达四五百艘。其时长达四五里的老里坝街南通北达，商贾辐辏，店铺林立，歌楼酒肆繁华，药号、当铺、绸布店、棉花厂、烟纸店、米庄、酱园、书场、南北货店等不一而举（图5-2-5）。

5. 旧州是宗教文化依存之乡。旧州历来庙宇会馆众多，儒、释、道及西方的宗教文化极其浓郁，加之有巴楚、湘鄂等外省地方文化的渗入，使其多元文化更加异彩纷呈，世俗生活的繁荣，也带来了众多宗教文化的兴盛。龙王阁、玉皇庙、天后宫、文昌宫、仁寿宫、天主堂等，大大小小十几座寺庙会馆记载着古镇近千年的历史。宗教文化与古镇一起绵延生息，不断发展（图5-2-6）。

6. 旧州是长征抗日遗存之地。中国工农红军长征时路过旧州，毛泽东、周恩来、朱德、彭德怀、贺龙、

图5-2-5 旧州古驿道示意图（来源：规划资料）

（a）文昌宫　　（b）天后宫

（c）仁寿宫　　（d）天主堂

图5-2-6 古镇宗教文化建筑

任弼时等老一辈革命家曾在此留下了光辉的足迹。当先遣部队红六军团进驻旧州时，在天主教堂获详细法文版《贵州地图》一张，为红军顺利走出云贵发挥了重要作用；抗日战争时期，由中美联合出资修建的旧州机场，作为中国西南的中心机场，在抗日战争中发挥了重要的作用。

（五）空间格局

城内的古建筑、古寺庙是巴蜀、湘鄂等外来文化和宗教文化与当地民族民间工艺在特定社会历史条件下相融合的产物，宫阁庙宇与玲珑古朴的古民居交相辉映。过去曾有"九宫、八庙、三庵、四阁"和2000余栋古民居，民居除民族地区多见的干阑式吊脚楼外，还有众多合院民居，这些合院民居大多由正房、厢房和入口门墙围合成方形的外观或前店后宅组合形成院落空间，具有典型印形建筑特征，造型壮观优美，精致典雅，粉墙黛瓦，别具特色，布局连片，颇具规模（图5-2-7）。现存传统民居集中在西大街两侧以清为最多，间有民国时期的建筑。其中有朱氏民居、卢氏民居、达源发等规模较大、保存较好、特色浓郁的民居宅第多处，包括文昌宫、天后宫、仁寿宫、天主堂及福众桥等在内的历史建筑被列为国家重点文物保护单位。

朱元璋的"遣汉制夷"政策使古时的旧州屯堡先民身处民族纷争、土匪袭扰的危险境地，生存的需要迫使他们在居所的营造上将军事防御作为首位，这种思想贯穿于古镇格局形态，民居的选址、布局甚至建筑细节的处理，最终体现在传统民居的空间和建筑形态上，形成顺应地形，空间张弛有度，开合自如又具有对抗外部攻击的整体防御系统（图5-2-8）。

图5-2-7 传统民居建筑

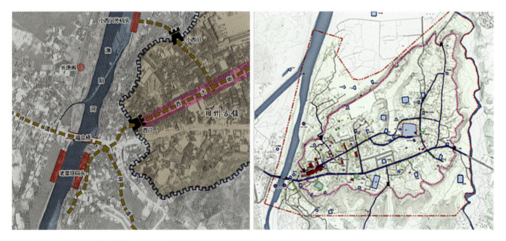

图5-2-8 旧州古城空间格局〔来源：规划资料〕

二、平坝天龙镇

（一）地理位置

天龙镇位于安顺平坝区南部，西、南面接安顺市西秀区大西桥镇，东临平坝城区，北与乐平乡相接，东南与白云镇相接；滇黔铁路、株六复线、贵黄高等级公路、清黄高速公路、天织公路横穿镇境，为滇黔必经之地，交通十分便利，堪称贵州中部的"黄金通道"。古镇距省会贵阳市61公里，距安顺市26公里，距平坝城区10公里。镇域南北长13.6公里，东西宽17.03公里，总面积65.02平方公里，辖11个行政村，97个村民组，5350余户，2.14万人（图5-2-9）。

（二）历史沿革

天龙原名饭笼，20世纪初，天龙的几位有名乡儒感觉饭笼铺的"饭笼"二字不雅，经提议，取天台山的"天"、龙眼山的"龙"二字为村寨之名，这就是天龙屯堡"天龙"二字的由来（图5-2-10）。天龙镇春秋时期属牂牁古国，战国时期隶属大郎国之夜郎邑；秦统一中国，推进郡县制，属象郡所辖夜郎县；汉武帝时期，具属牂牁郡夜郎县；三国时期，隶属牂牁郡并渠县。

民国3年（1914年）安平县改名平坝县，列为二等县隶属贵州都督驻安顺黔西道（又称贵西道）。民国12年（1923年），废除道制，各县隶属于省（时称省政府）。民国24年（1935年），平坝属省驻安顺第二行政督察区，民国23年（1937年），调整督察区，平坝划属省直辖区。民国10年（1921年）推行区、保、甲、排制，全县分为中、东、西、南、北五区，各区又分小区，现天龙镇属西区。

（三）自然环境

天龙是屯堡文化之乡，区位条件优越，资源丰富、经济发达。全镇以岩溶地貌为主，海拔在1300～1600米之间，气候属亚热带季风性湿润气候，冬无严寒、夏无酷暑，土壤肥沃，适合多种动植物生长。天龙屯堡坐落在天台山、龙眼山两山脉脚下，黑寨河及后街河穿过境内。天台山山峰群翠环绕，高百丈有余，是一个自然的生态博物馆。山中共有植物3000余种，其中珍稀品种20余种，植被群落为典型的喀斯特山地原始生态植被群落。山巅建有伍龙寺，为明万历十八年（1590年）所建，山寺砌在悬崖绝壁上，沿边的寺墙用石块叠垒筑成，木窗为江淮风格木雕。

该寺结构严谨，在有限的山崖上灵施巧布，造型奇

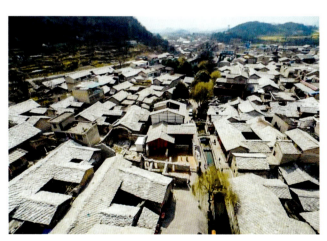

图5-2-9 天龙镇全景

图5-2-10 天龙门楼

特，远看就如古城堡一般，能容数千人，为国内罕见的半军事化城堡式古刹，曾被我国建筑大师张开济先生称誉为"中国古代山地石头建筑的一组绝唱"（图5-2-11）。

（四）文化特征

天龙聚居着与众不同的汉族群体屯堡人，是明洪武年间由江淮一带到黔中屯军将士移民的后裔，他们的语言、服饰、民居建筑及娱乐方式与周围村寨迥然不同，这一独特的汉族文化现象被人们称之为"屯堡文化"。屯堡文化既有自己独立发展、不断丰富的历程，也有中原文化、江南文化的遗存，既有地域文化特点，又有中国传统文化的内涵。一方面，他们执着地保留着其先民们的文化个性；另一方面，在长期的征战耕读生活中，他们又创造了自己的地域文化。典型的有屯堡唱书、屯堡地戏、"和尚"棋和屯堡刺绣等。

屯堡唱书不要任何道具，大家聚集在一起，便可听老人们唱书。唱书体现了当时屯堡人亦兵亦农的军旅特点，屯堡唱书不唱才子佳人，只唱忠烈演义、杀敌报国的英雄故事，宣扬忠君报国的思想观念。如唱《封神》《三国》《征东》《征西》等（图5-2-12）。屯堡唱书的来历，据说是在明洪武年间，明代朱元璋"调北征南"，当年屯军军士来到这里后，一边操练军事，一边耕田种地，但随着时间的流逝，战争的硝烟远去。在农闲时候，将士们聚在一起，表演一番，逐渐演变成了今天的屯堡唱书。

屯堡地戏，又称"军傩"，是国家级非物质文化遗产项目，即当时军队中用来振奋军威、恐吓敌人、保证出师胜利的军中娱乐活动，现已有600多年历史。面具（屯堡人称之为脸子）是屯堡地戏最不能缺少的道具（图5-2-13），表演者所戴面具叫"脸子"，"脸子"是地戏的灵魂，脸子在地戏演出中最引人注目，充满神秘色彩，是屯堡人心中的神，因此，民间也把地戏俗称为"跳神"。

"和尚"棋是盛行于屯堡人的一种古老、粗犷、古朴的棋戏，至今已有600多年了，"和尚"棋在大明朝时期流行于江南一带，屯军将士远离故土，对故乡有着强烈思念，而黔中腹地由于交通、经济、文化发展非常缓慢，这种活动成为屯军将士崇尚和坚守自己固有文化的选择，使得"和尚"棋这种古棋戏在屯堡人身上得以传承至今。

天龙屯堡刺绣以绣花鞋最为喜爱（图5-2-14），是屯堡人穿着明代绣花鞋习俗的延续。屯堡绣花鞋做工十分讲究，鞋底是布底，鞋面上有尖头略向上翘起，呈倒勾状，鞋帮大多以蓝色、青色、绿色为底色，上面绣着色彩斑斓的花鸟鱼虫；有两层白布连接鞋帮的沿口，一直到小腿肚，从脚踝以上打绑腿。

图5-2-11 伍龙寺

图5-2-12 手抄戏文

图5-2-13 地戏表演

图5-2-14 屯堡绣花鞋

（五）空间格局

天龙屯堡古建筑群最大的特点就是石头的广泛应用（图5-2-15）。它把石头工艺发挥到极致，从高处向下放眼望去，白白的一片，错落有致。走进屯堡村寨所看到的是石头的瓦盖，石头的房，石头的街道，石头的墙，石头的碾子，石头的磨，石头的碓窝，石头的缸，简直可以称之为一个石头的世界。屯堡石头建筑群，具有强烈的军事色彩，屯堡内部的巷子互相连接，纵横交错，形成"点、线、面"结合的防御体系。靠巷子的墙体，留着较小的窗户，既可以采光，又形成了遍布于巷子中深邃的枪眼。低矮的石门有一夫当关，万夫莫开的军事功能，这一切无不显示当时战争所需的建筑构式和屯军备武的思想。至今残存的许多垛口、炮台还随处可见。

天龙依山沿河而建，巷道蜿蜒曲折，利于防守，形成"户自为堡"、封闭而具有对抗外部攻击能力的军事防御系统。军事防御特征明显的街巷格局最具特色，中街、后街、郑家巷、将军巷、九道坎、驿站巷等数十条古街古巷纵横交错、顺势依行，防御色彩浓厚，战时布局特征突出，对建筑聚集起着组织和驾驭的作用，使屯堡呈现出内外皆封闭的格局。全村由一条主街贯穿，街宽3~5米不等，串联着门楼、演武堂、驿茶坊、沈万三后裔故居、家院练兵场以及屯堡名人故居等。主街和支巷将各家各户有机相连，支巷时收时放，从不通透。巷道细长幽深、阡陌曲折且宽窄不一。支巷之间的

图5-2-15 石头建筑

上方建有相通的空中通道以便往来，每条街巷能单独或联合形成整体防御。

天龙屯堡四周群山环绕，古朴的石头房子和自然环境完美融合。独具特色的街巷空间和防御特征突出的空间格局、年代久远的古树、古河道等，都无不真实地反映了传统风水理念及军事、农业生活的实际需要的空间格局特点（图5-2-16）。

三、贵阳青岩古镇

（一）地理区位

青岩镇位于贵阳市南部，属花溪区，东接黔陶乡，西与燕楼乡、马铃乡相连，南与惠水县接壤。青岩距贵阳市区29公里，与贵阳市区通过甲秀南路、贵阳绕城高速相连（图5-2-17）。

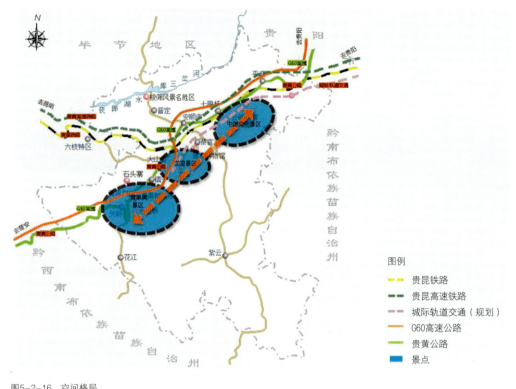

图5-2-16 空间格局

图5-2-17 青岩古镇区位示意图

（二）历史沿革

青岩最早是明洪武十一年（1378年）设置的贵州前卫所属青岩堡，为屯军单位，设土司官管理。明天启年间，土司官班麟贵亲选筑城地于离城1公里的四只坝，修筑城垣，命名城垣为"青岩"，当地布依族语为"兵城""营城"之意，是为旧城，也称内城。明代旅行家徐霞客曾到过该城，并有生动的描写："其城新建，旧纡而东，今折其东隅而西，就尖峰之上，城中颇有瓦楼环闬焉"。明崇祯十一年（1638年），改土城为石城，并扩建定广门，是为新城，也称外城（图5-2-18）。

2005年9月，青岩镇被列为国家第二批历史文化名镇。

（三）自然环境

青岩古镇的选址充分利用了周边地理环境，东面开敞辽阔，其余三面依山而踞，街巷组织蜿蜒曲折、四通八达，房屋结合街巷而组合，形成了整个古镇丰富和谐的街景空间。

（四）文化特征

青岩是一个有600多年历史的文化古镇，其文化特点在全省都有非常鲜明的特征。20世纪80年代后期，更成为省、市重点文物保护单位，是贵州六大文化古镇之一。礼制文化、儒家文化、商贾文化和布依文化对青岩古镇的影响，在青岩聚落环境和建筑的营建中分别得到了具体的表现（图5-2-19）。

权力中心府衙占据镇中心位置，宗教和礼制建筑分散于全城各个角落，古镇四周现存大量石牌坊，维护的也正是封建礼制的秩序。古镇以文昌阁、青岩书院、赵公专祠等建筑组群为聚落中心和制高点，表明青岩人是以儒家文化为尊崇对象的。青岩往来者多为商贾，城中无宗祠，从而各地同乡聚集的会馆即成了大家精神寄托的场所。青岩现存的会馆有江西会馆——万寿宫、四川会馆——川祖庙、湖南会馆——寿佛寺。

青岩的建筑虽然类型众多，但总体来说呈现出的形态是和中原建筑一脉相承的，如"四合院"式的建筑平面布局，以木材作为主要建筑材料，雕刻精美的建筑细

图5-2-18　青岩全景

图5-2-19 青岩城门

图5-2-20 街巷与建筑

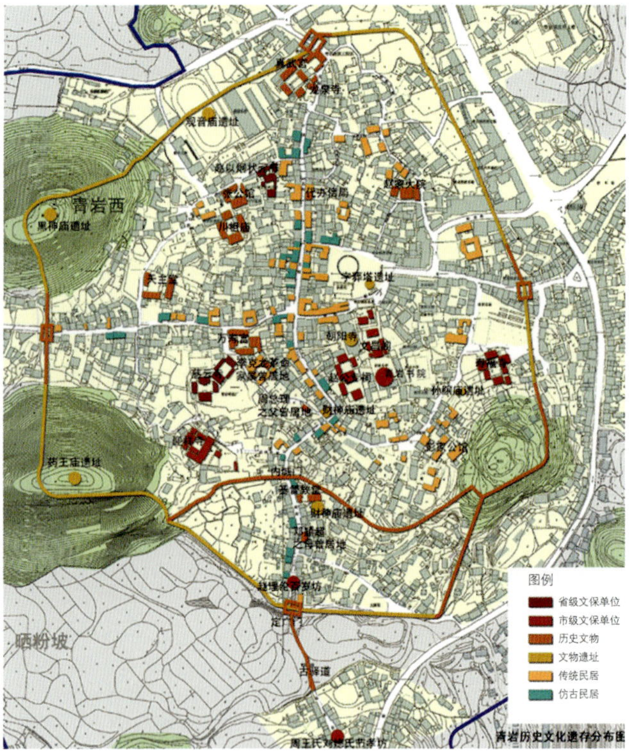

图5-2-21 古镇格局

部构件等（图5-2-20）。同时，贵州本土文化对青岩建筑和古城外部空间形态所形成的影响，如石头在青岩建筑中的应用，就是来自于当地布依族同胞建造居所的典型形式。青岩现存的古老建筑中也能找到贵州山地干阑式建筑的身影，这些建筑和根据地形不同而灵活构筑的建筑院落一起错落有致地分布于青岩的大街小巷之中，形成了青岩独特的物质空间形态。

（五）空间格局

青岩古镇位于地势平坦的坝子中央以利于农耕，具备空间、资源、集会等天然优势而成为地区中心。与中原很多古城镇选择避开交通网络体系所不同，青岩古镇位于交通枢纽地段，边界整齐且四方，城内空间布局有着一定的秩序性和对称性，具备一定的军事防御设施。

青岩的城池格局属于"内向封闭"型（图5-2-21），以古城墙为边界，古城墙围合的空间为城池核心，以城中心场坝为原点向外辐射道路，推动着整个城由中心向外拓展，由此形成了一种由内向外生长的自然格局。两条东西和南北走向的街道在场坝相交呈"十"字形，各通一城门，城内其余20余条小巷都与这两条主街相连。古时贵阳往定番去的古驿道，由北而南穿城而过，是古镇传统风貌保存最为完好的街道，全由青石板铺就，街随山势而走，高低起伏，临街多是铺面，有木料或石料做成的柜台，一间贴着一间顺着街道错落有致地排开。清代古城向南扩建了定广门后，城池骨架就形如一只头南尾北的老龟，盘踞于城中五座小山之上，民间俗称此为"五虎擒羊之地"。此后，古城虽历经修葺，但古镇格局大体未改。

街巷空间，古镇的街巷空间主要呈现为两种特点：

（1）地形的高差使得街道随形就势，高低起伏，两旁的建筑错落有致，形成富于变化的空间形态。古镇南北向主要交通空间——南北街，全长720余米，平均宽度5米。街道平面时常出现细微的收缩、放大和转折，这些空间变化处所出现的牌坊、老树、小广场、石阶、建筑的不同立面以及远山等成为不断更替的视觉中心，使行人行走其中不觉乏味。（2）青岩盛产石材，临巷面多为大小形状不一的石材所砌成的院落围墙，巷道蜿蜒曲折，起伏变化，显得十分静谧悠长。院墙的砌筑材料有条石、块石和不规则石块，从而使石巷的侧界面肌理显得十分丰富（图5-2-22）。

青岩顺应自然、因地制宜，可谓是"村融山水中，人在画中居"的田园意境，山为古镇的整体依托与背景，古镇的竖向空间随地形的变化而高低起伏，随人们

图5-2-22 青岩街巷

视线的移动而交替、转化，展示出街市近景、古镇全貌，以及它们所形成的参差错落的天际轮廓线等一系列空间特色，表现出一种"人—建筑—自然"三位一体的空间形态。

第三节 典型地域文化型空间形态

一、湄潭永兴古镇

（一）地理区位

永兴古镇位于贵州湄潭县东部，湄江河上游，东与凤冈县相邻，南与县城湄江镇及天城乡相接，西与鱼泉镇及洗马乡相连，北靠复兴镇。全镇辖13个村2个居委会，总人口约5.3万人，城镇镇区居住约1.2万人。镇政府所在距离湄潭县城、凤冈县城均20公里，城镇建成区面积1.2平方公里（图5-3-1）。

（二）历史沿革

明清时期，交通便捷，市场繁荣，是黔北的商业重镇。由于地处原湄潭、施秉、石阡三县交界点，有"一脚踏三县"之说。明洪武年间（1371~1381年），太祖朱

图5-3-1 永兴镇区位示意图

元璋实行"屯田制"而渐兴村落，主要进行自由贸易，逐渐吸引赣、湘、川、渝、粤等地商人落脚，修建房屋，兴市开业，盐帮、花纱帮、山货帮、油料帮……应运而生。江西会馆、湖南会馆、湖北会馆、四川会馆、南华宫、文昌阁……因时而建。其人其物、其事其业，共同构成了永兴商贸古镇的"标签"。此后，"豫章花号""永生福号""长兴荣""金瑞祥"等商号相继组建。因百年老字号的带动，永兴商业空前繁荣，长期以来一直是周围数县生漆、柞蚕丝、桐油等重要大宗土特产的集散地。湖广、闽、浙、川商多来此贩运山货，《湄潭县志》（康熙）称之为"万商辐辏，百货云集，黔省一大市镇也"。

永兴古镇历史悠久，原名马桑坪，自发端至今已有400多年。曾是历史上黔北四大重镇之一（金沙打鼓、湄潭永兴、仁怀茅台、遵义鸭溪），是重要的传统商贸集散地。2006年被评为贵州省历史文化名镇。

（三）自然环境

永兴地处黔北低山丘陵地带，以丘陵坝地为主，地势较平缓开阔（图5-3-2）。平均海拔高度800米，属亚热带季风气候，年平均气温14.7℃，年平均降水量1200～1400毫米，温和湿润。森林覆盖率达40%以上，是湄潭县主要农业生产区，尤以水稻和茶叶出名。

（四）文化特征

抗日战争期间，浙江大学师生西迁，共历时两年半，途经浙、赣、湘、粤、桂、黔6省，行程2500余公里，最后来到遵义湄潭永兴镇。浙大在永兴办学七年中，牢记"求实创新"的校训，克服无数困难坚持上课，坚持教研，留下宝贵的文化遗产和精神财富。永兴古镇中有多处浙江大学旧址，如：李氏古宅（浙大一年级学生住处）、浙大永兴分校教授住处和欧阳曙宅（浙大文艺活动旧址）等。这些宅院不仅富有传统的黔北建筑特征，同时，其也与永兴古镇的发展历程息息相关。在其身上

图5-3-2 自然格局

图5-3-3 浙大旧址（来源：规划资料）

体现了浙大永兴分校、浙大学人以及永兴古镇的历史记忆和文化信息，记录了浙大西迁的历史（图5-3-3）。

历史文化悠久的永兴古镇，文化古迹交错，密布于镇内的历史建筑、传统民居相互辉映，构成独特的古镇风貌，至今依然释放着古朴和浓郁的历史传统文化气息。经历了四百多年的古镇历史是一部商业文明史，也是一部人文精神的发展史。古镇本土文化与湖湘、巴蜀、江浙、长征文化的相互熏染，孕育了"义利统一"的商道法则；浇灌了浙大"求是创新"的科学理念；播下了长征"追求民主"的思想种子，形成了独特的永兴文化。

（五）空间格局

1. 传统建筑特色：黔北民居特点鲜明，现有历史建筑古色古香，风格突出，木房青瓦，室内细部的装饰华丽，厅堂的梁、枋上木雕优美，门楼砖雕工艺精湛，保留着大量精美的窗花，独具黔北特色，保存较为完好。以李氏古宅为例，建筑至今采光通风良好，结构紧凑，尚有人居住。

民居院落轴线对称，主次分明，院落精细幽深，院中均置有大小相似、容量相当、盛满清水的石水缸（当地人称"太平缸"）作消防用。院子间有封火山墙，石门，统一的建筑风格符号、尺度，展示了与历史文化的融合。古镇民居风貌统一、布局自然，体现出较高的建造技艺和设计创作水平和黔北地方建筑构造及装饰做法，具有较高的研究价值（图5-3-4）。

2. 街巷空间："印江的染匠，永兴的巷"是很久以前流传在湄潭、务川、思南、印江一带的俗语。一街八巷宽窄各异，各具特色，具有宽街、巷窄、巷深、巷奇的特点。

古镇主街宽阔，便于商贸往来。每逢场期，巷里店铺摆摊设点经营有充足的空间，例如木炭巷、叶子烟巷等。

小巷狭窄，有的甚至不足一米宽，内部曲折多变，空间变化丰富，使街景逐渐展开，避免视线一览无余，产生不断变化的艺术效果。

巷深便于居住更多各地商人。明清时随着人口不断增长和市场的日益繁荣，集镇也不断扩大，街巷纷纷向深处发展，民国年间永兴又在上街新辟一巷，构成现在一街八巷的格局。

巷奇即院里有巷，巷里有院。巷院相连，院巷相通。不管是哪条主巷，都有小巷，巷内两边都有四合院。此外，巷与巷之间，还有高高的封火墙。现在许多巷子基本上还保持着以前的传统格局，叶子烟巷、艾家巷子等都反映出古镇街道特点。

3. 空间结构：永兴古镇布局沿袭明、清格局，民国时期形成一街八巷纵横分布，整个镇区结合地形自由布局，道路随地形布置，房屋一般沿街修建，衔接紧密，建筑、环境、道路有机结合，融为一体，利用对景手法，形成整个古镇丰富和谐的街道空间（图5-3-5、图5-3-6）。

图5-3-4　民居院落

图5-3-5　城镇空间

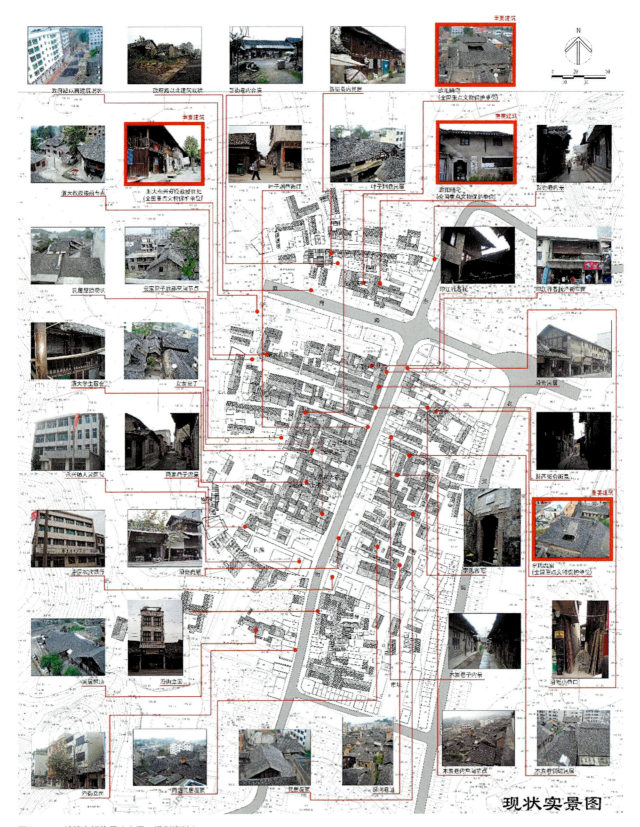

图5-3-6 城镇空间格局（来源：规划资料）

二、毕节织金古城

（一）地理区位

织金县位于贵州中部偏西，北与黔西、大方两县接壤，西与纳雍、六枝比邻，南与普定、安顺交界，东与清镇、平坝相连（图5-3-7）。织金古城位于县城区域内，距毕节市区144公里，可通过黔织高速、厦蓉高速到达毕节市区。织金为多民族杂居地，有汉族、彝族、苗族、布依族、仡佬族、回族、水族等民族。

（二）历史沿革

出土的多件旧石器时代文物，证明了织金县所处区域是远古人类繁衍生息之地，在殷、周时属鬼方，春秋战国时属大夜郎国，唐代时彝族默部首领穆阿扯袭取织金东山部落，诛杀仡佬王巴慕腊，从此，织金便成为彝族默部世袭之地。明朝末年，出生于织金洞附近的贵州宜慰同知、彝族首领安邦彦领导了轰轰烈烈的西南民族大起义，明崇祯三年（1630年）起义失败后，在今织金县城处建立了毗那城。清初，吴三桂镇压水西彝族后，于清康熙五年（1666年）设平远府，后改为平远州，民国元年（1912年）平远州改为平远县，并划为二等县。民国3年（1914年）1月12日，根据贵州省民政厅于民国2年2月23日呈请改制方案，内务部核定，将平远县更名为织金县，属黔西道。1950年1月8日织金解放，同年织金县人民政府成立迄今。1991年被列为省级历史文化名城（图5-3-8）。

（三）自然环境

"群山屏列山带千峰，一水贯城河纳百泉"是对织金古城自然格局的真实写照（图5-3-9）。

"群山屏列山带千峰"——织金城群山环抱，环城诸山层次分明，具有典型的喀斯特岩溶地貌特征。近城有东山、鱼山、大石岩等，山山俊秀玲珑。外围群峰耸立，山峰之间峡谷幽深，峭壁对峙，雄奇险峻，蔚为壮观。城南有"凤岭朝宗"发脉，城北有"墨峰耸秀"锁水。古城区诸山以秀丽奇峰著称。

图5-3-7　织金县区位示意图

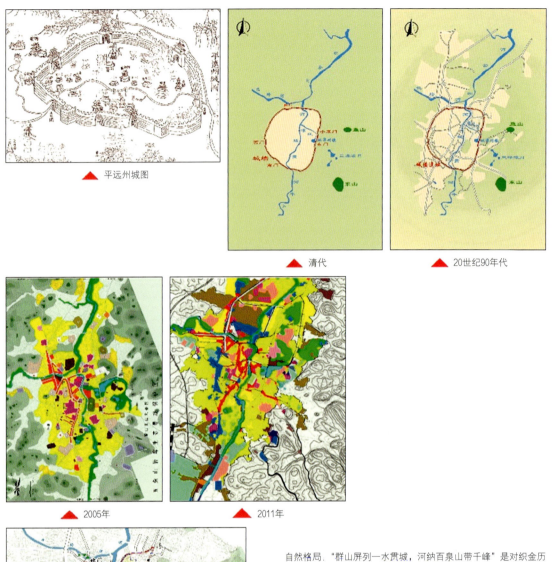

▲ 平远州城图　　▲ 清代　　▲ 20世纪90年代

▲ 2005年　　▲ 2011年

▲ 2015年

图5-3-8　织金古城城镇空间历史演变

自然格局："群山屏列一水贯城，河纳百泉山带千峰"是对织金历史文化名城自然格局的真实写照。

历史格局："城如龟背，路若鱼网，一水两关，五门五桥"。

现代对历史格局的保护：

1. 用遗址保护或立牌撰写史迹形式保护城门，逐步展现历史城区平面轮廓；
2. 保护历史街巷的格局和空间尺度；
3. 保护历史城区和文物保护单位；
4. 保护王家朝门、黄家朝门、陈家朝门、谌家朝门、周家朝门、胡家朝门等传统民居；
5. 对历史城区一般民舍按清代地方传统特色（即红墙黑柱黛瓦）改造，形成传统茶馆和客栈等旅游接待设施；
6. 历史城区建设项目的审批，应严格控制建筑材料、体量、造型、色彩等。

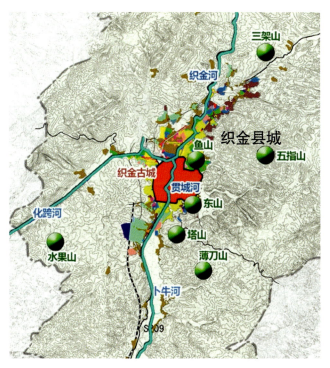

图5-3-9 自然格局

"一水贯城河纳百泉"——织金山水,灵秀天成,引人入胜。古城内一水南北穿流,将城划为东西两半,而又以"贯城五桥"把东西两城连为一城(横跨东西的日升桥、太平桥、回龙桥、月华桥和童生桥把两城连接起来)。秀水穿城,清泉流布。穿城河段天然石岸犬牙交错,沿岸绿树成荫,两岸井泉喷涌,四方井、冒沙井大小近百处,把城池装扮为泉城。

天高地也厚,山高水长流。山高水高是织金历史古城的真实写照,城区内外5平方公里范围内,已查明泉水多达108处,被誉为"百泉古镇",主要分布在南北流向的贯城河水系,其次分布在东山后穿洞为源头的凉浆河水系,以及城西发源的化垮河水系。

(四)文化特征

据史料记载,自秦伐夜郎之后,我国南方一些民族经历了一段长时期、远距离的大迁徙。原居住在长江中下游地区的"荆楚蛮夷"向南方大迁徙,来到了包括织金在内的贵州地区定居下来,他们就是当今织金地区苗、仡佬等民族的先民。另据史证,东南沿海地区的百越人中,骆越一支也迁徙到这一地区定居,成为当今侗族、水族等民族的先民。汉族的发祥地是黄河流域,迁徙织金较晚。据南宋周去非的《岭外代答》记载,那时已有织金人的先民贩马到广西宜山进行交易,可以推断有汉族人口进入织金。清康熙三年(1664年),朝廷以武力削平水西彝族政权,实行"改土归流"以后,大批汉族人口又相继进入织金。到乾隆年间,汉族人口已占全县总人口的十分之一。此后,因经商、移民、避战乱而迁入织金的汉族剧增,其中来自江西、四川、湖南、湖北、两广者最多。

织金人杰地灵,在历史上留下不少风流人物,比较著名的有丁宝桢、安邦彦、黄理清、黄承宜、王楠、王永锡等人,为织金历史文化增添了丰富的内涵。

(五)空间格局

织金的历史城区格局源自清康熙四年(1665年)建府城开始,至今已有350余年的历史。织金先后是府、州、县的政治、经济和文化中心,自从康熙初年建平远府至辛亥革命推翻帝制的200多年间,历代府、州官倡导,百姓响应,修建了数量众多的佛寺、道观等建筑,这些古迹依山、傍洞、临水而建,极富特色。织金历史城区按五行八卦布局:将府署建于乾宫,文庙、城隍庙建于坎宫,玉皇阁、文昌阁、西风书院建于艮宫,隆兴寺、地母庙建于震宫,白衣庵建于巽宫,炎帝庙建于离宫,关帝庙建于坤宫,药王庙、马王庙建于兑宫。其余建筑则分别按易经八卦属性修建:有建于独秀山峰之巅者,有建于三潭鼎立之缘者,有建于秀丽江河之畔者。

织金古建筑大量修建于清代初年,古城原有清代建筑85处,但历经战乱和人为破坏,毁损过半,现存古迹中著名的有"四庵""四阁""四寺""四祠""八大庙",大多已被公布为国家级、省级或县级文保单位。

图5-3-10 织金古城空间格局

织金历史古城格局的特征是:"城如龟背,路若渔网,一水两关,五门五桥"。

城如龟背:古城平面形如龟背,象征长寿和坚固;选址群山环抱,依山傍水;建城因地制宜,显山露水;穷八卦之变,合五行之理。

路若渔网:古城道路网状布局,通过五桥,连接五门;道路因山就势,线条自由,状若渔网;道路沿河两侧而建,又以五桥相连。

一水两关:织金河水贯城,又以两关(上水关和下水关)相守,将城分为东西两片,再以五桥相连。暗合《易经》太极生两仪,两仪生四象之理,而"四庵""四阁""四寺""四祠""八大庙""八大景"之说,也符合四象八卦之数理。

五门五桥:暗合五行相生相克之理。五门指东门、小东门、西门、南门和北门;五桥为月华桥(奢香桥)、回龙桥、太平桥、日升桥和童生桥。

"五桥跨河连五门"——城里城外寺庙、庵观、楼阁等古建筑20余处,更有名胜古迹八大景和十二小景遗址点缀,使织金城满享"古迹城"美誉(图5-3-10)。

三、锦屏茅坪古镇

(一)地理位置

茅坪古镇位于锦屏县东北角,距县城7.5公里,总面积42平方公里,辖5村1居委40个村民小组,1169户、4885人,全镇苗、侗等少数民族占总人口的98%。清水江贯穿全境,水陆交通便利。

(二)历史沿革

元末明初,茅坪先人自江淮、荆楚沿江而上,开辟不毛之地,休养生息,繁衍后代,奠基鸿业。大明王朝在政德九年(1514年)派员前往清水江茅坪一带征办修建北京故宫的"皇木",继而各省木业商帮群体蜂拥而至,形成了抢滩县内以茅坪、王寨、挂治"内三江"为中心的清水江木材市场。历经清朝、民国及新中国的历史时期,茅坪作为锦屏"内三江"木材市场的集大成者,已有500多年的历史。2006年被列为省级历史文化名镇。

(三)自然环境

茅坪古镇居于黄哨山一隅,黄哨山也是锦屏县境内最高山峰之一。境内气候湿润温和,属亚热带湿润季风气候,雨热同季,适宜各种林木生长。地域内山多林丰,耕地稀少,多杉木、马尾松、竹类、油茶等树木。茅坪村境内溪河主要为清水江。在境内注入清水江的小溪主要是送龙溪和宰大溪。古镇由上寨、下寨组成,沿清水江边依山而建(图5-3-11)。

(四)文化特征

明清以来,茅坪以其特殊的地理位置,有利的区位优势,形成人流、物流、资金流的大流通,以及本地侗族、苗族等少数民族文化和汉民族文化的大融合,进而催生了闻名贵州,光照荆楚,独具地方特色而辉耀黔山

图5-3-11 茅坪古镇自然环境

图5-3-12 村寨全景

楚水的木商文化。茅坪是清水江流域目前保存最为完好的木商文化古镇（图5-3-12）。

明正德九年（1514年），清水江敞开山门，接纳了第一批"贩木苗疆"用于修筑北京宫殿的"皇商"，木材时代的滚滚洪流，把隐藏在大西南崇山峻岭中以锦屏为中心的清水江中下游林区带入全国视野，同时也把清水江流域的优质杉木推上了国家资源的战略地位。水运三千里，木商五百年。明清时期至20世纪80年代，茅坪成为贵州省最大的木材集散地，历史上曾繁华一时，也孕育了木商文化。

在清水江流域的中下游地区，形成了一种较为成熟、在我国西南少数民族地区乃至世界林业史上堪称独特的林业生产关系，产生了大量的山林植造、佃山造林、山林管护、木材买卖、木材水运及人工拖运、纠纷调解等民间契约（也称"锦屏文书"），为后人留下了宝贵的林契文书和珍贵的历史档案。据锦屏飞山庙的《八步江规》记载，它是当时明确清水江亮江支流木材采伐、运输从"头步"村寨到"第八步"村寨之间"分步"放运木材，保证各取其利的基本规范。凭着一把"斧印"，在清水江"黄金水道"上，木材即使遇洪水冲散漂失至下游码头，木商们通过"斧印"辨认也可以清点赎回，彰显了清水江契约管理社会的诚信文化。"锦屏文书"以其穿越五百年时空的木商文化底蕴，不仅是破解锦屏等清水江流域地区长期以来山常青水常绿"社会基因密码"的"金钥匙"，而且至今仍具有调解纠纷功能，当地村寨之间发生林权纠纷时，有关的契约文书仍然是定纷止争最能服众的证据，反映了锦屏县依靠契约文化促进林业发展的历史。

"锦屏文书"成功入选第三批《中国档案文献遗产保护工程名录》。

（五）空间格局

茅坪地处清水江北岸，北靠森林茂密的黄哨山，沿江呈带状分布，呈现"梯形"的山地古镇形态。传统上分为东部上寨和西部下寨两个部分。锦屏到天柱县级公路沿村庄南部江边通过。

茅坪依山傍水，绵长近两公里，中上截大多系传统青瓦杉木建筑，其间点缀有十来幢清代保留下来的徽派建筑窨子屋（图5-3-13）。一条长500多米，宽3～5米的青石板路东西蜿蜒贯穿，中间一段稍宽兼作街道。两侧布列木行、屠宰、洗染、豆腐、打铁等作坊和酒肆以及日杂货店等近百家。入夜，沿街灯火通明。村民居住的多数为单栋式两层木房，临江一面为三层或假三层吊脚木楼。公共建筑曾有湖南会馆、德山会馆、福建会馆、杨公庙、龙氏宗祠、廻龙庵等。1953年贵州森工分局在茅坪设贮木场，1960年州属清水江木材水运局

图5-3-13 传统建筑

图5-3-14 城镇空间肌理

设于此。80年代，这里曾是贵州省最大的木材集散地之一。至今，高墙围护的窨子屋、青石板街巷、用青石料砌成的宅基坎、五面镶青石板的古井都完好保存。窨子屋的柱子上，尚留存有木商歇宿时随手敲下的斧印痕迹。

茅坪至今仍然基本保留着原始的空间格局和形态。老街为东西走向的中街，宽约7米，为主街道，贯穿整个村庄。南北向由于受地形限制，基本上为步行街巷，主要有合龙桥街、大码头街、凉水井边、送龙溪街、翘街和十字街等，与中街共同结成了原始的道路骨架（图5-3-14）。整个村庄地势北高南低，建筑依托山体沿江逐层向上修筑，因而形成了依山傍水、层次丰富的景观界面。

明清时期至20世纪80年代，茅坪成为贵州省最大的木材集散地，历史上曾繁华一时，现仍保存古民居、古祠堂、青石板街巷、古码头、古桥、古井、古驿道等数十处古迹。

大码头和中码头曾是茅坪最繁华的埠口，现存的20多座建于清代的封火墙民居，古色古香的院落、街巷，无不印记着往日的繁华。走过宽敞而曲折有致的街巷，一种宁静的气息氤氲而起。"龙云故居""延陵世第""燕府世第"等窨子屋沿江排列，古色古香的宅院里，一角挑檐，一匹青瓦，一壁彩绘，一面窗棂，一块础石，都收藏着岁月走过的痕迹。

这里的古街巷、古民居会说话。这些古建筑，从选址、设计、修造到与周边关系的谐和，体现了中国传统建筑"正德、利用、厚生"的原则，突出天人合一的"惟和"理念。木商文化的酵素也正是从这些理念出发，浸润民间生活、精神和美学，从而形成族群对传统文化的认同和礼敬。

第四节　典型民族文化型空间形态

一、雷山西江镇

（一）地理区位

西江镇（千户苗寨）位于雷山县东北部，北邻台江县，西北接凯里市，西面是郎德镇，南面临城关镇，东北面紧靠雷公山，距离县城36公里，距离黔东南州府凯里35公里，距离省会贵阳市约200公里。西江镇千户苗寨由10余个依山而建的自然村寨相连成片，是中国乃至全世界最大的苗族聚居地（图5-4-1）。

（二）历史沿革

春秋战国时期，雷山属牂牁国与且兰国之边地，战国时属大夜郎国，秦时属象郡且兰县边境，西汉时处且兰、毋敛两县之间，东汉时属毋敛县，三国属蜀国之牂牁郡辖之边地，魏晋时期属牂牁郡宾化县境，唐朝时属罗恭县，五代至宋朝属夔州路绍庆府羁縻州，元初属"管外苗族地区"，元朝中期属湖广省遵义宣慰司，明属管外苗族地区。从秦汉到元、明、清初，雷公山大山区朝廷的设置虽有涉及，但郡县制、羁縻州对这一地区的统治极弱，甚至没有直接治理，在历史上多被称为"蛮荒之地""生苗""生界"等。

清雍正七年（1729年），贵州巡抚张广泗开辟苗疆，设"新疆六厅"，置丹江厅，下辖丹江卫和凯里卫，西江属丹江卫。清乾隆三年（1738年），丹江卫设置了分土司，包括黄茅岭司、鸡讲司、乌叠司，鸡讲司就位于现西江西南附近的营上村，从此西江才被列入中原政权的治理范围。1914年，丹江改厅称县，西江属其辖内，1945年，丹江撤县，西江改归台江县管辖。1944年，雷山设置局，西江复归雷山管辖，改为西江镇。1950年，雷山设立县人民政府，西江属于第二区公所。1954年，建立雷山县苗族自治区，西江（千户苗寨）所在地属西江区，1959年，雷山、炉山、丹寨、麻江并入凯里大县，西江属于凯里县的雷山片。1961年，恢复雷山县，建丹江、西江、大塘、永乐四区，44个公社，千户苗寨当时属于西江区西江镇。1992年，撤区并乡后，千户苗寨属于西江镇管辖至今。

2007年6月，西江镇被列为国家第三批历史文化名镇（图5-4-2）。

（三）自然环境

"群山环抱，一水穿寨"是对西江（千户苗寨）历史文化名镇自然格局的真实写照，其构成要素可概括为山、水、镇三要素。西江（千户苗寨）历史文化名镇与自然环境水乳交融，优美的环境离不开对自然格局的保护。

西江（千户苗寨）的地形为典型河流谷地，清澈见底的白水河穿寨而过，苗寨的主体位于河流东北侧的河谷坡地上（图5-4-3）。千百年来，勤劳勇敢的苗族同胞在这里日出而作，日落而归，在苗寨上游地区开辟出了大片的梯田，形成了浓郁的农耕文化与优美的田园风光。由于受耕地资源的限制，生活在这里的苗族居民充分利用这里的地形特点，在半山建造独具特色的吊脚楼，上千户吊脚楼随着地形的起伏变化，层峦叠嶂，鳞次栉比，蔚为壮观。这里的苗族居民根据自己的信仰和习俗（图5-4-4），在每个村寨的坡头都种植了成片的枫树林作为护寨树，成为当地重要的自然景观之一。

图5-4-1 雷山西江镇区位示意图

图5-4-2 西江村(千户苗寨)鸟瞰(来源:龚校军 摄)

图5-4-3 西江（千户苗寨）自然环境

图5-4-4 吃新节

（四）文化特征

西江苗族是黔东南苗族的重要组成部分之一，现主要居住的是苗族的"西"氏族。作为全世界最大的苗寨，西江（千户苗寨）拥有深厚的苗族文化底蕴，苗族建筑、服饰、银饰、语言、饮食、传统习俗不但典型，而且保存较好。西江苗族过去穿长袍，包头巾头帕，颜色都是黑色的，故称"黑苗"，也称"长裙苗"。西江苗族的语言属于汉藏语系苗瑶语族苗语支中部方言的北部次方言，这里现使用的文字是通用的汉语言文字，尽管汉语言是西江苗族与外界交流的必备语言工具，但苗族同胞之间的语言交流仍然使用传统的苗语。

西江镇具有悠久的传统民族文化和浓郁的苗族风情，被誉为"芦笙的故乡""歌舞的海洋"。人人能歌善舞，男女能吹笙击鼓，平时歌不离口，以歌抒怀传情。歌的种类有情歌、飞歌、酒歌、祝福歌、嘎百福歌、古理歌、哀歌等。西江苗族节日盛大，有农历六月中旬的"吃新节"，农历十一月上旬的"苗年节"和每13年一次的"鼓藏节"等。节日期间，三亲六戚纷至沓来，客人抬着糯米饭、鲜鱼、活鸭，满载殷切情感来一同祭祖庆丰收。同时西江镇以其独特的、完全保留了历代苗族建筑古朴风格的吊脚楼和奇丽淳厚的民族风情，与峰峦叠翠的雷公山相辉映，特殊的地理环境，强化了人们相互依存的关系，也造就了西江苗族人民热情好客、乐于助人的古道热肠。牛角酒、老腊肉、板凳舞、芦笙舞，让每一位来到西江的游客都为之迷醉，流连忘返；而"游方""飞歌""吃新""斗牛"等习俗，则渗透着苗族人民对生命的欢悦和膜拜。

（五）空间格局

西江（千户苗寨）具有"寨如牛角，一河四寨，路如织网"的空间格局特征。

西江（千户苗寨）所在地为断层谷地，清澈见底的白水河在谷底蜿蜒穿寨而过。谷地两侧山地并不对称，相对高度达数百米。西南侧山高坡陡，宛若一道高大的屏风，护卫着千户苗寨千百年来宁静的田园生活；东北侧的山地则舒缓得多，鳞次栉比的吊脚楼依山而建，顺着地势的起伏呈现出多样的变化（图5-4-5）。苗寨东南侧，是白水河长期侧向侵蚀塑造成的一个山间盆地，盆地虽然不大，却是西江苗族同胞世代耕作、赖以为生的地方，盆地底部是成片的水田，北面山地已被开垦为梯田和旱地。苗寨四周的山地上，森林植被保存较好，尤其是苗寨西南部的山坡上，尚保留着大片的乔木林。

图5-4-5 西江（千户苗寨）环境（来源：规划资料）

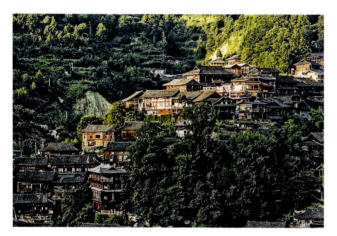

图5-4-6 苗寨吊脚楼群

苗寨内的也东、羊排、南桂等自然村寨内零星分布着小片的枫树林，呈现出苗族居民和自然和谐共处的景象。相对封闭的地形条件、和谐安宁的苗寨、清澈诱人的白水河、茂盛的植被覆盖、成片的梯田景观，构成了一幅优美的苗岭山水田园风光，极具旅游美学和开发价值。

西江（千户苗寨）的苗族建筑以木质的吊脚楼为主，为穿斗式歇山顶结构。分平地吊脚楼和斜坡吊脚楼两大类，一般为三层的四榀三间或五榀四间结构。底层用于存放生产工具、关养家禽与牲畜、储存肥料或用作厕所。第二层用作客厅、堂屋、卧室和厨房，堂屋外侧建有独特的"美人靠"，苗语称"阶息"，主要用于乘凉、观景和休息，是苗族建筑的一大特色。第三层主要用于存放谷物、饲料等生产、生活资料。西江吊脚楼不但造型美观实用，而且表现出很高的建筑艺术价值（图5-4-6）。

西江苗族吊脚楼源于上古居民的南方干阑式建筑，是中华上古居民建筑的活化石。西江吊脚楼结构严谨，建筑工匠巧妙运用力学原理，运用长方形、三角形、菱形等多重结构的组合，柱柱相连，枋枋相接，构成了三维空间的网络体系；一栋栋的吊脚楼沿山坡依次第上，上千栋吊脚楼相连成片，形成一个整体的环形，吊脚楼群与周围的青山绿水和田园风光融为一体，和谐统一，相得益彰，形成了单个吊脚楼所不具备的视觉效果；西江苗族将吊脚楼建在斜坡上，将农业生产条件较好的平地用于耕作，反映了苗族居民珍惜土地、节约用地的民族心理；西江苗族在建房时，对发墨、中柱、正梁有一套讲究和禁忌，特别是上梁的祝词和立房歌，具有浓厚的苗族宗教文化色彩。

风雨桥也是西江（千户苗寨）的重要建筑之一。出于改善村寨风水条件和方便居民生活考虑，多数苗寨都在自己村寨附近建有风雨桥，以关风蓄气和挡风遮雨。西江以前有风雨木桥，主要有平寨通往欧嘎的平寨风雨桥和南桂村关锁整个西江大寨风水的南寿风雨桥。由于是木质结构，几经修复又被洪水冲毁。现在西江唯一的风雨桥是连接大寨和西江中学的弓形水泥桥，是在过去风雨桥的基础上恢复重建的，由于采用水泥和木材的混合结构，使得风雨桥的坚实性和抵御洪水的能力大大增加。

二、黎平肇兴镇

（一）地理区位

肇兴镇位于贵州省黎平县东南部，北部与黎平县顺化乡、永从乡、水口镇相邻，东部与黎平县龙额乡接壤，南部与从江县洛香镇、庆云乡相连，西部与黎平县

图5-4-7 黎平肇兴区位示意图

双江乡毗邻,西北方向距黎平县城68公里,西面距从江县城52公里,东南方向距广西壮族自治区三江侗族自治县102公里。公路沿寨而过,是黎平县通往两广最为快捷的陆路通道。肇兴寨面积0.32平方公里,辖三个行政村,即肇兴村、肇兴中寨村、肇兴上寨村,22个村民小组,全寨有867户、3640人,均为侗族。肇兴侗寨有"千家肇洞"和"侗乡第一寨"之美誉(图5-4-7)。

(二)历史沿革

肇兴,初起:始兴。汉牟融《理感论》:"太素未起,太始未生,乾坤肇兴,其微不可握,其纤不可入。"晋傅咸《感凉赋》:"践朱明之中月,暑郁隆以肇兴,赫融融以弥炽,乃沸海而焦陵。"明宋濂《西天僧撒哈咱失理授善世禅师诰》:"大雄氏之道以慈悲愿力导人为善,所以其教肇兴於西方,东流於震旦。"《清史稿·礼志二》:"太祖肇兴帝业,太宗继述皇猷,功德并隆,咸宜崇祀。"伧父《行政机关之改革》:"民国肇兴,百端更始,行政机关之大部分,业已改组新。"

肇兴侗寨建寨历史悠久(图5-4-8),据民间相传的族谱记载,南宋正隆五年,即1160年间,肇兴的先

图5-4-8 肇兴侗寨环境(来源:龚校军 摄)

民就在此建寨定居,距今已有840多年的历史。明清两朝,肇洞先后隶属福禄永从长官司和永从县管辖,民国30年(1941年)设为肇洞乡,民国33年(1944年)改为肇兴乡。1950年12月,设肇兴乡;1957年设为肇兴片;1958年设为长风人民公社,后更名为肇兴人民公社;1984年5月,又改为肇兴乡;1992年1月,撤销皮林乡、新平乡,并入肇兴乡;2013年1月,撤乡设镇为肇兴镇。2007年,肇兴侗寨被评为第三批中国历史文化名村,2012年被列入第一批中国传统村落名录,同年被国家文物局列入《中国世界文化遗产预备名录》。

(三)自然环境

肇兴侗寨位于贵州高原东南部边缘的斜坡地带,侵蚀槽谷地貌,山高谷深,四面山峦重叠,群峰挺拔,溶洞成群,山高水长,溪河奔流。肇兴侗寨处于两座山脉之间的谷地,一侧山脉是森林植被较好的林地,另一侧山脉为弄特山上的层层梯田,两山脉之间的小河为肇兴河,河流穿寨而过(图5-4-9)。

(四)文化特征

肇兴侗寨侗族文化底蕴深厚,侗族风情原始、古朴。肇兴有正月初一的祭萨,初三、初六的踩歌堂,以及六月六、吃新节、十月芦笙节、唱侗戏、抬官人等,有侗家特有的歌舞活动,唱侗家大歌,行歌坐月、大琵琶叙事歌、拦路歌、拦门酒等等;有侗家的各种食品,如侗寨月堂饭、腌鱼、腌肉、油茶、牛羊瘪、黑米饭、白香禾;还有典型的侗家服饰、银饰、绣花、钩鞋、绞绊花等。遇到重大节庆,肇兴就成了歌舞、银饰的海洋。

侗戏传统的戏剧剧目有《珠郎娘美》《善郎娥美》《顶郎索久》《补义奶义》《鲁郎花赛》《吉金烈妹》《王鲁

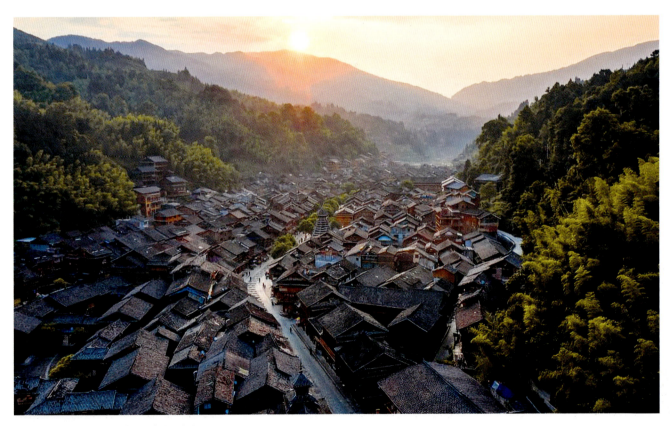

图5-4-9 肇兴侗寨全景(来源:龚校军 摄)

郎》《卜宽》《龙门》《莽随刘美》《郎克》等。侗戏是由吴文彩在1830年左右首创的，侗戏很注重以情感人，还讲究表演五法和做戏四功。侗戏的唱腔以上下句为基本曲调，设有适合各种人物性格的固定曲牌，肇兴5个戏台同时上演，形成了有特殊意义的汇演斗戏的场面。

（五）空间格局

肇兴古寨的形状犹如一条船，静卧在青翠的山间谷地（图5-4-10）。肇兴古寨拥有侗寨鼓楼、戏台、花桥、萨堂、歌堂、水井、水塘、鱼窝、碾坊、古墓、侗家木楼。村寨建筑的布局方式是侗家的十多户人家围合成一个院落，院落中心是一口水塘，水塘中心有鱼窝，岸边有亲水的平台，大家和谐相处，互相帮助，其乐融融。民宅聚在鼓楼周围，向鼓楼开放他们的门庭，溪边有聚在一起的木楼、吊脚楼。

肇兴寨内吊脚楼鳞次栉比，戏楼、歌坪点缀其间。最出名的是五座戏楼和五座风雨楼桥。寨内有五座气势雄伟的鼓楼和五座建筑独特的花桥，蜚声中外，五座鼓楼恰如五朵荷花，分布在仁、义、礼、智、信五个自然寨（图5-4-11）。鼓楼始建年代不详，1966年被毁，1981年至1983年先后重建。寨中一条主要街道由东而西穿过，两旁建有学校、乡政府和民居，全是青瓦木楼。

肇兴侗寨人居"干阑"楼房（图5-4-12），楼下安置柴草、杂物，饲养牲畜，楼上住人，前半为廊，宽敞明亮，光线充足，为一家休息或手工劳作之所；后半部为内室，其中设有火塘，这是祖宗之位，也是取暖、烧饭的地方，两侧或第三楼上设卧房。一般一家一幢，也有的聚族而居，将同一族的房子连在一起，廊檐相连，可以互通，喜庆佳节聚居于此，设宴接待宾客。

寨子虽为一体，但按照侗家一个族姓一座鼓楼的规矩，肇兴大寨五个大团都有自己的鼓楼，被誉为"肇兴鼓楼群"，是侗乡鼓楼之最，蔚为壮观。肇兴侗寨在穿寨而过的小河上，还建有五座小型拙朴的花桥，以配鼓

图5-4-10 肇兴侗寨入口广场（来源：龚校军 摄）

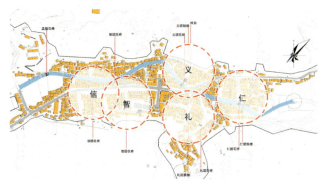

图5-4-11 肇兴侗寨空间格局

图5-4-12 传统建筑

图5-4-13 鼓楼与传统建筑（来源：龚校军 摄）

楼，其仁团、义团的花桥与鼓楼、戏楼的建造匠心独特（图5-4-13）。

三、印江木黄镇

（一）地理位置

木黄镇位于贵州省东北部，铜仁市西部，与国家级梵净山自然保护区紧紧相连。东邻松桃自治县乌罗镇，南接印江县新业乡，西与印江县天堂镇、合水镇毗邻，北界松桃自治县石梁乡和永安乡。镇域东西宽17.35公里，南北长21.2公里，总面积137.74平方公里；距省会贵阳430公里，距铜仁机场170公里，距印江县城42公里（图5-4-14）。

图5-4-14 印江木黄镇区位示意图

（二）历史沿革

木黄镇元代为仁溪里，明代为朗溪蛮夷长官司上五洞。民国25年（1936年）设木黄乡隶第三区。1957年设木黄区，辖新民、新业、建厂、木黄、新场五个乡。1984年增设落坳乡，取消木黄乡建木黄镇，1992年进行"撤区、建镇、并乡"，将原木黄区的木黄镇、建厂乡、新民乡等区域划入木黄镇，新业乡、新场乡划入其他乡镇，撤销木黄区，建立木黄镇。

2006年，木黄镇被贵州省人民政府列为省级历史文化名镇。

图5-4-15　山水景观

（三）自然环境

地处梵净山西麓、印江县东北部，属于喀斯特地貌，岩溶面积过半。断层纵横交错，形成极为复杂的地质构造，大体为山地、河谷、坝地三种类型。最低点为阳坝村冲柴沟拦河坝口，海拔601.4米，最高点为金星村天庆寺傍山，海拔1137.29米。"群山环抱，两水夹拥"是木黄历史文化名镇自然格局的真实写照（图5-4-15）。

1. "群山环抱"：木黄古镇群山环抱，具有典型的喀斯特岩溶地貌特征。围绕古镇四周的山以秀丽著称于世，其中最主要的将军山，位于木黄镇河对岸，山势雄伟，造型独特，传说在元末明初时，这一带经常出现战乱，少数民族起义频繁。有一民族首领誓死抗击官兵，在重兵压境、寡不敌众的情况下，进行了最后一搏之后便坠崖而亡。后人为了纪念他，将这座山叫作将军山；明代中期岩矸下有一小庙，叫作将军庙；而山梁上的山峰形状，形若一仰卧伟人，实在让人称奇，外围群峰耸立之间峡谷幽深，峭壁对峙，雄奇险峻。

2. "两水夹拥"：木黄山水，灵秀天成，主要为乌江水系，多发源于梵净群山。镇内鱼泉河南北穿流，将古镇划为东西两半。蔡家河、木黄河两水夹拥古镇，形成山环水抱的自然格局。古镇水多为自然山泉水，其中最为出名的有鱼泉河、黄淹泉、燕鸣泉，以木黄后街鱼泉为口，出水最多，其余二泉为鱼之两腮，出水次之。二泉涌水量均在每秒100升以上，且含有人体所必需的多种微量元素，系优质矿泉水，一年四季清澈透明，因时有稀罕的肥鱼自泉中涌出，故而得名。

（四）文化特征

木黄古镇元代为仁溪里，明代为朗溪蛮夷长官司上五洞。木黄古建筑始于元代，大量修建于清代，古镇原有清代建筑10余处，但经历代战乱和人为破坏，损毁过多，现存古迹已公布为国家重点文物保护单位1处、省级文物保护单位2处、县级文物保护单位7处。清代保留建筑有水府宫、万寿宫、祝家私宅、建厂田氏宗祠（图5-4-16）、建厂田氏土司衙署、徐家桐子等。木黄镇是1934年10月24日中国工农红军第二、第六军团胜利会师的革命圣地，这次中国革命战争史上的重大事件为木黄留下许多珍贵的历史文物。其中主要有红二六军团木黄会师纪念馆（水府宫）、红二六军团木黄会师纪念碑、会师柏、红三军政治部旧址（图5-4-17）、红六军团政治部旧址（祝家私宅）、贺龙旧居遗址、贺龙钓鱼台、红三军两战木黄遗址。

木黄古镇佛教文化璀璨，梵净山四大皇庵之一的太

图5-4-16 建厂田氏宗祠

图5-4-17 红三军政治部旧址

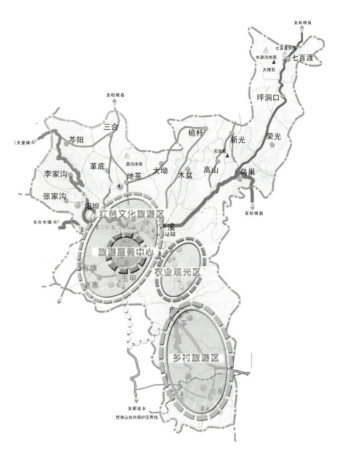

图5-4-18 木黄历史城区平面布置图（来源：木黄镇规划资料）

平寺、四大脚庵之一的天庆寺，作为梵净山佛教文化的重要组成部分融入环梵净山旅游资源中。

（五）空间格局

现状古镇格局源于元代，明代为朗溪蛮夷长官司上五洞。木黄历史城区的选址，显然是依中国传统的风水理论而作。背负梵净山是灵秀气脉之来源，前有木黄河自西向东，左有蔡家河自南向北交汇于印江河，是为聚气之媒。

古镇水系由三个"人"字组成，古镇空间也由周边山体围合成"人"字形。四个"人"字寓意人丁兴旺、长寿和多产。此所谓地甲东南之秀，天开繁荣之区也。

城镇布局分台合理布置，充分了利用高差（图5-4-18）。

木黄古镇历史格局的特征为"城如马形，一泉四街，四文保，'人'字结构的街道系统"。

木黄古镇四面环山，由木黄河、蔡家河、鱼泉河形成了"城在山中，山环城镇；城在水中，水绕城镇；城在林中，林拥城镇"的秀丽城镇。

泉指古镇鱼泉。街道以清嘉庆时期建造的为主，主要有水府街，长度408米，形成年代约1816年，传统建筑历史久远；鱼泉街，长度599米，形成年代约1896年，路泉相融；万寿街，长度556米，形成年代约1816年，传统建筑丰富；将军街，长度497米，形成年代约1896年，街道古朴。

第五节　多元文化融合型空间形态

一、铜仁石阡县城

（一）地理区位

石阡县位于贵州省东北部，铜仁市西部。东邻江口、岑巩县，西接凤冈、余庆县，南连镇远、施秉县，北靠印江、思南县。县城距离省会贵阳320公里，距铜仁市区147公里，可通过安江高速到达。全县总面积2173平方公里（图5-5-1），是一个多民族聚居的县，2010年，全县总人口40.64万人，其中仡佬族、侗族、苗族、土家族等12个少数民族占总人口的68%。

（二）历史沿革

石阡古称山国，历史悠久，建制较早。秦嬴政二十八年（公元前219年），置夜郎县于今县境西部，属象郡。两汉时期，属五陵郡。梁武帝时，在此设建昌县。隋朝，相继置寿州、充州、宁夷县。唐朝复制充州。元朝实行土司统治，至元初年置石阡军民长官司于今县城，置葛彰葛商长官司于本庄葛商屯，置洋溪公鹅长官司于石固公鹅一带。明永乐十一年（1433年）二月，建石阡府，设治于石阡长官司，实行土流并治，属贵州布政司。领石阡、苗民、龙家坪、葛彰葛商四长官司。清顺治十五年（1658年），经略洪承畴率师取贵州，石阡于次年入清版图。康熙年间，实行改土归流。至雍正初年，相继裁葛彰葛商长官司、苗民长官司、石阡正长官司。光绪年间，裁石阡副长官司。石阡土司制度自此结束。至清末，石阡府直辖龙泉县。民国2年（1913年），石阡改府为县，相沿至今。原府属龙泉县改为凤泉县，即今凤冈县。新中国成立后，石阡属铜仁市。

1992年，石阡被列为贵州省级历史文化名城。

（三）自然环境

坐落在龙底江畔的汤山镇是一座古老山城，已有近600年历史，古城整体格局坐东向西，完全体现了中国古代背山面水的"负阴抱阳"形式，古城东面被五老山环抱，西面紧靠自北向南的龙底江，地理环境格局气势壮观（图5-5-2）。城东五老山呈锦屏排列，龙底江似玉带飘曳；城南温泉镶嵌如珠，城北启灵桥卧龙欲飞；新民、民主老街区古巷交错，建筑造型古朴独特，排列错落有致，具有典型黔东风格。五座大桥连通东西两岸，鳞次栉比的民居傍岸而筑，依山而建，形成长数里的东西城廓。入夜，碧绿的河面倒映着万家灯火，美不胜收。"江作青罗带，山似碧玉簪"正是赞美古镇自然风光的真实写照。

龙底江是石阡城市公共空间的组成部分，外围山体是城市的天然屏障。城市发展为典型的带状组团格局，以龙底江为主要伸展轴向，同时向山上逐步延

图5-5-1　石阡县区位示意图

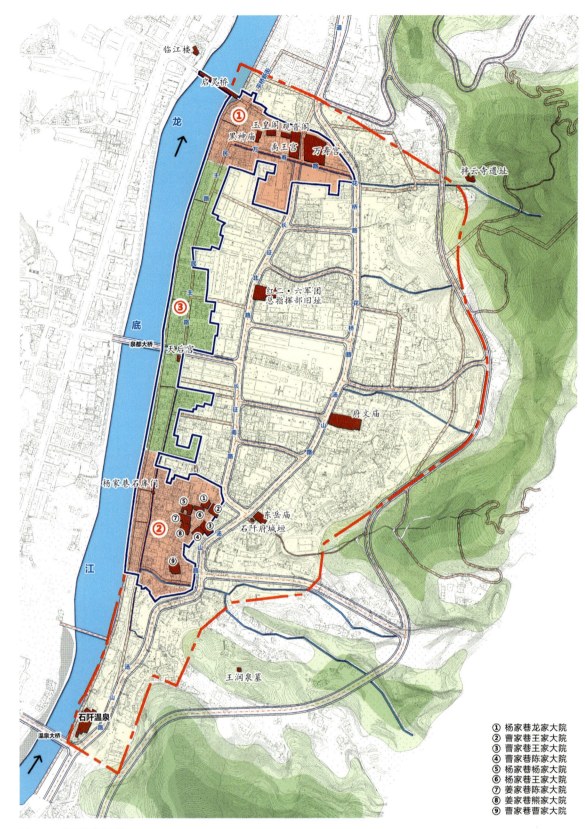

图5-5-2 石阡自然格局图

伸，形成了气势宏大、巍峨壮观的"城在山中、水在城中、人在景中"的山水之城格局。其构成要素可概括为"一山一水一温泉"。一山：环城的自然山体五老山，是城市的天然屏障。一水：穿城而过的龙底江，石阡城市公共空间的组成部分。一温泉：城南温泉。

（四）文化特征

1. 历史悠久，丰富的文化遗存

石阡古城是省级历史文化名城，古城内有国家重点文物保护单位万寿宫，省级文物保护单位府文庙、红二六军指挥部旧址，以及禹王宫、观音阁、玉皇阁、忠烈宫等县级保护单位23处，从古建筑、历史遗址、摩崖石刻，直到中国近代革命史迹，无不体现其历史源远流长，影响深远，是一个古老文化之城，蕴藏着丰厚的历史文化（图5-5-3）。石阡有"温泉之都"的美誉，境内众多的温泉资源，开发历史悠久，有"中国最古老的温泉之一"的城南温泉，创造和沉积了丰厚的古温泉文化。历史文化、古温泉文化和民俗文化，三者相互融合，是内涵丰实的景区文化特征，资源独具特色，也是发展石阡旅游业的重要基石。

古城历史悠久，沉淀了丰厚的文化遗产，是石阡历史文化的缩影，是石阡政治、经济、社会发展的重要实物见证。

2. 水陆都会，明清的商贸重地

石阡古城是联系乌江水系和沅江水系最近的"水陆都会"。明末清初，石阡古城是重要的物资集散地，商贾云集，商业繁荣，直至今天，仍然沿袭着商业传统，为县城的商业中心。古城所处的特殊的地理位置和环境成为明代中期四川、江西、湖南、福建等地客商云集场所和外来人口居住地，石阡至镇远的古驿道成为乌江通往湖南沅江必经的陆路通道，从而古城便成为联系乌江水系和沅江水系最近的水陆连接点。石阡及周边地区的茶叶、山货、药材、林竹、兽皮等，均可依托两江源源不断地流向洞庭、长江，也可沿龙底江顺流而下，经乌江到达四川境内。明清时期，老街客商会聚，物资集散，商业文化空前繁荣。

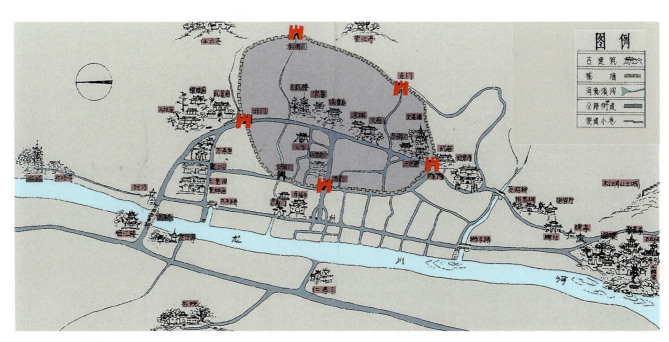

图5-5-3 石阡古城格局图

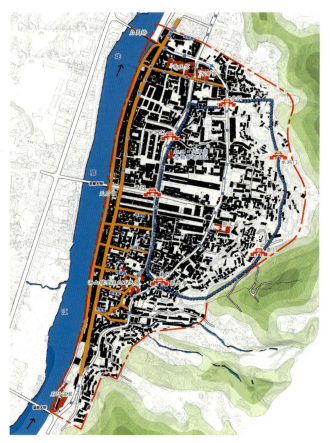

图5-5-4　石阡古城空间格局

3. 民族融合，多元的地域文化

石阡古城多民族杂居，是民族融合的重要历史见证。古城居民有仡佬族、苗族、侗族、土家族等9个少数民族，除少数当地仡佬族外，祖籍大多属四川、湖南、湖北、江西、福建、广西等地，其中，祖籍为四川、江西的人口比例较大。这一民族杂居现象，成为石阡明清时期商业繁荣和民族大融合的重要历史见证。

古城是巴蜀、荆楚、赣闽、汉文化融合的大熔炉。明清时期随着外来客商的到来，万寿宫、禹王宫、川主庙、仁寿寺、寿福寺、天后宫、忠列宫等各大会馆迅速兴起，进一步见证了石阡曾经的繁华，并形成了石阡独特的会馆文化。伴随会馆的兴建，各地乡土神会集石阡，孕育了石阡丰富的神祀文化。同时会馆兴建之后，花灯、茶灯、蚌壳灯、木偶戏等戏曲通过外来人员与民间表演和移民会馆"合乐"功能的发挥而使其完全被石阡拿来并演绎成为石阡独特的戏曲文化。石阡仡佬族毛龙是古城居民集编制技术及表演技艺为一体的代表性非物质文化遗产，玩毛龙从唐代起源一直延续至今，主要活动于春节期间，深受当地百姓喜爱。受巴蜀文化影响，石阡语言与四川、重庆语言接近，语音虽与川、渝相隔千里，却特别相似，可见其影响之深刻。

4. 革命老区，浓郁的红色情怀

红军长征经石阡，为石阡历史写下了光辉的篇章。1934年，红六军团经石阡，发生了悲壮的甘溪战斗和困牛山百名红军跳崖壮举。1936年，红二六军团到石阡，以老街和府城为中心，开展了一系列革命活动，留下了革命的足迹，留存了大量的革命文物，成为弥足珍贵的红色文化。1985年中共贵州省委、省人民政府认定石阡县为革命老区。为了纪念红军两次经过石阡的革命事迹，县城对留存在老街的红军标语、红六军团政治部旧址、红二六军团总指挥部旧址等进行了保护，并于1992年建立红二六军团总指挥部旧址陈列馆。

（五）空间格局

现状古城格局源于明嘉靖元年（1522年）修筑土城，石阡老城区域仅有临河修建的三处码头及临河而建的稀疏、散落的民居与店铺。嘉靖四十年（1561年）修建石城时，码头被隔离于石城之外，明代中期至清代，大量外来客商和外来人口入驻石阡，城墙外和码头与码头之间逐步修建起了相互连接的商铺（商住合一建筑），并间有会馆、庙宇类建筑。

至民国时期，发展成为以南北向的老街为主要街道，辅以九条东西向的民居巷道的"一街九巷"的道路格局。1954年拆除城墙和城门，1980年后城区向龙底江西面发展，构成了如今"一水分新旧，一山环古城"的独特城市景观（图5-5-4）。

古城现今仍保持着明清时期的传统建筑格局和环境风貌，并保存了自明代以来各历史时期的各类建筑及其风格特点。老街分前街和后街组成，自南向北转向东沿龙底江东岸构筑，绕古城墙西、北修建。前街为商业街区，用石板、三合土铺设，大多数为木结构青瓦屋面建筑，店铺与人居两用，后街主要为休闲街道和货运码头，以当地红马蹄石铺成，临街开设商铺。

原有的九条自东向西修建的民居巷道，则保存了清代和近现代大量木结构青瓦屋面民居、商铺、会馆、庙宇类建筑和其他各时代风格建筑，整个老街规划有序，规模庞大，明清风格突出。鸟瞰一街分为九段，老街南起城南温泉，北至启灵大桥，并从米市街北端转向东，形成万寿路，万寿路北面，古建筑呈"一"字排列，主要为庙宇、会馆类建筑，从平桥街通往万寿路依次建玉皇阁、忠烈宫、龙王庙、观音阁、禹王宫、万寿宫，万寿路南面集中了20世纪中叶在县城修建的粮食仓储库房，有木结构青瓦屋面、砖木结构青瓦屋面、砖混结构粮仓等建筑，融合了20世纪50~80年代的建筑风格。

老街各巷道东至府城脚，西通龙底江岸。依古城而建，傍龙底江而居的石阡老街，犹如一根扁担，一头挑起城南温泉，一头连接万寿路古建筑群，形成了独具特色的空间格局，是一道不可多得的历史人文景观。

石阡古城内留存有大量的历史建筑和传统民居，从古城墙到庙堂建筑、商会会馆、传统民居。明清至民国各个时期的文物古迹均有分布，是保存和延续历史脉络的物质基础。

明末清初，石阡古城是重要的物资集散地，商贾云集，商业繁荣。外来客商的到来，使得万寿宫、禹王宫、川主庙、仁寿寺、寿福寺、天后宫、忠列宫等各大会馆迅速兴起，同时也影响了石阡的建筑形式，形成了石阡独特的传统建筑。

石阡的传统建筑以1~2层的坡屋顶木构建筑为主，屋顶采用小青瓦，其建筑形式主要有木结构穿斗小青瓦顶悬山建筑和有封火山墙砖木结构小青瓦顶硬山建筑两种。部分建筑具有徽派建筑的特征，如采用层楼叠院、高脊飞檐、曲径回廊、亭台楼榭等组合和马头墙、吊脚楼、飞檐翘角、板栗色墙面等建筑构件。

二、黔东南黎平县城

（一）地理位置

黎平，位于贵州省黔东南州东南部，地势处于两座山脉之间的谷地。德凤街道是县城所在地，海拔410米。向西52公里到从江县城，向东南102公里到广西壮族自治区三江侗族自治县（图5-5-5）。

（二）历史沿革

德凤街道，原名德凤镇，早在1955年就开始以"德凤"为区名，至1984年德凤公社与城关镇合并为德凤镇。2014年2月，撤销德凤镇设德凤街道。2019年8月2日，贵州省人民政府批准从德凤街道析出设立龙形街道，原德凤街道三什江、构洞村等9社区2村划入龙形

图5-5-5 黎平县区位示意图

图5-5-6 黎平会议会址

街道管辖。

德凤镇是一座始建于明洪武年间的山城,是全县政治、经济、文化中心和交通枢纽,已有600多年历史,先后设立过五开卫、开泰县、黎平府、黎平县等行政机构,给后人留下许多可贵的历史文化遗产。古城门、翘街古建筑群、两湖会馆、孔庙大成殿等都保留了明清建筑风貌。1930年12月至1934年12月,中国工农红军曾先后3次经过黎平,足迹踏遍黎平现行政区域的17个乡镇、81个村、167个自然寨,尤其1934年12月18日在黎平城二郎坡胡顺荣店铺红军总司令部驻地召开的自长征以来的第一次中共中央政治局会议(史称"黎平会议"),在党史和军史上具有十分重要的地位(图5-5-6)。

德凤古城是一座具有悠久历史文化和红色长征文化的省级历史文化名城,1992年贵州省人民政府将德凤镇列入首批省级历史文化名城(镇),同年黎平被国务院批准为对外开放县。2003年黎平县分别被列为中国首批"民族民间文化保护工程试点"和"国家森林公园",2004年黎平被列为国家级风景名胜区。

(三)自然环境

黎平处于贵州高原东南部边缘的斜坡地带,地质构造属江南古陆西缘震旦系台地,侵蚀槽谷地貌,地势西北高,东南低。堂安侗寨属于高原地势,平均海拔约840米,平均坡度28°。所处地带属中亚热带,季风性气候,温和湿润,雨水适量,冬无严寒,夏无酷暑。年平均气温15℃~16℃,无霜期为310天左右,年降水量为1200~1320毫米,年平均日照时数为1360小时左右。主要树种为松、杉木、枫树。堂安侗寨周边的田园风光形成了独特的梯田文化。

黎平古城环山绕水,气势雄伟,风光旖旎,气候宜人(图5-5-7)。南泉山叠嶂丛林,奇花异草,数不胜数;八舟河晶莹透澈,喀斯特地貌,黎平一绝;天生桥巍然矗立,堪称世界之最;城内七十二井水清而凉,四时不断。奇山、幽洞、灵泉、飞瀑自然天生,鬼斧神工;德凤古城翘街(图5-5-8),清代建筑群鳞次栉比,错落有致,青石板街跌宕起伏,曲折幽深。吊脚民居千柱落地,飞檐凌云;寺庙祠堂庄严雄伟,气度非凡;古石刻、古井、古寺、庙、坛、祠、塔、楼、阁、桥、亭、宫、堂、馆等无不展现和映射出古城独有的风貌与悠久的文化(图5-5-9)。

(四)文化特征

黎平有着丰富的侗族文化资源,境内分布着很多独特的历史悠久、建筑典型、民风古朴,具有代表性的民族村寨,它们是整个侗族地区民族文化的载体。全县民族文化资源分布可分为五大区:尚重琵琶歌原生区、茅贡侗戏文化原生区、岩洞侗族大歌原生区、肇兴侗族风情文化原生区、洪州琵琶歌原生区。

侗族服饰主要有侗布、侗衣、侗锦、花带银饰等。侗族的服饰华丽、富贵,不亚于皇宫的宫服,其制作工艺之精湛、设计之精巧,堪称一绝,令人叹为观止。全县有多种装束,各种装束都很朴素美观,各具特色。妇女喜配银饰,银器种类繁多,有项圈、项链、手镯、戒指、耳环、银花、银冠等。

图5-5-7 黎平县城全景（来源：龚校军 摄）

图5-5-8 黎平古城翘街景观（来源：龚校军 摄）

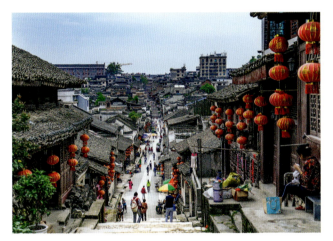

图5-5-9 黎平古城风貌（来源：龚校军 摄）

黎平县内有侗寨，侗寨有鼓楼、花桥、戏楼、寨门吊脚楼等。鼓楼、花桥造型美观、工艺精湛，被誉为世界建筑艺术史上的一株奇葩，古村寨和吊脚楼民居被誉为"传统文化明珠"和"民间收藏的宝藏"。

黎平县内侗族月月有节，黎平是百节之乡，影响较大的有鼓楼文化艺术节、祭祖节、"抬官人"节、春社节、吃新节、千三节、泥人节、三月三、四月八、五月端午、六月六、侗族大歌节、侗族风情节、牯藏节等等，真是"大节三六九，小节月月有"。

（五）空间格局

古城群山环抱，建在一个开阔的深山槽中，建筑拾级而上，重重叠叠错落有致（图5-5-10）。蜿蜒曲折的小河从村寨缓缓而过，黎平与山水相映成趣，一栋栋木板房，栉比错落，连成一排排村寨，在一片葳蕤蓊郁的绿色掩映中，绽露出片片温润的肌骨，散布在那青山绿水之间，给那山野田间，凭空添了一道夺目的风景。

黎平古城格局为"五坨之寨、府卫同城、一城五门、四街九巷"，古城格局保存完整，城区内保存有翘街、马家岭、忠武街三片历史建筑集中、街巷尺度宜人、传统风貌特征完好的历史文化街区，充分展示了黎平明清时期以来的城市发展水平和地方文化特色。

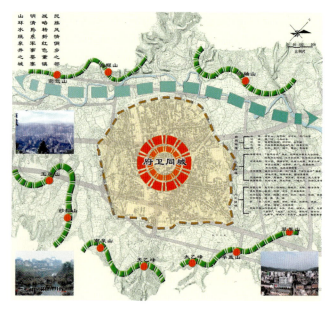

图5-5-10 黎平古城平面肌理

三、黔西南安龙县城

（一）地理位置

安龙县位于贵州高原西南部，隶属黔西南布依族苗族自治州，是黔桂之间亚热带岩溶化山区。安龙县中心镇为万峰湖镇、龙广镇、德卧镇、新桥镇、木咱镇、洒雨镇、兴隆镇、普坪镇、龙山镇、戈塘镇、海子乡、钱相乡、平乐乡、坡脚乡、笃山乡。324国道贯穿整个县城，主要道路连接各个乡镇。同时，安龙县城是贵州省级历史文化名城，是一个有着悠久历史、众多名胜古迹、风光秀丽、民族风情浓郁、气候温和、交通便利的旅游胜地。其东、东北、北、西分别与册亨、贞丰、兴仁三县和兴义市接壤，南隔南盘江与广西隆林自治县相望（图5-5-11）。境内多山，呈典型的"喀斯特"地貌，中部平缓，海子、坝地星罗棋布。除南部河谷地带外，大部分地区气候温和，夏无酷暑，冬无严寒，年均气温15.1℃，干湿季节分明，素有"小昆明"之称。

图5-5-11 安龙县区位示意图

（二）历史沿革

战国时期，兴义属夜郎国。秦代设吏属象郡。西汉元鼎（公元前116~公元111年）年间司牂柯郡。蜀汉建兴三年（公元225年），诸葛亮南征，南部将李恢率军"追奔逐北，南至盘江"，以功封汉兴亭侯，始设汉兴于今市境。唐太宗贞观六年（公元632年），设附唐县于市境，为盘州治，系戎州都督府所辖之羁縻州。南宋高宗绍兴元年（1131年），市境立自杞国（后为元军所灭）。元朝至元十三年（1276年）属云南行省普安路总管府。明属四川布政司。清顺治九年（1652年），南明永历王朝以安笼为行都，改安笼为安龙府。因永历帝曾封为桂王，后人又称安龙城为"桂王城"或"龙城"。清雍正五年（1727年），清廷诏准以红水河（南盘江）为界划定黔、桂边界，增兵驻守市境，并由普安州设州判一员于黄草坝治理。清嘉庆二年（1797年），黄草坝因距普安州远，考试赋役不便，公推代表赴省呈请设县治理。嘉庆三年（1798年）4月清廷诏准云贵总督鄂辉所奏，置兴义县，改隶兴义府，添巡检员分治捧乍镇。嘉庆十四年（1809年）6月改普安州为直隶州，将兴义划归普安直隶州改为直隶厅，兴义县还隶兴义府。到嘉庆末年，全县共15条等48个屯寨。光绪三十一年（1905年）贵州巡抚林绍年主持划归兴义府属各州、县及普安厅瓯脱插花地段，兴义县辖有所变化。民国34年（1945年）裁撤区署，各乡镇直属县政府，全县划为2镇、28乡、251保、1988甲（图5-5-12、图5-5-13）。

1992年被列为省级历史文化名城。

（三）自然环境

安龙县处于云贵高原向广西丘陵过渡地段，整个地势由西北向东南逐渐降低，地形呈多级台阶状逐级下降至南盘江河谷（图5-5-14），中部较为平坦。境内最高点为北部龙山镇的龙头大山，主峰公龙山海拔1966.4米。最低点为南部坡脚乡者干河汇入南盘江处，海拔407米。境内地形起伏大、类型多。受地形、地势和海拔高度的影响，土壤、气候、生物等均具有垂直分布的特点。以山地为主，呈喀斯特地貌。山地面积占总面积的66.3%，丘陵地占22.3%，坝子占10.8%，河流、水库、海子、井、泉等水面占0.6%。安龙县属亚热带季

图5-5-12 明十八先生墓

图5-5-13 安龙府试院旧址

图5-5-14 安龙自然环境

风湿润气候区。安龙县境内全县流域面积大于20平方公里，河长大于10公里，有开发利用价值的河流共34条，总长412.7公里，分为南盘江水系和北盘江水系，县境东北部属北盘江水系，西南部属南盘江水系。安龙县主要分布有金矿、煤矿、铁矿、锰矿、钾矿、汞矿、水泥用石灰岩、电石用石灰岩、方解石、冰洲石、水晶等11种矿种。

（四）文化特征

安龙是一个多民族县，除汉族外，尚有布依族、苗族、彝族、回族、仡佬族、瑶族、壮族、侗族、水族、黎族、满族、土家族等少数民族。各民族人民在安龙这块美丽的沃土上团结共进，各民族文化相互交融，谱写出安龙至改革开放以来的欣欣向荣，各族人民共同富裕的新篇章。在安龙的历史上从来就不缺乏能工巧匠，古法造纸、蜡染、刺绣、剪纸、雕刻、雕塑等诸多工艺美术作品展示了安龙人民的聪明才智。

1652年，南明永历朝廷入居安龙，把这里作为陪都，建立政治、军事指挥中心。清代，南笼厅、南笼府、兴义府在这里设治所，军事机构安笼镇、安义镇亦先后驻于府城（图5-5-15），安龙成为黔西南地区政治、军事、经济和文化的中心。安龙古城建于明代永乐年间，建筑风格有清幽朴素的灰檐瓦舍、古色古香的青石小巷。

荷都安龙最美丽之处莫过于招堤了。招堤三面环山，一面傍城。十里平畴之中，一堤横亘，绿柳如烟。堤东端耸立一座仿石牌楼，四柱三门。堤南稻田，一片绿稼直抵城厢；堤北荷池，荷花竞放，舞翠摇红。池中曲桥回环，连缀五座赏荷亭。盛夏，满池荷花竞相开放，亭、桥浮于花海，轻风过处，馨香袭人。

（五）空间格局

安龙古城并非中国传统意义上的方城，而是依山就

图5-5-15 安龙古城城门

图5-5-16 安龙县城全景

势的不规则城池形态（图5-5-16），且巧妙地将龙井、桅峰二山融为城墙的一部分，借天然山势之险加强城墙的防御体系。

安龙古城基本保持了清代兴义府城的城市格局，"兴义府城，周七里三分，高一丈五尺。门五，东曰聚奎，南曰从风，西曰怀远，北曰拱辰，其一为西便门，曰凌云，又郭门一，曰柔远……"

由于安龙古城建于丘陵地带，而非平原地区，古城的城池形态呈不规则形，古城内部的街巷系统也是不规则的方格网状或棋盘状，顺应地形、自然有机，呈弯曲回环的格局（图5-5-17）。古城以钟鼓楼为中心向外放

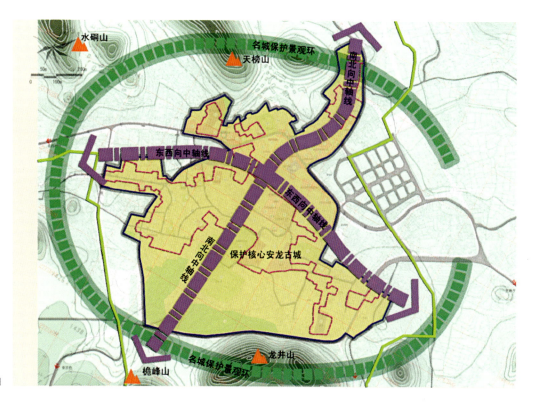

图5-5-17 安龙县城平面布局图

射出四条主街，形成十字街的形态。古城内街道纵横，大街小巷交错相连，主要街道为北大街、草纸街、广东街、文庙街、市巷口、北门坡、周家巷、景家巷、西关上街等十余条。

安龙古城具有"背南面北，山环水绕"的风水格局，"万山辐辏，一水环潆"的山水环境，"因地制宜，有机生长"的城市格局，符合中国古代城市选址的基本原则，所不同的是安龙古城的山在南面，整个城市为坐南向北，与传统的坐北向南的朝向相反，具有其独特性。安龙古城枕龙井、桅峰二山之天险，拥天榜、水硐、玉屏……诸山之雄奇，揽招堤、绿海之灵秀，可谓一方风水宝地。

第六章

乡村聚落空间形态

第一节 乡村聚落空间特征

一、乡村聚落文化类型

贵州乡村聚落点多面广，目前共约有1.3万个行政村，20～30户以上的自然寨村约13.8万个。

按乡村聚落文化分区，将乡村聚落文化分为地域文化型、历史文化型、民族文化型、多元文化融合型，一般乡村聚落文化以民族文化、地域文化为主体，在区域或次区域中，多种文化类型都呈现出不同程度的融合或多种方式的组合。

二、乡村聚落选址与空间特征

（一）选址条件分析

民族迁徙是一个漫长而复杂的历史过程。由于战争、自然等原因，很多民族迁至他地，或是与当地文化相互融合，在保留自己文化精华的基础上吸收其他民族的长处而和谐共处；或是始终保持自己独特的传统，呈现独树一帜的文化特征。虽然结果迥异，但都为中国民族聚落留下了新的文化内涵和建筑形态。

乡村聚落的形成首先是人类聚居的本性和需求。居住是人类的基本需求之一。在人类早期的生产和生活活动中，人们发现共同生活在一起，可以利用集体的力量，开展互助合作，更好地实现防御、繁衍、获取资源等方面的目的，由此形成聚居。山形地貌、气候条件、物质资源等自然因素对任何地域的村落建设都有重大影响。

最初人们聚居在一起，形成一种组团型的住宅模式，随后这些组团型单元又以河流、溪流或道路为骨架聚集，形成了带型聚落。随着聚落的发展，道路开始延伸，街巷之间相互穿插，又形成了井干型或日字型的道路骨架，然后又向网络型骨架发展。

乡村聚落的发展具有区域性，会在它的周围形成一个影响范围，在这个范围中，血缘、地缘关系以及建筑的功能需求等是重要影响因素。这些因素使得不同的聚落有着其特定区域内的结构性与秩序性。这两种特性体现在聚落的形态结构中，例如相似的村落布局、建筑造型、院落空间等。这种形态结构的构建都是居住在一起的村民们通过彼此间相互模仿和借鉴营造出来的。

因此少数民族聚落空间一般都带有明显的地域场所特征。如苗族聚落在长期的历史发展过程中也形成了自己鲜明的空间特征，而这种空间特征的形成与当地独特的地理环境、气候条件、社会文化等因素有着密不可分的关系。

（二）乡村聚落空间布局特征

贵州乡村聚落空间布局主要分为散点式布局、块状布局、带状布局三种形式（图6-1-1）。

1. 散点式布局村庄受到地形条件的分割，田园与民居相互交错，建筑层层叠落，呈自由分散状，空间上具有开放性（图6-1-2、图6-1-3）。

2. 块状布局处于较为平坦的山原或丘陵地区，村庄生产条件较好，呈片状布局。以屯堡聚落为典型，空间上呈防御性（图6-1-4、图6-1-5）。

3. 带状布局村庄的发展受到河流或交通线的影响，空间呈带状（图6-1-6、图6-1-7）。

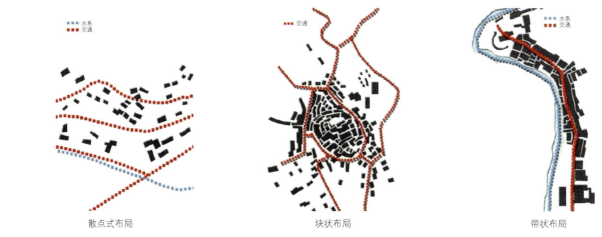

散点式布局　　　　　　　　　块状布局　　　　　　　　　带状布局

图6-1-1　贵州乡村聚落布局示意图

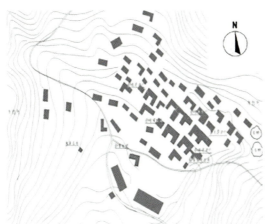

图6-1-2　小高王村

图6-1-3　桃香村

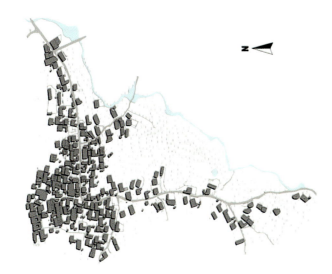

图6-1-4　金山村山旗组

图6-1-5　猛舟村

三、典型乡村聚落案例选择与分布

按文化属性进行分区，将贵州乡村聚落分为4种类型，在全域范围内选择不同类型的聚落，进行较为完整的呈现，共选了18个案例（图6-1-8），包括：典型历史文化型的案例（锦屏隆里、开阳马头村、播州沙滩、平坝鲍屯）；典型地域文化型的案例（赤水丙安、贵阳镇山、织金营上、盘州妥乐）；典型民族文化型的案例（榕江大丽、从江岜沙、松桃苗王城、荔波懂蒙、务川龙潭）；多元文化融合型的案例（威宁石门坎、石阡楼上、江口云舍、三都怎雷）。

图6-1-6　顺寨村

图6-1-7　岩洞村

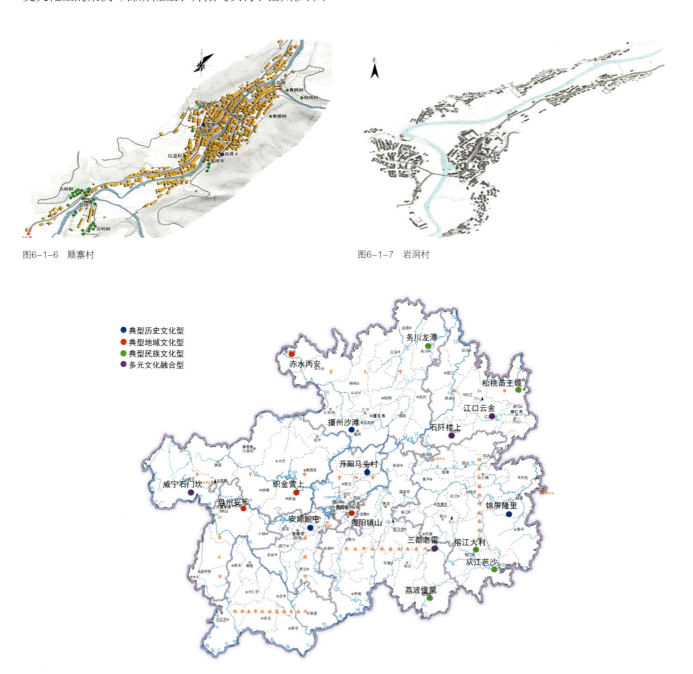

图6-1-8　贵州典型乡村聚落案例分布示意图

第二节　典型历史文化型村庄

一、开阳县禾丰乡马头村

（一）地理区位

开阳县禾丰布依族苗族乡马头村是贵州四大土司之一的宋氏土司官寨，又称"马头寨"，位于开阳县城以南28公里，距贵阳市中心58公里，距禾丰乡政府所在地0.5公里。西部3公里有兰海高速经过，设有匝道口，对外交通主要依靠通村公路。寨内约有居民208户1100人，宋姓占60%以上，主要为布依族。

（二）历史沿革

唐宋之时，此地归蛮州宋氏管辖，布依族的先民在此繁衍生息。马头寨初名为"杨黄寨"，形成于宋朝末年；元初至元二十年（1283年）杨黄寨中设有"底窝紫江等处总管府"，正式建制，属顺元宣抚司（驻今贵阳）管辖，距今约有700余年历史。明朝初年"靖江路总管府"改为"底窝马头"，由于水东宋氏归顺于明朝又多为有功之臣，因此得以继续管辖此地，此后世袭官职长达五代之久，当时的底窝总管府的总管便是宋氏后代的旁支宋德茂，他也是现在马头寨宋氏的直系祖先。明天启二年（1622年），水东宋氏土司宋元化、宋嗣殷父子反明，明军攻破总管府，古寨被烧成了一片瓦砾。古寨现存的格局及主体建筑大多为清代时建设的遗存。

2006年6月，马头村古建筑群被公布为第六批全国重点文物保护单位，2008年12月被列入第四批中国历史文化名村，2012年马头村被列入第一批中国传统村落名录。

（三）自然环境

马头村所在区域是一个有着千余亩良田、被群山环抱的盆地，清澈的清龙河绕坝而过，素有"玉水绕金盆"之称。村寨坐落于百花山脉的东部山腰，东、北环水，西、南靠山，面对底窝大田坝。全村海拔高度640米，气候温和、雨量充沛、无霜期长、温度高、雾罩大，日照时数少，植物生长发育快，林木、藤草、真菌、苔藓植物种类丰富，国家级珍稀树种红豆杉等名木古树苍郁蔽日，村寨森林覆盖率为68%，村寨内林木郁郁葱葱、古树参天（图6-2-1）。

图6-2-1　马头村全景

图6-2-2 六月六歌会（来源：村落档案）

图6-2-3 古民居（来源：村落档案）

（四）文化特征

水东文化是唐宋元明时期水东布依族、苗族、仡佬族、汉族等各族人民千余年间共同创造的物质和精神财富。马，是布依族的图腾，汉唐时期布依先民骆越人在开阳高寨留下了画马崖等马图腾遗存；明代中后期水东文化鼎盛于洪边（今乌当）并衰落于乌当；明末水东文化仍扎根民间传承发展至今，有着"千年水东"之称的开阳水东文化遗迹，作为明代水东十二马头遗迹之一，马头村也是贵州现存历史最悠久、文化内涵最丰富、古民居保存最完整的水东宋氏土司文化遗迹，其见证了贵州丰富的文化、政治、民族融合的历史记忆，是研究我国西南民族建筑的重要实物。

水东宋氏是贵州四大土司之一，统治鸭池河以东、贵阳周边广大地域的历史，在贵州打下了深深烙印，开创了贵州与中原交流的"丝绸之路"，对贵州政治、经济、文化产生了重大的影响。马头村民以布依族为主，在漫长的历史过程中，布依族文化和汉文化有机融合。布依族"六月六"歌节（图6-2-2）坐夜筵习俗和禾丰地戏具有鲜明的布依族文化特征。

由不同功能的建筑聚合而成的村落、由村落聚合而成的文化群落，展示本地民族对人类生存环境的原生态理念。马头村是元代"底窝紫江等处总管府"驻地和元代最大规模抗元运动领袖宋隆济的故乡，又是明代"底窝马头"所在地。有底窝总管府遗址，宋隆济故居遗址，元明时期寨楼遗址及元、明、清古民居90余栋（图6-2-3）。除少部分为元代和民国建筑外，大多始建于明、清时期。

底窝紫江等处总管府遗址位于寨西后山腰台地上，占地约600平方米，坐北朝南，始建于元至正二十年（1283年）（图6-2-4）。现存明、清石墙20多米，并有变形"寿"字石雕图案、"长发万年"石刻，以及上马石、拴马石及石铺天井等。明代也曾作为底窝马头衙署，已被毁，现存民居为清代重建悬山青瓦顶穿斗式木结构建筑。

朝阳寺，位于寨东南，建于清乾隆二年（1737年），现存大殿五间，进深三间。天井、石廊及殿前三进石基址保存完整。寺内保存有水东宋氏宋万化等历代"神祖牌"。

兴佛寺，位于马头寨北隅，始建于清雍正九年（1731年），毁于咸同战乱，清光绪二年（1876年）重建，坐北朝南，穿斗抬梁混合式木结构。

土司墓葬，村寨周边分布有宋阿重墓、宋万化墓、宋高增墓等古墓葬。历史人物宋隆济，元朝水东人，为雍真葛蛮土官，以"反派夫"为号，率领苗族、布依

(a)总管府遗址及清代民居平面图　　　　　　　　　　　(b)总管府遗址内清代民居正房立面图

图6-2-4　总管府遗址平面图、立面图（来源：村落档案）

族、仡佬族等各族人民于元大德五年（1301年）领导了元代西南地区最大的抗元运动，攻占了贵州中部、北部大部分地区。宋阿重，元朝水东人，顺元宣抚同知，元朝成宗大德二年（1299年）灭宋隆济，折节后，为靖江路总管，佩三珠虎符，阶昭毅大将军，进云南平章政事，阶荣禄大夫，封顺元侯，卒赠贵国公，谥忠宣。

寨内民居不少为干阑式四合院、三合院，一般为穿斗与抬梁混合结构，一正两厢加对厅（或照壁）。正房面阔三间、五间、七间不等。门窗均饰精致木雕。正房大门外加建腰门，左厢前部多建有朝门。以龙凤、"万"字格等吉祥图案居多。布依族对一些雕饰图案有独特的解释，如他们认为"万"字格象征水车花或螃蟹花，都与水有关，充分反映了布依族自古临水而居形成的水文化传统。

（五）空间布局

村寨两面依山，两面环水，自然成马蹄状。清澈见底的清龙河如玉带环腰绕村而过，寨内层层叠叠古民居沿山势层层散开，山间郁郁葱葱的树木绿意盎然，描绘出一幅浑然天成的布依寨山水图。马头村总管府是村寨的中心，位于村寨制高点，建筑结构流畅，气势宏大，在整个村寨建筑中占有统领地位，古巷道顺应山势蜿蜒交错，住宅组群建筑鳞次栉比，高低错落，遵循中国古代聚落选址背山面水的风水格局，以求自然界和人类社会和谐发展的思想。经过数百年之经营，达到了至善至美境界，形成了群山环抱"银水绕金盆"的生态人居环境。建筑材料多为杉木、杉皮、小青瓦、青石板等，形体、质地、色彩等构建了马头村建筑艺术的形式美，其建筑形体、色彩均充分发挥出古代建筑艺术的表现力和艺术感染力（图6-2-5）。

二、安顺市西秀区大西桥镇鲍屯村

（一）地理区位

鲍屯村位于贵州省安顺市西秀区大西桥镇南面，距镇政府1.5公里、安顺城区22公里、省城贵阳65公里。北部1公里有省道S102自东向西经过，对外交通主要依靠自大西桥镇通往鲍屯的通村公路，交通便利。村落辖区5.1平方公里，全村约700户2400人，均为汉族，也称屯堡人。

（二）历史沿革

鲍屯村是一个具有650年历史的屯堡村寨，建于明洪武二年（1369年），朱元璋为了完成统一中国大业，

图6-2-5 村落格局

诏令"调北征南"。鲍氏始祖鲍福宝随军征南，携家眷由安徽歙县棠樾村迁移而来，最初称"杨柳湾"，明中期修建瓮城、八阵巷村，清初隶属安屯置堡，取名"永安屯"。明代推行屯田制，多是以一个家族或几大姓来设屯建堡。明朝皇帝非常清楚传统的宗法思想所产生的内聚合力和外在张力，能汇聚成一种不可抗拒的力量。实施"填南方略，营造军事重地，汉多夷少"，集小力为大力，以家族为主体来建构屯堡片区，无疑是最佳选择。至今在众多屯堡村寨中，仍以大姓为主体，他们聚族而居，建祠堂、修宗庙、上祖坟、续家谱，用传统的宗法思想延续本族的光荣和发展。其结果是对屯堡文化的沉淀，加速了固化作用。"永安屯"因村民大部分姓鲍，清代时改为鲍家屯，简称鲍屯（图6-2-6），生活其间的鲍氏子孙已繁衍至27代。

鲍屯村于2010年7月被公布为第五批中国历史文化名村，2012年被列入第一批中国传统村落名录，2013年7月鲍屯村古水利工程入选第七批全国重点文物保护单位。

（三）自然环境

鲍屯村是典型的喀斯特低山谷丘陵地貌，峰林洼地，坝地广袤肥沃，前带流水，侧有护山，远有秀林，地势西北高东南低。水系有邢江河（图6-2-7）、水仓口、蚱塘河、珍珠泉。鲍屯村地处亚热带季风性湿润气候区，雨水适中，日照充足，冬无严寒，夏无酷暑。从选址到布局都强调与自然山水融为一体。《黄帝宅经》把大地看作有机的整体，认为选择良好居住地的前提是"以形势为身体，以泉水为血脉，以土地为皮肉，以草木为毛发"，这样才能获得有生机的理想居住之所。鲍屯的选址和布局体现了中国古村落选址的理想模式。村落后有靠山，前带流水，侧有护山，远有秀峰，住基宽坦，水口紧锁。整个村落坐北朝南、植被茂盛，还有着显著的生态学价值和鲜明的生态意象。有山、有林、有田、有水的相对封闭的空间模式是古人心目中的理想生存环境。鲍屯至今保留着明初修建的"鱼嘴分流式"的大型水利工程，是贵州目前发现的唯一保存最为完整并依然有效发挥水利功能的明代古水利工程。

图6-2-6 鲍屯村历史建筑群

图6-2-7 鲍屯村古水利工程——邢江河

（四）文化特征

鲍屯村是屯堡文化的典型代表（图6-2-8）。原住的居民是以明朝征南将士后裔和移民后裔为主的屯堡人，是明代江淮文化和明代屯军文化结合体，有军屯、民屯、商屯等各种不同的文化类型，鲍屯村是屯堡文化各种类型的集中体现。鲍屯历史村落仍完好地保存着众多的明清建筑群和明代军事遗址，鲍屯的屯堡人仍完好地保持着明代江淮汉族人的民风民俗，语言、服饰、宗教、饮食、戏剧等皆与众不同。

迎汪公，每年的正月十六，鲍屯人要把汪公从平日香火侍奉的汪公庙中请出来坐在红色的轿子里，由村中德高望重者为前引，鸣锣开道进行游乡，轿过的每一家都要烧香鸣炮奉迎，整个过程约需一天一夜。

屯堡地戏源于傩文化，其主体本是中原文化，明军里盛行的融祭祀、操练、娱乐为一体的军傩，随屯军进入贵州，并与当地民情、民俗结合，形成了以安顺为中心的贵州地戏（图6-2-9）。鲍屯有一堂地戏，它融入祖传鲍家拳套路，在整个屯堡地戏的舞台艺术上独树一帜。

纺织"丝头系腰"源自清朝雍正六年鲍氏十一世祖鲍公大千，自费单人徒步到今安徽歙县棠越村始迁祖鲍公福宝老家，请鲍氏会纺织丝头系腰的师傅教此手艺，学成返回鲍屯，收徒传艺，手艺代代相传，"丝头系腰"成为屯堡人传统服饰的重要装束。除此之外，屯堡人仍保持着明代的穿衣风格，妇女常穿蓝色斜襟大袖长衫，领口和袖口绣着花边，脚穿"高帮单勾凤头鞋"，头包白布或青布。

鲍屯传统建筑以石材的广泛使用为特点，包括汪公殿、大佛殿、关圣殿、鲍氏祠堂、内瓮城、太傅府以及若干明清民居（图6-2-10）。

明、清民居，多为中式三进大院、小四合院、二进三合院，古朴敦实，空间丰富。建筑墙体和基座主要为石材，屋顶用石板菱形铺盖（图6-2-11）。四合院大门有垂花瓜柱或垂雕花柱，四合院内门窗有木雕。

鲍屯目前现存碉楼建于清代晚期，主体高29米，五楼一底，石木结构。底层墙厚1.1米，呈梯形，顶层墙厚0.6米，墙上开各式射击孔。碉楼第四层墙体外建有突出的碉堡状构筑物，其底部有射击孔，可居高临下阻截敌人。

（五）空间布局

鲍屯村的整体空间格局具有独创性、整体性、灵活性、防御性，在中国古代村落的营建中独树一帜，可以用"地极壮丽、脉甚丰饶"来概括，体现在以下3点。

图6-2-8　鲍屯村

图6-2-9　地戏

图6-2-10 碉楼　　　　　图6-2-11 传统民居

1. "负阴抱阳"的绝佳山水环境

整个村落负阴抱阳，南低北高，逐步升起，面向平坝，北靠神仙山（后园坡），俗称"神仙撒网"。鲍屯整体布局紧密融合在山水环境之中，山水、田园与水利工程有机地融为一体，形成了园林、村落相互映衬的景观格局，被称为"狮象地门，螺星塞水"。

2. 军事防卫与封建等级需求结合的整体空间布局

鲍屯采取正南北向、轴线对称的严谨布局形式，具有鲜明的明代初年在封建等级制指导下村寨布局的风格和特色。从选址和构筑来看，村落内部，从"高筑墙"的防卫要求出发，整个村屯都有古寨墙环绕。鲍屯民居通过两侧的8条弯弯曲曲的巷道连成一片，形成青龙、白虎、雄狮、长蛇、火牛、金鱼、鹿角、玄武"内八阵"的攻守兼备之势。村落外部，在外围威胁较大的西北、正南、东南方向上，建有带子街、小果园、蚱塘河三个小村庄，作为前哨阵地。正南方向，利

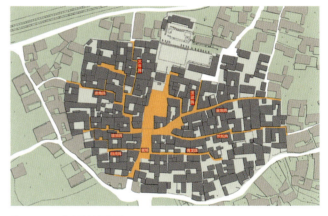

图6-2-12 内八阵村落格局

用村子周围八座小山，构成了外围防御阵地，形成天马、狮子、大象、螺星、贵人、双龙、仙人、八哥"外八阵"。内外"八阵"遥相呼应，突显军事防御功能（图6-2-12）。

3. 主次有别的建筑风貌及民居布局

鲍屯的建筑风貌充分体现了当初的整体规划构思。中轴线上的建筑是鲍屯的主体，均采用小青瓦、白粉

墙，空间格局严整精致，主题突出；两侧民居则就地取材，采用石板瓦、片石墙、朴实无华，与中轴线上的建筑风格迥异、对比明显。民居建筑平面多为合院式及"三房一照壁"的平面布局。建筑入口多斜置，并加以重点装饰。鲍屯民居就地取材，采取石板瓦、毛石墙和平缓的横线条，建筑和谐融入自然山水之中，在建筑艺术方面达到了相当高的境界。正是"前面墙围水，后面山围墙，大院套小院，小院围各房，全村百来户，穿插二十巷，家家皆相通，户户隔门房，方块石板路，滴水现石墙，室内多雕刻，八字门前画檐廊"。

三、遵义市务川仡佬族苗族自治县大坪镇龙潭村

（一）地理区位

龙潭村是一个仡佬族聚居的历史古村落，位于务川县城东北的大坪镇，距县城约10公里，距大坪镇政府驻地约3公里，346县道自西南向东北从村落中穿过，西侧5公里有务川—武隆高速公路，洪渡河在村落西侧1公里处，由南向北流过。"火炭垭组"是龙潭村古村落的核心，由前寨、中寨、后寨组成，共有101户约450人。

（二）历史沿革

龙潭村最早因建于火炭崖的垭口，又叫"火炭垭"，龙潭村得名于寨前一方约1200平方米、四季不干、被称为"龙潭"的水塘。古寨建于元末明初，距今已有700多年，是一个以申姓为主的仡佬族世居地。

仡佬族是世界上最早攻取丹砂冶炼技术的民族，龙潭村仡佬族的祖先们早在商王太戊时期就开始了丹砂的冶炼，流风所布，千年积淀，造就了仡佬族独具特色的丹砂文化，龙潭也因之成为中国丹砂文化的中心。龙潭村至今延续着"宝王祭拜"的风俗，传说是仡佬族的祖先，献丹砂于周王而被封为"宝王"，被后人奉为"宝王菩萨"，是开采丹砂水银的保护神。汉王朝时推行"募豪民田南夷"，随即派出大批汉官逆乌江、洪渡河驻足务川，开启了该区域丹砂开采及对外贸易。明嘉靖《思南府志卷一·地理志》有：务川"木悠峰，在县四十里。上有水月宫，朱砂产焉"。可见祭拜宝王久已有之，现在龙潭村东5公里处还保留有汉唐开采丹砂遗迹。依靠洪渡河进入乌江沿长江北进的水路运输成为历史上该流域的重要选择，由此也形成了各种经济要素的聚集及村落的逐步固定。

2006年龙潭村被列为第四批省级文物保护单位、2009年列入第一批省级历史文化名村、2010年列入第五批中国历史文化名村、2012年列入第一批中国传统村落名录，是贵州省唯一的仡佬族民族文化村。

（三）自然环境

龙潭村地处贵州高原向四川盆地过渡边缘的洪渡河畔，属黔北东侧凹陷山区地带，海拔590～650米，以低山、河谷、丘陵、中山台地和中山峡谷地貌为主。这里地势平坦，土地肥沃，森林茂密；冬无严寒，夏无酷暑，气候温和，雨量充沛，无霜期长。洪渡河沿岸自然风光秀丽、峡谷幽深、壁立千仞。

龙潭村居于洪渡河东侧，三面环山，一面临水，拥有着背山面水之势，自然环境十分优美，具有得天独厚的自然环境优势。寨前一方水塘，四季不干，荷香满塘，村落地势南低北高，地形起伏变化丰富，整个寨子被树林和山体环绕，呈现出山中有村、林中有村的景象，集自然山水、田园风光于一体（图6-2-13）。

（四）文化特征

龙潭村有着悠久的历史和厚重的文化积淀，是全国唯一的仡佬族文化保护建设村寨，丰富多彩的非物质文化及物质文化都具有典型的仡佬族文化特征。

民间主要有"神秘古朴、祈福纳祥"的傩戏，"黔

图6-2-13 龙潭村全景

北民间杂技奇葩"的高台舞狮,"古音流韵、演奏独特"的吹打,"抛出欢乐、迎接祝福"的打篾鸡蛋,"接风洗尘、四方团圆、八方醉酒"的三幺台饮食文化,"礼数周全、古规古距"的仡佬族婚嫁等。每年清明的"祭天朝祖"大典(图6-2-14),是寨子里最隆重的日子。全国各地的仡佬族同胞都会齐聚这里,吹牛角、跳舞,以最虔诚的心灵向仡佬族的祖先敬献,以感恩上苍的恩赐,缅怀祖先的功绩。

古寨建筑保存十分完好,大多年代在清咸同至民国年间。房屋建筑为木构建和木装修为主,以三合院、四合院居多,有三立二间、四立三间的形式,一般四立三间都采用"凹"字形,"凹"处叫吞口,中间为堂屋,不住人,用作设香龛、拜祖先,纳四方贵客。大门坎足有60厘米高,上钉14颗铁头钉,另有半门两扇,这种风俗是防孕妇、小孩及家禽从大门进入堂屋或坐大门坎,对祖宗神灵不敬。整个正房构成曲直生动,均衡对称,体现了聚气中堂、包容万象、人丁兴旺的美好愿望。民居建筑体量虽不大,但在门窗饰以龙、凤、麒麟、桃、石榴、花草、"万"字格等装饰,以其木雕、石雕的做工精细,构思精巧,刀法细腻,线条娴熟、明快、流畅的特色,使古寨建筑具有鲜明的地方特色和民族特色。

申祐祠、大朝门、龙潭汉墓、淘砂炼汞遗址等历史建筑见证了不同时期古寨的历史与发展,同样具有仡佬族鲜明的文化特色。

申祐祠:平面组合呈"凹"字形,祠堂建于明末,为当地申姓族人纪念申祐自建的家族祠堂,由一栋正房和两厢房组成,演绎了仡佬人"忠孝义"的人生追求,体现了仡佬人对中华文化核心价值的传承和弘扬(图6-2-15)。

大朝门:大朝门修建于明初,是龙潭村建成最早的院落之一,八字朝门由木质垂花门和石质八字墙组成。垂花门,穿斗式,悬山顶,上盖小青瓦。垂柱雕刻莲蒂、南瓜,寓意清廉、多子。门簪或刻南瓜,或刻福寿,寓意多子多福。连楹雕刻水波纹,意在于镇火,与

图6-2-14 "祭天朝祖"大典

图6-2-15 申祐祠（来源：村落档案）

图6-2-16 村落格局

其他民族雕刻"桃符"具有异曲同工之妙。

龙潭汉墓：建于汉代，由8个长方形单室墓组成。墓石和甬道均用石块砌筑，石块大小不一，砌面及墓室面较平整方正，无明显的修凿痕迹。墓内填满浅黄色黏土，并夹有一些小块风化石，与周围地层土质一致。墓石上方均建有木构架穿斗式建筑，墙面已缺损，仅留有木结构梁柱和屋面。

淘砂炼汞遗址：建筑由四间木结构房屋围合成院落，院落中植香樟，沿院落有明沟。建筑为木结构穿斗式，墙面为木板或草编，内部摆设有冶炼工具。建筑挂有木质标识板，对淘砂炼汞技艺进行介绍。淘砂炼汞遗址是务川仡佬族采砂炼汞技艺的实景模拟。淘砂有两种，一种是在河流溪水里自然采集，一种是人工开采朱砂矿石。陶盆和摇船是采砂的主要工具。炼汞采用土法，其工艺流程包括找矿、采矿、炼汞。当地村民对矿脉的识别有"环皮""立杠""白石""线子"等几种。采矿为最原始的高温淬冷法。炼汞有特色的汞灶和"盏子"，炼汞的基本原理是高温冶炼低温冷凝。土法炼汞，采用燃香计时法。务川仡佬族采砂炼汞技艺已列入遵义市非物质文化遗产名录。

（五）空间布局

村寨坐落在大山与河流之间的台地上，三面环山（图6-2-16）。随着人口的增长逐渐形成前寨、中寨、后寨聚族而居的组团式格局，每个寨子以一个小山为依托。古寨整体面向龙潭依山就势，顺山势而行，层层跌落，整体空间南低北高，寨与寨之间以石板路分隔并联系。寨内是以石院墙分隔各家各户，既独立成院，又相互连通，家家有庭院，寨院幽深古朴。每个院落皆用石块干砌垣墙，墙上设有射击孔、瞭望孔，用于防盗和防御外来入侵者。古寨道路呈自然分布，纵横交错，高低错落，小路、建筑、垣墙相互连通，成网络状。古寨道路以每家院墙为分割，寨墙围合每家院落的同时也围合古寨道路，使得古寨幽静深远，呈现一种自然随意有规律的古寨肌理。村寨周边山体均不高，寨内建筑也以一、二层居多，建筑屋顶为青瓦坡屋顶，使得建筑与周围环境自然融合，营造出村落建筑布局错落有致、层次分明、舒缓有致的空间格局。

第三节　典型地域文化型村庄

一、赤水市丙安村

（一）地理区位

丙安村位于贵州省赤水市中部，东与赤水市葫市镇接壤，南与两河口乡相连，西与复兴镇共界，北与旺隆镇相邻。距赤水市区24公里，赤水河从东向西流经全境，是赤水连接黔中各地的必经之路。赤（水）习（水）公路沿赤水河北岸自东向西贯穿全境（图6-3-1）。丙安村国土面积134.2平方公里，丙安场是丙安村的核心，约有160户500余人，主要为汉族。

（二）历史沿革

丙安历史悠久，建成年代已不可考，大约在元至顺二年（1332年）在古仁怀（今赤水）盐运兴起时。明万历二十九年（1601年）属仁怀县河西里第一甲，清乾隆三年（1738年）起仁怀直隶厅仍辖河西里。民国20年（1931年）置丙安镇，隶属二区；民国24年（1935年）分设为艾平、清和、丙滩联保；民国31年（1942年）改设为丙安乡。

丙安村原为"丙滩场"，因川盐入黔河运而兴，自古以来就是军事要塞，早在殷商时期，这里就有古人渔猎踪迹，距丙安村10公里的马鞍山大型东汉古崖墓群佐证了丙安村具有的悠久历史。据《增修仁怀厅志》记载，"大丙滩悬流数丈港路一线盐船至止必出所载上滩"，丙安村位于大丙滩尾部，与秦汉时期的土城"兵站"、川风坳古驿道、赤水河水陆路盐道和宋代复兴场古厅县治所的紧密关系，形成了赤水河流域的锁钥之势。

"丙滩"即是丙安，由于水浅流急、滩险多石（图6-3-2），水运航行常受阻，自清代起开始进行险滩治理以保商船能够安全行驶，丙滩由此更名为"丙安"。

丙安村于2006年7月被公布为第二批省级历史文化名镇，2008年10月被公布为第四批中国历史文化名村，2012年12月被公布为第一批中国传统村落，2019年11月丙安村被命名为"贵州省第四批少数民族特色村寨"。

（三）自然环境

赤水地处四川盆地南缘，紧靠黔北麓，扬子准地台西部，属四川台坳，与四川为同一沉积湖。赤水生态环境原始古朴，自然生态系统完整，生物资源丰富，森林覆盖率达到80%以上，桫椤、竹海、瀑布、丹霞奇观、断岩壁立星罗棋布。丙安村村域内出露多为侏罗系、白垩系和新生第四代地层，是贵州省内侏罗系、白垩系地层发育最好、出露最齐的地区。村内沉积湖盆特征随处可见，地层为河湖相沉积的红色、紫色泥岩，粉沙质页岩及砂岩。地貌属于高山峡谷型，村域内山大坡陡，沟壑纵横。丙安村气候属于亚热带湿润季风气候，具有明显的大陆季风气候特征，夏季炎热，冬季温暖。初夏、晚秋多阴雨，降湿剧烈。丙安村位于赤水河中下段，河段洪水暴涨暴落，峰高历时短，暴雨强度及发生次数都超过上段。

（四）文化特征

丙安因其特殊的地理环境，在历史的发展中形成了具有鲜明特征的地方文化。

1. 古盐运文化

贵州素不产盐，自古以来民众食盐均靠从周边产盐省份输入，川盐产地距贵州最近，自四川自贡井盐于战国时期开始发掘起，赤水河盐道便已开辟，可谓历史悠久。至唐宋时期，赤水河河运开始兴盛，作为川盐入黔的重要通道，赤水河沿岸便已陆续设立了各种盐号。明洪武年间，川盐由木船经赤水河运入赤水境内沙湾塘，水位适中时从沙湾塘转船运至丙滩或元厚（图6-3-3）。清初，少量川盐曾一度经丙滩场转陆运经穿风坳至元厚。川盐发掘以后，川黔两省设立了四大盐号，丙滩渡是"仁岸"盐埠码头的重要组成，丙滩场呈现出一派繁荣兴盛的景象，清代时就有"满眼盐船争泊岸，收得百货夕阳中"的写照。

2. 航运文化

川盐入黔，主要途径是河运，辅以陆路人工（马帮、脚夫）运输。当时的赤水河滩多滩险，由于科学技术的缺乏，人们无法改变赤水河的河道，河运的船只，全靠人工拉纤，船工号子也随之产生了，同时出现了专门的领号子船工。唱出了船工们百年来悲欢离合血泪史的赤水河船工号子，是一部见证赤水河航运事业兴衰成

图6-3-1 赤水丙安村区位示意图

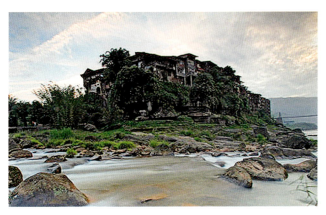

图6-3-2 丙安村环境景观

图6-3-3 丙安古渡口

败的史书,"赤水河船工号子"于2007年5月经贵州省人民政府公布为第二批省级非物质文化遗产。

3. 古军事文化

丙安自古以来就是军事要塞,具有军事屯堡的重大作用,历代为兵家必争之地,历朝历代均在此设置规模大小不一的军事机构,派驻建制不等的驻军守控。1862年太平军石达开一部在赤水境内转战一个多月,曾攻下丙滩场附近的川风坳隘口,进入赤水河谷辗转,后因遭清军截击而败走川境。在丙安村的山岩上,至今有部分保存完好的镌刻有"畏威怀德""出民水火""德傲泛舟"等内容的所谓"军功德政碑"。

4. 长征文化

丙安充满红色传奇。1935年1月25日,红一军团奉命攻打赤水县城,为中央红军准备从泸州与宜宾之间北渡长江同四方面军汇合打开通道,军团长林彪率部攻下丙安后,将军团指挥部和红二师师部设于丙安古镇,指挥开展了著名的柏杨坎、七里坎、黄陂洞、丙安场、复兴场、风溪口等重大战役。28日奉命回师土城打援,保证红军顺利一渡赤水,从此揭开了中央红军"四渡赤水"战役序幕。2005年,国家发改委、中宣部、国家旅游局等十三个部、办、委、局批准丙安红一军团纪念馆为全国红色旅游经典景区之一,列入全国红色旅游精品线。丙安红一军团纪念馆已成为红一军团在全国唯一的纪念馆。

5. 建筑文化

丙安被誉为"千年军商古城堡",现存建筑系明末清初黔北川南民居建筑风格,采用了颇具特色的木质串架结构建筑技术,在倾角约60°、高出河岸20多米的山地上,妙借山势,巧用涵洞,凿岩立柱,就地采用木、石建材,建造出一幢幢悬空拔起20多米的吊脚楼,辟

图6-3-4 古镇沿河建筑群

建出平直弯曲、高低起伏、错落有致的古石板街道。丙安村的建筑在群体组合、地形利用上独具匠心,被誉为"明清建筑与历史文化的活化石"(图6-3-4)。

除此之外,丙安还有丰富的民俗文化,例如传统节日有观音会;手工艺有竹木雕、草编;特色传统风俗有龙灯、狮灯、赛龙舟等;特色戏曲有花灯戏、打莲枪等。

(五)空间布局

丙安村选址于赤水河与丙滩沟交汇处的台地上,是一条沿岩石陡峭处形成的沉积带,场镇狭长地分布在河流沿岸,尤其是渡口附近。背倚青山,三面环水,形成"场依山建,水绕镇转"的典型山水格局。历史上茶、盐是朝廷的重要管控物资,因此赤水河成为川盐入黔与黔茶出山的重要通道,也加强了川黔的经济交往与文化交流,由于地处险要,丙安场自然被赋予了军事控扼、政治管理、经济贸易与交通传送的功能,受泸州、叙永一代寨堡建筑制式的影响,在场镇兴建中,一定程度延续了巴渝地区寨堡的防御性功能和特色鲜明的形态特征。筑寨保平安,建城墙寨门,形成对外封闭的外部空间环境;建筑风格多以穿斗结构、吊脚、靠崖、筑台等为主要特点,体现出多种地域建筑风格的融合;街巷、檐廊、院落等构成了场镇的外部空间形态;依山就势,街道与建筑物沿赤水河呈二级台地分布,形成三维立体空间肌理,并有机地附着于自然环境形态之中,与自

图6-3-5 丙安古镇空间格局　　　　　　　　　　图6-3-6 花溪镇山村区位示意图

然山水的空间结构浑然一体，"山—水—城"交相辉映（图6-3-5），享有"寨堡场镇最佳形态"之称的美誉。

二、贵阳市花溪区石板镇镇山村

（一）地理区位

镇山村区位条件优越，距贵阳市中心仅21公里，位于花溪区西北方向11公里处（图6-3-6）。由村镇公路与石板镇相连接，由花溪大坝乘船约4公里可达该村，交通十分便利，沿水路还可达花溪水库和天河潭风景区。全村总面积3.8平方公里，共5个村民小组，约170户600余人，主要以布依族为主。

（二）历史沿革

镇山村始建于明万历年间（1573~1620年）。据《李仁宇将军墓志》载：明万历二十八年（1600年）明廷"平播"，时江西吉安府卢陵县协镇李仁宇奉命以军务入黔，屯兵安顺，及黔中平服广顺州粮道开通，遂携家眷移至石板哨镇山建堡屯兵，其妻因水土不服病逝，李仁宇入赘镇山，与班氏结缘。据族谱记载，李氏始祖仁宇原为江西吉安府卢陵县大鱼塘李家村人，明万历年间任职为官，因南方扰攘，奉命率数千军入黔，屯守于石板哨，"入赘班氏始祖太之门，不数年，生二子，以长房属李，次房属班"，今沿袭到第17代，有400多年的历史。形成李、班同宗，异姓民族相亲的大家庭。镇山村分为上寨和下寨两部分，上寨是李仁宇屯兵的遗址，也是历史古寨的核心。

1993年镇山村被批准为"贵州镇山民族文化保护村"，1995年镇山村被列为贵州省文物保护单位，1999年被列为首批贵州生态博物馆之一，2012年镇山村被列入第一批中国传统村落名录，2019年1月，镇山村入选第七批中国历史文化名村。

（三）自然环境

镇山村地处花溪水库中段三面环水的半岛之上，与南侧的半边山及李村隔水相望。濒临的花溪水库水面宽

图6-3-7 镇山村全景

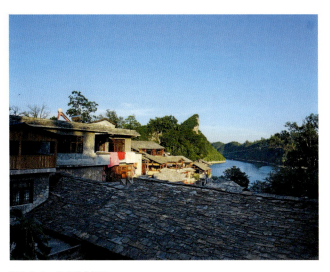

图6-3-8 石头艺术世界

阔,水流舒缓,碧波澄澈。沿湖两岸山体挺拔,处处奇峰妙壁,滨水生物茂盛,乔灌木茂密且种类丰富,随着季节的变化,山间林象呈现出五彩缤纷的景象。镇山村北坡上仍保存大片的原生林带,有树龄上百年的古树,是当地十分珍贵的自然生态资源。村寨与周边山林、水体、田园风光融于一体,山中有寨,水里有村,自然景观十分秀美(图6-3-7)。镇山村属典型的喀斯特(岩溶)低山丘陵地貌,气候为亚热带季风性湿润气候区,雨水适中,年平均气温25.90℃,日照充足,冬无严寒,夏无酷暑,有"都市里的村庄""藏在贵州高原深处的一颗璀璨明珠"的美誉。

图6-3-9 屯墙石板的路

(四)文化特征

镇山村历史悠久、文化底蕴深厚,是典型的屯堡文化与布依文化相融相生的传统聚落。寨内最具特色的是石头建筑,400多年来,村民用当地盛产的石材将本村建成了一个独具特色的石头艺术世界(图6-3-8)。村中石头的屯墙、石板的路(图6-3-9),石基、瓦顶的武庙(图6-3-10)及传统民宅50余栋仍保存完好。

民居以石木结构建筑为主,墙体多用石料砌筑,或木结构加石板镶嵌,屋顶以石板代瓦,房前结合地形用

图6-3-10 石基、瓦顶的武庙

石墙围合成相对独立的自然庭院，村民们盛水的水缸及日常生活生产用具都是特殊的石雕艺术品。整个名村充分保留了石板建筑的原始风貌，是贵阳市郊少数民族名村中石建筑艺术的代表，被称为"石头砌筑的村庄，石板的露天博物馆"。

建筑以三合院或四合院形式为主，坐北向南，一般采用穿斗式悬山，以一楼一底石木结构建筑为主。三合院或四合院民居多设置朝门，朝门与房门均不在同一条轴线，且每一户的大朝门都有独特的腰门。正房为面阔三间或五间，明间有吞口。明间（堂屋）为双扇对开门，明间或次间窗户木雕图案精美，图案多为传统的"三吊格"和"万字格"。

镇山村的布依歌舞、民间传说掌故、精美的蜡染与刺绣等民间工艺以及正月跳场、"六月六"布依族歌会传统节庆、婚嫁习俗及古墓等历史遗存无不体现着村寨独具个性的布依文化特征。

（五）空间布局

镇山村以古屯墙为界，分为上寨和下寨，历史上两个寨具有独自的功能，并分置在两个台地上，兵屯选址因相对较高成为上寨，后因水库修建水位抬升，下寨才迁往上寨一隅，从此两寨相连。镇山的选址体现了布依族近水而居的传统习俗。军屯的构筑彰显了军事设施易守难攻的空间特点，具有鲜明的军事防御功能。

村子背山面水，视野开阔，背靠的山体成为天然的屏障，易于形成相对封闭的外部空间，通往村落唯一通道沿小路进入，配合村落的古屯墙，有"一夫当关，万夫莫开"的气势。由于当时的军屯规模较小，构筑防御设施时也是因地制宜，整个军屯配合屯墙仅设南北两个屯门，北门是外界通往屯内的唯一关卡，南门是与屯下村寨联系的通道，使两寨互不干扰又联系便捷，形成军保民安、村助屯强、分区明确、互为依存的空间格局。

图6-3-11 空间布局

军屯围墙依山势而建，东段和南段均以悬崖为屏而砌墙，屯墙全长1600余米，高5~10米，基宽3~4米。屯内由连通南北门的道路分割，分为两个台地，以武庙为中心，两台的建筑朝向武庙，依地形坡向分级修建并以石板梯道连接，形成既相互毗邻，又独立成户的空间布局，空间灵活自由。武庙作为屯内唯一公共设施，居屯内所有建筑的统领位置，也体现了军屯的威武地位与气质。

"房建轻波上，人在水中行"，正是镇山村依山傍水、开合相宜、错落有致、层次丰富的空间格局写照（图6-3-11）。

三、六盘水盘州市石桥镇妥乐村

（一）地理区位

妥乐村位于贵州省六盘水盘州市石桥镇北部，距盘州市新城区28公里，距石桥镇政府驻地仅1公里，南接南冲村，东接鱼塘村和东冲村，西与鲁番接壤，北与西冲紧临。对外交通主要依靠自石桥镇通往妥乐的通村公路（图6-3-12）。妥乐村是一个彝汉民族杂居的村落，

图6-3-12 盘州妥乐村区位示意图

图6-3-13 妥乐村全景（来源：余军 摄）

以汉族为主，村落总人口约为1700人。

（二）历史沿革

妥乐村区域600多年前为彝族聚居地，后因明初屯军西南，明将傅友德的军队在盘州境内屯戍及化军为民，开始了民族交流，经世代繁衍而变为彝汉杂居地。历史上妥乐是一个屯堡村寨，从明朝建屯始起，距今约有600年历史。"妥乐"系彝族语言，地方方言读"跎啰"，原始意思为"豺狼虎豹出没的地方"及"产麻纺纱织布的地方"。明末时期，中原地区战乱不断，为避战火，一部分长期驻守西南的南京籍将士纷纷携家迁居到此，见此处山清水秀、气候宜人，便欣欣然：妥了妥了，以此谐音，后将"跎啰"改为"妥乐"，意为"安逸、舒适、能给人以快乐"的地方。

中华人民共和国成立后，妥乐隶属于盘县乐民区。1984年，由妥乐生产大队改为妥乐村。1992年4月，撤区并乡，鲁番乡并入石桥镇，妥乐村仍属石桥镇管辖。

2000年，妥乐古银杏风景区被贵州省人民政府批准公布为省级风景名胜区；2012年，妥乐村被评为"全国生态文化村"；2014年，妥乐村被列入第三批中国传统村落名录；2018年11月，妥乐村被中国生态文化协会列为"2018年全国生态文化村"（图6-3-13）。

（三）自然环境

妥乐横亘于茶马古道途中滇黔锁钥的门户位置，区位优势明显。妥乐村属典型的喀斯特地貌地区，地势起伏较大，岩溶分布密集，海拔在1053~1993米之间，平均海拔1700米。处于亚热带夏湿春干温暖气候区，热量充够，雨量充沛，雨热基本同季，光照充足。妥乐村东西两侧两山间有一条妥河流过，河流两岸及村落周边的山地上生长着古银杏林和古罗汉松林。优越的自然环境使繁茂生长于3亿~1.7亿年前、古生代二叠纪至中生代三叠纪侏罗纪时期的银杏在这里成片大规模的保存。银杏树的树形、叶片奇特、精巧，四季分明，春天青翠，秋天金黄，增添了妥乐村人与自然和谐相处的气息（图6-3-14）。

（四）文化特征

妥乐村保存了明、清代以来村落相对完整的、真实的历史遗存，见证了该地区的生活方式和文化特色。妥乐村巧妙布局的村落建筑和古银杏树所构成的人树相依、屋树相伴的生存环境，具有很高的艺术价值。

树文化：全村拥有古银杏千余株，胸径一般在50～150厘米，最大220厘米。一般树龄在300年以上，最长者为1000余年，树干高达几十米，是世界上古银杏生长密度最高、保存最完好的地方。千年银杏树饱含了妥乐村人对长寿和家族人丁兴旺的美好愿望。银杏树可以遮阳避暑，叶可制茶提神，皮可入药补体，果可剥食充饥，其形神俱美的品质孕育出了妥乐人世代崇拜和爱树的美好风范。他们认为，雌树如母，儿多母苦，授粉挂果应顺其自然，不可刻意为之；树中有我，我中有树，人树合一，不可分离。寨里规定，毁树者以不敬神灵祖宗论处，"轻则罚跪，重则棒捶"。在村民的精心呵护下，银杏树自由生长，"姊妹树""夫妻树""瀑布树"蔚为壮观。据村民讲，村里自古就按人口分树管护，到秋天树上果实成熟时，树的共有者相约按户出劳力，上树打下果实，再按人口均分，体现了朴实自然的生态观与发展观。

建筑文化：妥乐村至今保留了大量的传统建筑，包括古寺庙和古民居，其中明、清时期建筑25幢。所有建筑的布局都能很好地处理与古银杏树的关系，由于古银杏树分布密集，妥乐村的民居建筑大多不设厢房。村寨在古银杏群的掩映下，若隐若现，实现了古树与村寨的完美结合。妥乐村的传统建筑主要包括"一"字排屋和四合院两种类别，并以"一"字排屋为主、四合院为辅。"一"字排屋是妥乐村居民通常采用的建筑形制（图6-3-15），首先以三开间的"一"字排屋为基本单元，随着家族的发展和壮大，在建筑的左右两侧扩建，形成了长条形的建筑平面。四合院在妥乐村的分布较少，包括村前的四合院和后村坡地上的张氏四合院。

妥乐村传统建筑结构形式以木结构穿斗式为主，随着新中国成立前后当地砖瓦厂的发展，青砖在建筑的山墙应用增多，出现了一些砖木结构。建筑层数多为两

图6-3-14 银杏景观（来源：余军 摄）

图6-3-15 "一"字排屋（来源：余军 摄）

图6-3-16 西来寺（来源：村落档案）

图6-3-17 古驿道

图6-3-18 上马桥

层，一层为主要的居住活动空间，二层为储藏空间。多数还设有"地间"，是建筑一层平面与坡地之间形成的夹角空间，多作为牲畜饲养空间。因此一般建筑都设有石材基座，设置台阶与院坝相连，与周围环境非常协调。传统建筑材料主要包括木材、石材、夯土、砖、小青瓦等。木材为主建筑主体支撑材料，石材主要用于地基处理和地间建造使用，屋顶均为小青瓦。历史久远的民居主柱截面为正方形倒角截面，别具特色。檐口装饰较为简单。

随着文化的传播，佛教也走进了这片青山绿水。1632年兴建西来寺，与水塘镇丹霞山护国寺并称古盘州两大名寺，妥乐一度成为古代盘州香火圣地。西来寺位于村前妥河东岸山腰，坐东朝西，占地面积600多平方米，为一组四合院建筑，主体建筑为前后两幢面阔三开间穿斗式木结构的殿堂，屋顶为单檐歇山顶覆青瓦，正脊吻兽制作精美（图6-3-16）。

作为茶马古道的必经之地，妥乐村尚存较完整的古驿道约1公里，并在村落中分为3段呈"Y"形分布，西至张家大院、北至上马桥、南抵妥湖，在银杏树王处交汇，与古银杏树的根系盘根交错。驿道由石块铺装，约2米宽（图6-3-17）。

妥河在村落的南北端尚存有两座古石桥，分别为下、上马桥（图6-3-18），已有几百年历史。相传当年乾隆微服私访时就在下马桥处下马步行至上马桥再骑

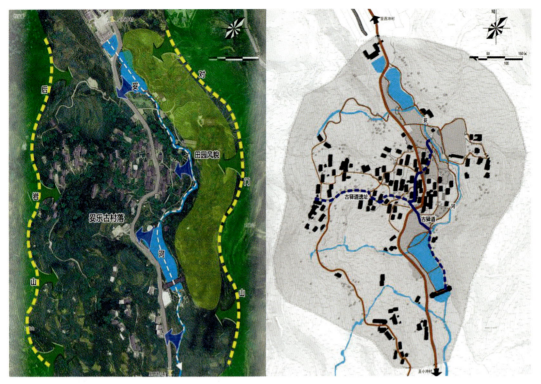

图6-3-19 妥乐村空间格局

行离开,所以称之为下马桥和上马桥,两座古桥现保存较好。

妥乐村念祭文,唱山歌小调,跳板凳舞、钱棒舞等,多以体现现实主义和浪漫主义为题材,同样具有地方传统特色。

(五) 空间布局

妥乐村地处群山环抱的峡谷地带,所在谷地的东西两侧均为连绵高山,山体植被以常绿乔木林为主,既是天然的防卫屏障,也是妥乐村的生态屏障。两山谷底中间是走势蜿蜒的妥河,妥河两侧分布了千亩良田。整体景观格局为南北开敞,东西围合。西面后岩山上还保留有部分残余城墙,由此说明当时村寨的选址和布局具有军事防御功能。

妥乐村的传统格局以沿山坡等高线布局、地基层层升高的排屋建筑为主要特征。建筑群具有明显生长痕迹,从对门山视觉,可以清晰看出建筑与地形等高线的呼应关系。排屋建筑大多坐西朝东,房屋东侧设有院坝,院坝前后则分布较为密集的古银杏树,呈现"排屋层叠、树伴人家"的独特格局。村寨内部道路沿等高线形成了"之"字形路网系统(图6-3-19)。

主要建筑群的布局与妥河保持一定距离,是典型的近水利而避水患的选址布局,一方面方便生活生产用水,另一方面有火灾时可取用。房屋建造则沿山体坡度逐步抬高建设,避免洪水带来的自然灾害。

村落空间以妥河为界,沿着下马桥进村路口,河流西侧分布成片民居,沿等高线逐级往上成排布局;河流东侧布局一座寺庙,名曰西来寺,形成"前庙后村"的分区格局,居住空间和公共活动空间隔河对望。历史上进村道路均位于妥河东侧,而居民点均位于妥河西侧,因此自南向北建造多座古桥,其中与妥乐古寨紧密联系的是上马桥和下马桥,是进入古寨的空间限定节点。

"流水潺潺、古树绵绵、小桥映虹、奇峰傍寺"正是妥乐村空间特色的写照。

第四节 典型民族文化型村庄

一、从江县丙妹镇岜沙村

（一）地理区位

岜沙村位于贵州省黔东南苗族侗族自治州从江县丙妹镇南面，都柳江南翼大山东麓，海拔660米，距从江县城7.5公里，距从江高铁站32公里、黎平机场80公里，G321国道沿山脊穿寨而过（图6-4-1），对外交通主要依靠自丙妹镇通往岜沙的通村公路。全村有472户约2395人，是一个苗族聚居的村落。

（二）历史沿革

苗族以前没有文字，起源只能依据古歌和传说。很早以前，岜沙的祖先居住在中原一带，因战争失败后被迫离开家园，西逃到黎平府一个叫"永克"（苗语）的苗寨住下来。多年后家族不断壮大，为了避免与收留他们的恩人发生冲突离开永克，一边打猎一边寻找新家园。来到岜沙河边，有了水源，岜沙先民决定开山辟地定居于此。为了感谢永克人的收留之情，岜沙祖先把寨子取名叫"分送"（苗语），"分"苗语指的是寨子，"送"指黎平，即黎平过来的寨子。"岜沙"是侗语地名，意思是草木繁多的地方。

清代雍乾年间，清政府为了在黔东南推行"改土归流"政策，大力发展交通建设，从江境内先后开辟九条驿道，岜沙苗寨处在古州至融州的古驿道上。乾隆年间云贵总督张广泗调集民工整治三都至广西石碑都柳江河段，岜沙早于周边的村落开始对外有了交流。岜沙自建寨起至今已有500多年历史。

明、清时期岜沙属"化外生苗"与"教化熟苗"的过渡地带，民国30年（1941年）前属永从县丙妹分县，民国30年永从、下江两县合并组建从江县后属从江县。1958年属丙梅公社，名为岜沙大队。1984年8月属丙妹镇，名为岜沙村。

2012年被列入第一批中国传统村落名录，2017年11月岜沙村获评第五届全国文明村镇，2018年10月农业农村部将推介为2018年中国美丽休闲乡村，2019年12月，入选第一批国家森林乡村名录。

（三）自然环境

岜沙坐落在山脊上，山峰此起彼伏，相对海拔高低差异大，属深切割中低山地貌。岜沙苗寨属中亚热带温暖湿润季风山地气候，年平均气温在16℃左右，年平均降雨量1050~1250毫米，全年无霜期约330天，气候温和且雨量充沛。森林植被覆盖率达80%以上，村寨四周为大面积的古树林（风水林）和竹林。全村耕地主要以梯田型稻田为主，依靠雨水和山泉灌溉。梯田主要位于村寨周围，梯田景观顺着山势，层层叠叠，从山脚一直延伸至山顶，像一条美丽的苗家腰带，装

图6-4-1 从江岜沙村区位示意图

点缀着雄浑的大山，随着季节的变换，呈现出不同的美景，令人流连忘返。岜沙北坡脚有一条小溪沟，一排排依山而建的干阑式吊脚楼，或高或矮，随地起伏，掩映在莽莽树林中，与青青翠竹交织在一起，自然和谐（图6-4-2）。

（四）文化特征

岜沙原生态民族文化色彩独特浓郁，民族传统文化历史悠久，岜沙人还传承着先祖生产生活习俗。这里的树文化、建筑文化及以芦笙节、秋千节、映山红节、民族服饰、狩猎配枪、男子留发髻等为代表的民族文化还保留着原汁原味的原生态色彩，与周边其他村寨迥然不同，独具特色。

民族文化：岜沙村是贵州民族风情和民族文化保存得最为完整的地区之一，是中国现今唯一的枪不离身的苗人部落后裔。岜沙男子身穿左衽右开圆铜扣黑色高腰衣，黑色直筒大裤脚，头部四周剃光，头顶挽着发髻，身背腰刀，手牵猎狗，肩扛火枪，一身古代武士装束。妇女服饰简约，身着黑色对襟衣，百褶短裙，刺绣色彩鲜明，堪称苗族文化的"活化石"（图6-4-3）。

树文化：岜沙人对树木有着特殊的感情，自然他们对树木也有特殊的称谓。每一棵不同的树或被叫作"生命树"，或被叫作"保寨树"，赋予了树新的寓意。每当岜沙有新生命降临时，他的父母为他种下的树，是一个生命的象征和代表，因此称为"生命树"，因此，村寨里每一个活着的人都有一棵代表着他生命的"生

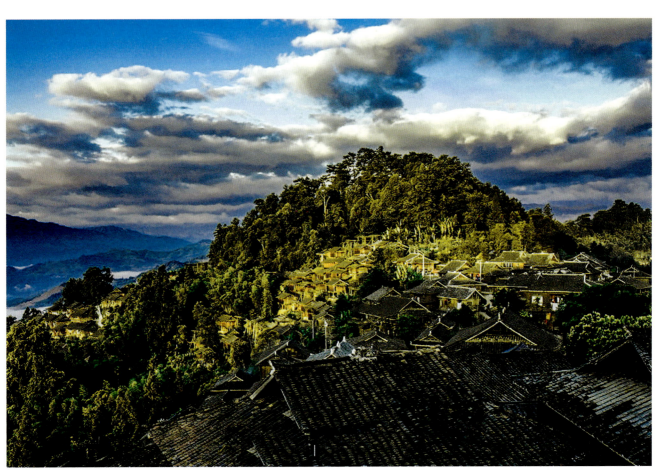

图6-4-2 岜沙老寨全景（来源：村落档案）

命树"。每个人在生前，无论年龄多大，也无论富贵贫贱，一律不置备棺木寿材。当这个人的生命结束后，他本人的生命树就会被砍下来制作成棺木，在其生命树边掘深坑，将遗体入殓后深埋于地下，其上不留坟头，而是栽上新的树苗。树随人生、伴人去。岜沙人崇尚自然，以树为神，他们把自己对生活的一切愿望寄予树神，凡生活中遇到不顺就会祈求树神的保佑。通常都会选择笔直的、枝繁叶茂的、向阳的树来祭拜，因此也叫"保寨树"。保寨树多为枫树、樟树、柏树、荷树、银杉、红豆杉等树种，树龄都在百年以上，有的达数百年甚至上千年。对树的崇拜习俗也正是岜沙人原始朴素生态观的写照。

建筑文化：岜沙村盛产杉木，其木质不变形、耐腐蚀、防虫蛀，皮还是上好的盖房材料，因而这里的传统建筑几乎都为杉木建造。岜沙村坐落在山脊及两侧上，在高差近200米的地段，用石块垒出屋基，盖起吊脚楼。全村400多栋民居远远望去木楼鳞次栉比，掩映在古树翠竹之中，其古朴与宁静，世间难以寻觅。

岜沙传统民居体量较小，建筑不用钉扎环扣，造型优美，结构流畅，一般可分为两种类型，矮吊脚楼和楼房吊脚楼（图6-4-4）。坐落在山梁上的住户大多是矮脚房，主要是防止房屋被大风吹歪或吹倒。矮脚楼不设置底楼，一般在柱子距地面1.5尺的地方穿枋铺枕镶楼板以隔地防潮。屋内结构与设置基本与楼房相同。楼房一般为3层，底层墙板横装，主要用来关养牲口、家禽和堆放柴火、肥料。二层设火塘、长廊、卧室。三层放置平时少用的杂物，家里有水牛角的放在三层楼板上，有的绑在中柱上。而矮吊脚楼人家的牲口则主要关养在一侧的偏厦里。民居大多是两排一间两厦和三排两间两厦，建筑材料为杉木，屋顶为歇山式，用杉树皮或小青瓦覆盖。

吊脚楼二层一般都设有长廊，宽约1.5米，可供人们乘凉、歇息、就餐，或供妇女做针线活和纺纱织布。民居都只开很小的推拉式窗户，平时很少开启。

岜沙禾仓：禾仓具有防火、防鼠、防蚁虫、防潮等功能。由于村落建筑多为木构，火灾隐患大，为确保储粮的安全，禾仓多选址在离村寨住房用火区域有一定距离的地方集中建设（图6-4-5）。主要用杉木作材料建造，悬山或硬山屋顶，上盖杉树皮或小青瓦，四柱落地，多呈方形或是长方形。岜沙的禾仓有偏厦，偏厦是供人们进出仓门和放置楼梯的地方。

禾晾：苗族人民聚居的地方多是高寒山区，农作物以糯禾、黄粟、糁子为主。居于山坡地的村落很难找到能够满足农作物晾晒需求的坝子，于是搭建了一种晾晒

图6-4-3 民族服饰（来源：村落档案）

图6-4-4 岜沙传统民居

构筑物——禾晾。通常各家各户都选择寨边日晒时间长、通风良好的地方，起牌立架，专门用作晒禾把和黄粟、糁子穗。禾晾一个挨着一个，一排接着一排，一直把溪塘边和寨子旁围了起来，当秋收时节禾晾上挂满沉甸甸、黄灿灿的禾把时，又好似一条金色的长龙，构成了一派雅致的田园风光。

（五）空间布局

村寨建在山上，依坡就势建造富有民族特色的木制干阑式吊脚楼建筑，多数房屋坐向大多随地形及道路变化，呈组团状分布。自然村寨分别散落在山脊两侧，村落建筑布局顺应山势鳞次栉比，高低错落，疏密有致，一座座木构民居顺山就势建于山腰上纵横交错、疏密有致，村落肌理清晰、格局完整，其轮廓与所在的地形、地貌、山水等自然风光和谐统一（图6-4-6）。其空间布局特色是"依山而居"——苗族特色的聚居方式，神秘的苗族建筑是岜沙历史的重要见证。古树密林呈现出神秘、幽深的自然景象，木楼群依山而建，户户紧靠，层层相叠，鳞次栉比，自由生长，气势恢宏。风情浓郁、丰富多彩的苗寨文化得到充分体现。

二、松桃县正大乡薅菜村苗王城

（一）地理区位

苗王城位于贵州省铜仁市松桃苗族自治县正大乡西部，毗邻清水村、八月村、包家村。村寨距松桃县城60公里，距乡政府所在地5公里，距铜仁凤凰机场9公里、铜仁火车站32公里，距凤凰古城39公里。境内有迓大二级公路及杭（州）—瑞（丽）高速公路通过，交通区位优势明显（图6-4-6），村内公路通至村民组各部。共居住有280户约1550人，是以苗族为主的苗汉聚居村。

（二）历史沿革

苗王城最早可追溯到明朝洪武年间，确切年代至今无法考证。到了明朝宣德五年（1431年），经苗王石各野、龙达哥、吴不尔、龙西波、吴黑苗等长期经营，建立了苗王城并精心修建，逐步成为腊尔山区南长城外围的"王者之城"，到清雍正十年（1733年）"苗民归入版图"后，才停止修建。

2006年6月贵州省人民政府将苗王城列为省级文物保护单位，2013年被列入中国第二批传统村落名录

图6-4-5　禾晾

图6-4-6　村寨空间格局（来源：村落规划资料）

图6-4-7 苗王城全景

图6-4-8 苗王城门楼

（图6-4-7、图6-4-8）。

（三）自然环境

薅菜村地貌以喀斯特为主，地形以山地为主，平均海拔650米左右。属中亚热带季风性湿润气候，雨热同季，四季分明，冬无严寒，夏无酷暑，四季宜人。村内古树众多，其中以有500多年历史、苗语为"long pa""long qi"的这两种树最为出名。村落坐落在苗王峡谷两侧，神秘阴森的苗王峡谷和遮天蔽日的竹海形成了苗王城的天然屏障。苗王河呈"S"形从村庄中穿流而过，呈"八卦迷宫"的自然态势。河流平均宽度约为15米，周围群山峻岭，生态环境保持良好；河水清澈见底、长年不断，不时可见小鱼游弋其中，两岸风光秀美，景色宜人。村庄开敞、明亮，周围青山绿树环绕，环境宜人。

（四）文化特征

苗王城是湘、黔、渝交界上至今保存较好的集政治、经济、文化、军事和建筑为一体的苗疆古城，是区域民族发展和融合历史研究的鲜活实例，具有极高的历史价值，被誉为"千里苗疆第一寨"。

苗王城有着丰富的苗族文化底蕴，至今仍然可见很多体现苗族特色文化的民间艺人和民间艺术在这里继承和传播，其中有上刀山、下火海、捞油锅、纸上飞仙、秤杆提米、仙人合竹等绝技绝活，苗族祭祀、哭嫁、丧葬等苗族民风民俗，苗族刺绣、苗族传统服饰织棉、苗族传统银饰打造、染布和制作酸汤等传统工艺。其中，花鼓舞为国家级非物质文化遗产，苗族花鼓有两面鼓和四面鼓两种。龙灯、木雕、石雕、剪纸技艺等艺术形式记录着当地苗族人民的文化信仰、艺术审美以及生活态度，具有较高的艺术价值。

图6-4-9 民居（来源：村落档案）

图6-4-10 吊脚楼群（来源：村落档案）

以苗王城为代表的"生苗"文化与远古苗巫文化、五溪蛮夷文化是一脉相承的，它在苗族长期艰苦的生存奋斗中得到传承和发展，成为中华民族文化"百花园"中的奇葩。

村落内建筑多数为清朝时期修建，建筑工艺体现了苗族建筑风貌，其形制、结构、风格及其蕴涵的民俗文化韵味独特（图6-4-9）。除两处吊脚楼群和个别石房，大多数的民居是由石阶檐和石板堆砌而成的院坝，而在院坝前大多数都用石块修砌围墙以形成自家的小院落。传统苗族民居多为三厢式房屋结构，平面形式多为"L"形或"凹"字形，屋面多用"人"字形两面排水，底部用川排连接，离地二至三尺左右铺设地楼。房屋主要以五柱四瓜式、五柱六瓜式三开间户型为主，屋基一般高出四周地面一尺以上，地落檐四周设二尺以上宽的阶檐，屋内屋外高矮有别，既防水防潮又通风。吊脚楼（图6-4-10）以穿斗式木结构为主，其建筑选址多结合山势地形，或坐西向东，或坐东向西。一般以四排三间为一幢，除正房外，有的还搭建一两个"偏厦"。楼层结构分为里外两部分，靠里为实，屋面为地；靠外为虚，屋面为楼；楼底架空，底层圈畜。苗族善于木雕石刻，无论厢式房屋还是吊脚楼，在横梁上均有不一样的雕刻、绘画、吉祥语言及图案，真所谓"雕梁画栋"。窗户、梁柱以及支撑柱头的基石均绘有各种吉祥图案，栩栩如生、惟妙惟肖。

苗王府占地2800平方米，建筑面积2000平方米。大门由花岗岩雕刻而成，上面刻有麒麟、狮子、龙凤、芦笙等各种精美雕像。府前立神柱、门当。屋脊上中间置彩蛋，两边是凤鸟交尾，象征民族兴旺、欣欣向荣的和谐景象。建筑整体气势恢宏，结构严谨。苗王府曾经是苗王和众大臣商议大事的地方和军事指挥中心（图6-4-11）。

苗王城风雨桥以前是木板风雨桥，具有防御功能。现在是苗族年轻男女约会、对歌的地方。

古石墙位于村寨中部，始建于明朝洪武年间，是古代族人抵御外来敌人入侵的屏障，同时兼顾交通功能，是苗王城重要的军事防御构筑物（图6-4-12）。

（五）空间布局

苗王城建于苗王峡谷间，以苗王城为锁口，居要冲位置，以高山陡崖为屏障，上寨、下寨及中寨（苗王城）整体呈组团状分布，形成"八卦迷宫"的格局。寨内多数房屋坐向大多随地形及道路变化，房屋布局密

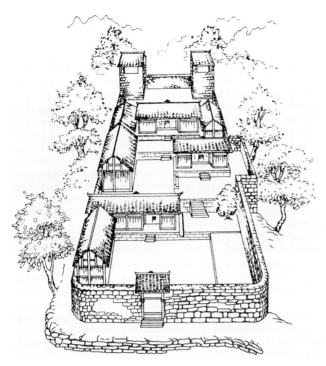

图6-4-11 苗王府（来源：村落档案）

图6-4-12 石墙古巷道（来源：村落档案）

图6-4-13 村落空间格局

集，民居集中，疏密有致。村落肌理清晰，格局完整，其轮廓与所在的地形、地貌、山水等自然风光和谐统一（图6-4-13）。作为苗民古时候修建的一座军事堡垒，城内由一条主巷道贯穿全城，巷道以石墙作为屏障并跟各家的院墙连成一体，巷道设有十一道卡门。城内还专门修建有迷惑敌人的"直角巷道"，巷道纵横交错，似通非通，整个布局如同一张网，又宛若一座迷宫。家家相通，户户相连，使得古寨内巷道的布局和结构看起来有些"歪门斜道"，却又独具匠心。巷道两边高墙隔断，布防严谨，形成"既能攻，又能守，也能退"的格局，是全国为数不多、保护得较好的军事古王城之一，具有很高的保护和游赏价值。

三、黔南布依族苗族自治州荔波县瑶山民族乡懂蒙村

（一）地理区位

懂蒙村位于贵州省黔南州荔波县瑶山瑶族乡东南部，其北部与荔波县朝阳镇毗邻，西部与荔波县驾欧乡共界，东部与荔波县翁昂乡相接壤，南与荔波县捞村乡、广西南丹县里湖乡相邻。距乡人民政府驻地约4.5公里，距荔波县县城32公里，距樟江国家级风景名胜

区（小七孔景区）13公里，村寨通过西侧的乡道Y010与周边进行交通联系，对外交通依赖于省道S206。该村是一个以瑶族聚居的村寨，全寨56户约250人。

（二）历史沿革

"懂蒙"意为"穿我们这种衣服的人"，所谓"这种衣服"，其主要的特征是女子的两片衣和男子的白色裤子，因此懂蒙的瑶族也被称为"白裤瑶"。过去由于村落四周大山环绕，森林植被较好，野生动物较多，懂蒙人的祖先狩猎至此，便开始安居建寨，村落形成于民国时期。由于交通闭塞和语言障碍的影响，懂蒙先民与外界交流甚少，新中国成立后民族划分和区划调整，瑶山民族区域才改称瑶山民族乡人民居委会，懂蒙归瑶山乡管理。

2008年被列入少数民族特色村寨示范点，2009年被授予贵州省民族文化保护村寨，2012年被列入第一批中国传统村落名录。

（三）自然环境

懂蒙村地处喀斯特深山凹地，村的东面和南面分别被翁耒大坡、龙上坡、八劳坡、拉崩大山环绕，平均海拔742.7~787.6米，四周连绵起伏的群山植被良好，遍布大片保存良好的原始森林和次生林，村子周围的山坡上分布着大片的经果林、竹林等，与村寨内各家各户所种植的观赏性树木或经济林木共同组成了山野森林景观。坐落于国家级茂兰喀斯特森林自然保护区边缘的懂蒙村，集山、河、林于一体，并拥有成片的亚热带喀斯特原始林区，还是不多见的。通常在喀斯特地区，久雨必涝，久晴必旱，而本地这种特殊的喀斯特地貌，因为有上千年的原始森林涵养水源，还有每年积淀的枯枝落叶保存水源，铸就了该地区多雨湿润，岩石上面有清澈的水流过，茂密的树覆盖在喀斯特地貌上，植物从岩石缝隙长出的原生态环境。在地质地貌、生物生态、美

图6-4-14 村落全景（来源：村落档案）

图6-4-15 打猴鼓舞（来源：懂蒙村档案）

学、民族文化等方面的价值长期以来得到了国内外的广泛重视和认同（图6-4-14）。

（四）文化特征

被称为"民俗活化石"的白裤瑶，是瑶族的一个分支，自称"吉努"，是一个崇尚自然崇拜的民族，民俗文化古朴自然、情趣盎然，民俗活动丰富多彩，尤其以非物质文化遗产保存最为完好，其中，省级以上非物质文化遗产有瑶族猴鼓舞（图6-4-15）、打猎舞；县级非物质文化遗产有瑶族语言、节庆、纺织刺绣工艺、打

陀螺、婚礼、信仰禁忌、丧葬习俗等，这些绚丽多彩的文化现象，既充分展示了强大的民族凝聚力，又真实地体现了懂蒙瑶族深厚的民族传统文化底蕴，如懂蒙男子的白裤上多饰狮虎纹样，表达了狩猎民族赋予男子威武和力量的祈愿，是瑶族传统文化的典型代表。

瑶族猴鼓舞语称"玖格朗"，源于荔波县瑶山瑶族的先民从广西迁徙荔波经捞村时，途遇危难被一群山中神猴解危救难并一路保护的传说。后来，瑶族为纪念先祖的迁徙之苦和神猴护送之功，模仿着先祖跋山涉水的情景及神猴攀爬跳跃的神态起舞而形成的舞蹈。久而久之，这种祭祀先祖和纪念神猴的舞蹈演化为瑶族丧葬祭祀活动中的一个重要仪式，仅流传于荔波县境内瑶山瑶族乡的白裤瑶地区。2008年国务院以荔波为传承地并命名"瑶族猴鼓舞"为第二批国家级非物质文化遗产名录。

"一居一禾仓"是懂蒙瑶族传统建筑特色，是懂蒙历史上"刀耕火种"原始生产生活状态的写照。民居及粮仓多为干阑式建筑风格，民居皆为2层，穿斗结构。通常底层架空，用作堆放杂物和圈养牲畜；二层为人居，通过石级直接入户，厨房灶间居于二层后部，居室围绕堂屋分布，全部建材为木材，屋顶采用歇山式和硬山式，并以青瓦覆盖，多开小窗，少装饰（图6-4-16）。

懂蒙的粮仓建筑采用四柱立地的架空结构，通常一层架空部分不设围护，承重木柱支撑在石基上，木柱顶端在与二层楼连接处放置光滑的陶罐或隔板，以有效地防止鼠蚁及攀爬动物进入粮仓，损害粮食。由于懂蒙所在区域多雨湿润，保证粮食通风和干燥尤为重要，因此，粮仓屋顶多采用两坡水的硬山和四坡水的歇山屋面，以青瓦覆盖，并留通风孔，保障粮食储存的安全。其建筑构造的独特，在其他民族中少见（图6-4-17）。

（五）空间布局

懂蒙村村落整体呈阶梯状分布，其寨三面环山，面

图6-4-16 传统民居1（来源：村落档案）

图6-4-17 传统民居2（来源：村落档案）

向田地，坐落于龙上坡半山腰。村寨聚族而居，依山而建，依周围山势呈台地布局，层层叠落，疏密有致。建筑与村落的布局都呈现开放的空间格局，传统建筑物集中连片，大多坐东朝西。村寨内道路沿地形自由伸展，呈蜘蛛网状，路面皆是以石板铺砌而成，联络便捷。村落内设有瑶族图腾柱、打歌场、陀螺广场等，是村落的公共活动空间，对村落的布局具有向心性作用，反映了懂蒙自由古朴的原生态山地聚落文化景观特征。

第五节　多元文化融合型村庄

一、黔南布依族苗族自治州三都县都江镇怎雷村

（一）地理区位

怎雷村隶属三都水族自治县都江镇，地处黔南都柳江与龙江上游分水岭的山脉中，距三都县城41公里，距镇政府所在地6公里（图6-5-1），通过盘山公路对外连接位于村寨西侧2公里处的广成线G321。怎雷村由上、中、下及排场4个自然村寨组成，其中，上寨和中寨相对集中。全村居民共221户约989人，是一个以水族为主，水族、苗族两个民族聚居的村落。

（二）历史沿革

"怎雷"水语意为岩脚下的寨子之意（图6-5-2）。怎雷村建村已有300多年，历史久远，现为省级文物保护单位，是一个民族文化原生态保留得十分完好的村寨，其形成年代据寨中年长者口述家族史及田野调查资料推断，其先辈约于清康熙年间迁居于此。

该村民族文化独特，村寨自然生态保存较为完整，有丰富多彩的民族风情，独具特色的人文景观。

2001年被批准为全省唯一的水族文化保护村，2007年确定为县新农村建设重点示范村，2009年被列入省级历史文化名村并入选国家森林乡村，2010年被列入第五批中国历史文化名村，2012年列入第一批中国传统村落名录。

（三）自然环境

村域地貌山高坡陡，坡峰高耸入云，河沟深割削壁，与都江古城垣隔排长河相望。坡与坡之间形成"V"形，故有"隔山喊能听，走要一早晨"之喻。

怎雷村坐落在半山坡中，上为陡峭的山崖，下为层层梯田，左右均为深浅不一的沟壑。寨前是层层叠叠的梯田，寨后是郁郁葱葱的山林，林间多处地下泉水汇成小溪，顺山势流入山脚的排长河汇入都柳江，属珠江流域西江水系。地质为杨子准地台中的江南台隆与上扬子

图6-5-1　三都怎雷村区位示意图

图6-5-2　怎雷村全景（来源：村落档案）

图6-5-3 村落环境（来源：村落档案）

图6-5-4 苗族芦笙舞与水族斗角舞（来源：村落档案）

台褶相接触地带，属中低山峡谷地貌。植被为常绿阔叶混交林，森林覆盖面积约为60%。民居随着山势的起伏，巧妙地组成了一幅"入村不见山，进山不见寨"的村居图，形成了"天人合一"的优美、宜人、质朴的人居环境（图6-5-3）。

（四）文化特征

怎雷水族迁徙建寨居于此地的历史虽然仅300余年时间，但在历史的发展长河中，却呈现了其民族的开放与包容性，几百年来与居于此的苗族形成和谐共居、文化共荣、习性共传的多元文化特征（图6-5-4）。

水族与苗族之间不但团结和睦、唇齿相依，而且已经通婚联姻，生育的后代族别以父亲的民族为主，服饰以母亲的民族为主等，拥有深厚的水族、苗族文化积淀，与此同时，怎雷也较为完整地保存了水族文化特征，至今仍保留和传承着水族图腾崇拜、宗教信仰、民族习俗、生活习惯和文化艺术等。

怎雷是周边的大坝、枫柳、里小、里送、棉花地、崩坡、甲雄等水族村寨的水族文化中心，水族的传统节庆及祭祀仪式多在怎雷上寨举行。水族端节、水书、婚俗、丧葬及祭祀崇拜（图6-5-5）等具有本民族鲜明的特征；手工技艺、民间歌舞及建筑艺术等也都或多或少地融入两个民族的信息，蕴含着深厚的历史文化内涵。

怎雷村寨有民居建筑200余栋，禾仓100余栋，建筑多为干阑式，通常单体两层，面阔三间，进深两间。主要为穿斗及穿斗抬梁混合结构形式，歇山青瓦覆顶，建筑上、下两层立柱互补连通，结构稳定。民居建筑依山而建，均不在一个平面上，形成立体的建筑空间（图6-5-6）。建筑周围无栏杆及走廊，梢间置楼梯，整栋建筑只有一小窗及两道门对外。从使用功能看，明间为公共活动场所，是主人接待客人、举行各种家庭活动的唯一地方。正面设对开门，门一侧设一高约50厘米、宽70厘米的简易窗，窗下设置织布机。正中壁上设神龛，为祭祖等民俗活动场所。中间偏右置火塘。梢间为卧室，一般设三室四间卧室。底层设置有石碓间、杂物间及猪、牛圈等。楼梯设在房屋一侧，因地势而定左右，从底层上楼，开小门直进明间，楼梯上安置盖板，形成两道安全防护门，可防野兽及盗窃者的侵入。

怎雷水族传统民居建筑，依山势而建，坐东向西，南北延伸，气势壮观。村寨建筑对朝向非常讲究，都要请"水书先生"（即懂水族文字的人）进行实地考察后，才能确定具体位置并择吉日动土建设。为此，全寨的民居建筑朝向基本一致。在建造技术与工艺上，主要是师傅带徒弟方式，代代相传，通常为固定的模式。正是这种传承方式，使得这一古老的建筑技艺保持相对稳定，也得以世代相传。

图6-5-5 水族祭祀（来源：村落档案）

图6-5-6 传统民居（来源：村落档案）

（五）空间布局

村寨依山就势坐落在半山腰，民居沿山体等高线布置，鳞次栉比，高低错落，疏密有致。整个村寨的总体布局巧妙，利用地形将每家每户与小路、粮仓相互连通。寨内道路迂回曲折，房前屋后绿树环绕，一派生机盎然。寨前是层层叠叠的梯田，寨后是郁郁葱葱的山林，云雾环绕，形成了既丰富又有层次、有轮廓的整体风貌。

村寨呈分散的组团布局，建设选址以南向坡为主，坡地区域建民居，平缓地带作为农耕使用，村寨依山就势，建筑总体朝向为坐东向西。从整体的空间格局看，生产、生活空间分布清晰，上寨、中寨是村寨的主体，相对聚集（图6-5-7）。村寨的公共活动空间有铜鼓坪和斗牛场，以古树为场所标志，在田园与村寨结合部位构建具有民族崇拜意义的精神场所，形成建筑与田园风光互相辉映的和谐生态景观。

二、铜仁市石阡县国荣乡楼上村

（一）地理区位

楼上村位于贵州省铜仁市石阡县国荣乡境内，地处佛教名山——佛顶山脚下，与省级佛顶山自然保护区紧

图6-5-7 村寨空间格局

图6-5-8 石阡楼上村区位示意图

紧相连。距石阡县城15公里，对外交通依赖于东南侧2.8公里处的安江高速。楼上古寨是楼上村历史文化的核心，有150户约547人，是以汉族为主，汉侗聚居的村落（图6-5-8）。

（二）历史沿革

楼上原来不叫"楼上"，而叫"寨纪"，因正楼上一水沟处有一座楼房，下面长长的巷道为过道，便叫"楼巷"，因"上"与"巷"谐音，久而久之村民便习惯地称之为"楼上"了。始建于明弘治六年（1493年），是一座以周氏家族为主的血缘村落，据《周氏家谱》记载：周氏原籍江西南昌府丰城县桥东珠市巷，祠名大本堂，明进士周国照出仕四川威远县，修建江西会馆，家属于该县洛阳乡大坡里晒金坡居住，后移西蜀潼川乐治县天井坝仁义乡。明弘治六年（1493年），始祖周伯泉避难图存，贸易入黔，行至寨纪（楼上的古称），安家乐业，发展至今，形成现有村落规模。其被誉为"佛顶山下的明清古村落"。

2006年楼上村古建筑群被公布为第四批贵州省文物保护单位，2009年被列入第四批中国历史文化名村名录，2012年被列入第一批中国传统村落名录，2013年楼上古建筑群被评为第七批全国重点文物保护单位。

（三）自然环境

楼上村三面青山环抱，绿树蔽荫，背山面水，负阴抱阳，前临千亩良田，并有廖贤河与对面青山相隔，是一个山清水秀的鱼米之乡。村内地势北高南低，有山地，也有沟谷盆地、丘陵，冲沟密布，地表河流发育完整，坡降大，多急流、跌水积瀑布，水资源丰富。这里气候温和，四季分明。整个古村落淳朴平和，恬淡宁静，有幽静、古朴、自然、原始之美。村中的大多数建筑顺应山势，依山而建，自由、随意、有机地分布于山凹之中，或散落于山坡之上，与山体合一，周围千年翠柏耸立，郁郁葱葱（图6-5-9）。

（四）文化特征

楼上古寨历史悠久，古寨选址于侗族聚居的大环境，融入了中原汉文化的传统特征，人杰地灵，蕴含着丰富的汉侗文化底蕴，集古楼、古屋、古巷、古桥、古井、古树、古墓、古书、古风、古韵于一体，厚集了500多年的文化融合。除此之外，古寨至今沿袭传统山歌哭丧哭嫁、长号唢呐、傩戏、宗教信仰与供奉仪式等（图6-5-10），呈现了楼上古寨独特的古遗风和文化的多元。

楼上村古建筑群以梓潼宫（戏楼、正殿、南北两厢及院落、后殿、观音阁）及明清古民居为重点，历史悠久，真实地记录了这一地区明、清时期社会发展，是传统聚落建造的代表。

梓潼宫始建于明万历年间，有戏楼、正殿、南北两厢及院落、后殿、观音阁等组成（图6-5-11）。戏楼，为穿斗抬梁式二层歇山青瓦顶建筑，坐东向西，左右厢楼配有走廊，居中突出舞台，置"福""禄""寿"彩绘屏风，正面及两侧梁枋下饰卷草纹挂落，檐下装鹤颈椽

图6-5-9 楼上古寨全景（来源：村落档案）

图6-5-10 传统祭祀与唢呐迎客

及板。正殿，为抬梁穿斗混合式悬山小青瓦顶建筑，坐东向西，面阔五间，两次间老檐柱间正中为对开板门，两侧为槛窗。两稍间廊柱间装板，正中开直棂窗。明间后檐金柱间装板至穿枋，上装走马板，置神龛。两山面带披檐。前檐廊间铺墁青石，两稍间后檐处分别有石梯下至后殿。

北次间廊间立有《重修梓潼官序》石碑一座。两厢及院落，南北两厢均面阔二间，为穿斗式悬山青瓦顶。院落，呈长方形，地面青石板铺墁，横向对齐，竖宽不等。后殿，为两重檐四角攒尖小青瓦顶建筑，面阔三间，明间二层，为双重檐四角攒尖顶。两次间为穿斗式梁架。后殿前檐带廊，两山有披檐。明间屋面卷草纹饰屋脊，葫芦宝顶，飞檐翘角，青瓦覆面。

楼上古寨民居坐北朝南，依山而建，鳞次栉比，全村200余栋民居中，有明代建筑5栋，清代建筑58栋，民国建筑34栋。民居大都为穿斗式木结构，青瓦覆盖，多以四合院、三合院形成平面布局。通常四合院正房三间，两边各配有干阑式厢房两间，龙门呈"八"字形，龙门不正对堂屋（图6-5-12），都是朝巷道歪着开，院中正房、明间均为六合门，民居堂上喜挂联匾，联匾内容大多与主人的身世、家族的荣显及撰写人的祝愿相关，内涵丰富，意境深远。窗棂间镶嵌精雕细刻的人物、鸟兽、虫鱼、神鹿、花卉等图案，具有浓厚的文化色彩。

（五）空间布局

整个楼上古寨依靠山势而建，周围山体成"太师椅"状，将楼上古寨怀抱入内，"背山"的格局显而易见，同时在寨南面的廖贤河流水绵延数十公里，河流宽阔，蜿蜒曲折，河水汹涌，河水与两岸景观秀美，山峡景观独特，正好呼应了"面水"这一风水格局。成就了"背山面水"的良好风水格局。寨坐东北朝西南，前俯廖贤河，背靠青龙山，右携大本印，左伴千年龟，整体村落偏南向，保证了大部分正房南向布局，对生活卫生需要非常满足，靠北部的山体又阻挡了寒风的侵略，使得这里成为一块风水宝地。古寨以"北斗七星"树为中心，划分为不同的4个分区，其东南方向为大片平坝粮田生产区，西南方向为古寨建筑区，西北方向为相对开敞的公共活动区，东北方向为墓葬区，功能分区明确。整个古寨建筑依山就势，随地形高度抬升，呈阶梯式分布（图6-5-13）。全寨200多栋民居建筑，或三合院，或四合院，抑或直排屋依地形条件形成100多个院落，这些建筑和院落都分别具有汉族或侗族建筑的形制特征，使得全寨村落空间既联系紧密又相对封闭，依"斗"字形的主干道路骨架形成网格状住区空间。

图6-5-11 梓潼宫及戏楼（来源：村落档案）

图6-5-12 古宅歪门（来源：村落档案）

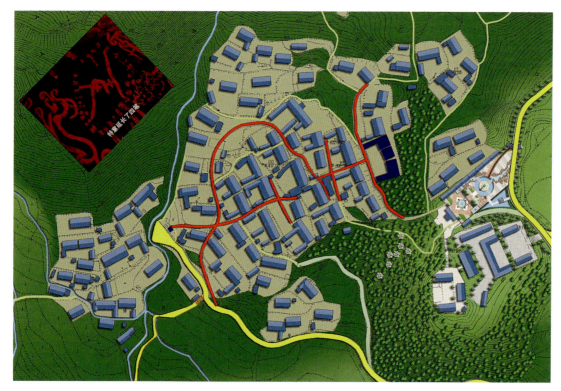

图6-5-13 "斗"字形路网与"北斗七星"树

更为奇特的是,上千只白鹤独守七株呈"北斗七星"状分布的枫树栖息,别无他选,平添了楼上古寨神秘与独特,彰显了人与自然和谐共生的历史价值和现实意义。

三、贵州省威宁县石门坎

(一)地理区位

石门乡位于威宁彝族苗族回族自治县西北角,西与云南省昭通市接壤,北与彝良县相邻,东面与威宁县云贵、龙街两乡毗邻,南面接威宁黑土河乡。距威宁县城140公里,距毕节市城区332公里,距省会贵阳535公里。

(二)历史沿革

苗族苦难数千年,迁到黔西北、滇东北的一支称大花苗,栖身在彝族土目的地盘上,刀耕火种,受土目和官府的歧视盘剥,被官府划为尚未教化的"生苗"。石门坎苗语称石门坎为"卯岭南",苗文写作"hmaob lis naf",有两种解释:一说意为像岭南那么兴旺的苗族居住地;另一说为从利亚那搬迁来的苗家,二者都寄寓对美好生活的向往。

石门坎居于石门乡境内,因"一夫当关万夫莫入"的石门坎栅子门得名。所在区域曾是茅塞未开的苗族聚居地,居住着俗称"晦盲否塞"、结绳刻木的大花苗族,在石门坎兴建前,大花苗是不识汉字和数字、不懂汉语的。清光绪三十一年(1905年),英国传教士柏格理(图6-5-14)等人到石门创办教会学校,使石门坎成了只要写上"中国石门坎"就可以在海内外收发信件的"海外天国",使石门坎曾经成为"西南苗疆最高文化圣地"、西南交通枢纽和商业要道。特定历史条件下,东方与西方、本土与世界文化的交流使石

图6-5-14 柏格理及家人（来源：村落档案）

门坎成为贵州近百年来最有文化活力和创造力的地区之一。

2009年石门坎列入第一批省级历史文化名村。

（三）自然环境

石门坎地处乌蒙山区地带，这个地带被称之为"Zomia"，意指"山区的人"。石门坎四周皆为高山峻岭，前有蜿蜒数十里的野鹰梁子，后有云遮雾绕的薄刀岭和猴子岩。平均海拔2200米，最高处薄刀岭2762米，最低河谷1218米。日照短，气候寒凉；多阴雨，湿气重，寒气深，多数时候雾很大，而且四时寒冷无常，一雨便成冬。喀斯特地貌岩溶广泛发育，沟壑纵深交错，降雨积蓄困难，水资源紧缺，生活环境自然条件恶劣。由于冬季寒凉多白雾弥漫，常形成雾凇自然景象（图6-5-15）。

（四）文化特征

石门坎文化作为本土文化与世界文化碰撞出的奇花异朵，创造了人类文明史上的文化奇迹，是东西方文化

图6-5-15 石门坎自然环境

交融的传奇。其开创了民族地区中西文化融合教育的先河，石门坎也获得了"苗族文化复兴圣地""西南苗族最高文化区"的美誉。其文化成就归纳为：

1. 创制苗文，以石门坎苗语为标准音而创制的"坡拉字母苗文"（俗称老苗文），在川滇黔苗族中广泛传播，结束了苗族无母语文字的历史，帮助苗族提高了文化地位（图6-5-16）。

2. 100年前创办乌蒙山区第一所苗民小学，也是第一所新式教育学校。

3. 兴建威宁县第一所中学，也是西南苗疆第一所中学。

4. 培养出苗族历史上第一位博士，以及一批苗族知识分子。

5. 中国第一个倡导和实践双语教学的双语学校。

6. 中国近代开男女同校先河的学校。

7. 倡导民间体育运动，石门坎被称为贵州足球的摇篮。

8. 发育出20世纪上半叶中国西南最大的基础教育网络，管辖川滇黔地区100余所学校和机构。

9. 创建乌蒙山区第一个西医医院。

10. 乌蒙山区第一个接种牛痘疫苗预防天花的地方，最终控制了天花。

11. 中国境内首次发现和报告地氟病的地点在石门坎。

12. 创办中国最早的麻风病院，给饱受摧残的麻风病患者以人道主义关怀。

13. 石门坎平民医院是中国第一所苗民医院。

为此，石门坎一跃成为中国西南经济、文化最为发达的地区之一。西方人称它为"文化圣地"和"海外天国"。

柏格理和一批传教士的人格力量和献身精神产生巨大社会感召力，超越民族边界，引发了川滇黔苗族、彝族和汉族大规模基督教皈依现象。石门坎逐渐扩展成为

图6-5-16 石门老苗文（来源：村落档案）

20世纪上半叶中国最大的少数民族教会组织。据载到20世纪40年代，川滇黔边区约80%苗族信奉基督教。进步的科学文化和艰苦创业，可以在贫困的落后地区实现教育的超常规发展，在带动社会进步的同时，该区域苗族的风俗习性也得以较完整地保留。

（五）空间布局

石门坎作为百年前依托该区域少数民族聚居点兴建起来的以教习功能为主体的建筑群，严格来讲还不能算是一个完整的聚落，但是却有着普通的乡村区域的聚落所不具备的设施和功能，在这里通过文化的传播与生活习惯的影响，可以说在历史上掀起了一场声势浩大的"现代乡村建设运动"，具有广泛和深远的意义。

作为中国西南近现代史上中西文明交融之地，石门坎曾经创造了人类文明史上的文化奇迹。而历史上承载这些奇特的物质空间也同样体现了民族文化与西方文化融合的特征。

石门坎现存建筑及遗址共有15处，主体均布局在石栅子门东侧的坡地上，整体呈阶梯状分布，依山而建，高低错落，疏密有致，坐北朝南，生产、生活及教习区相对独立；游泳池选址在集水方便的石门河东侧，

图6-5-17 福音堂(来源:村落档案)

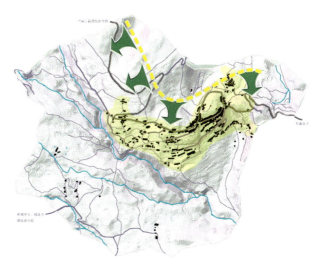

图6-5-18 空间格局(来源:村落规划)

以引水渡槽注水,麻风病医院建在石栅子门外的石门河西侧,起到防传染的隔离作用;而作为传播西方教义的重要场所,福音堂则选址在建筑群用地区地势最高的僻静处(图6-5-17)。区内顺应地形条件以石板步道连接。建筑多属砖木结构或土木结构,并以覆盖青瓦的两坡屋顶居多,为节省建造成本,围墙等构筑物也多采用板筑土墙方式。虽然是西方文化的空间载体,但在建造时除了满足建筑的使用功能外,更多地结合了所处地域的实际,最大限度地保留中式建筑风格,并形成大开敞小封闭的空间格局(图6-5-18)。

第七章

传统建筑空间形态

第一节　民居建筑

一、贵州民居原型类型及特征

（一）民居原型类型

贵州省有56个民族成分，其中有18个世居民族，分别是汉族、苗族、布依族、侗族、土家族、彝族、仡佬族、水族、回族、白族、瑶族、壮族、毛南族、满族、蒙古族。贵州少数民族聚居由于深刻地烙上了喀斯特高山峡谷的地理特征，呈现出封闭、原生态、分离、唯一的特点。

1. 平地型建筑

贵州地理上虽缺乏平原作为支撑，但在山谷河流间均存在大大小小的平地，习惯上民间把这种平地称为坝子。贵州的坝子又分为山麓坝、河谷坝。山麓坝位于高山左近，是由山麓经长期水冲积而成的坝子。河谷坝则分布在河流沿岸，多呈狭长宽带状。山麓平坝型建筑多以抬梁式、穿斗式为主，建筑群平缓开阔，在视觉上缺乏立体感、层次感。河谷平坝型建筑多取垒台式，以减少洪水期对建筑的伤害。

2. 山地型建筑

在贵州山地建筑中，多取干阑式建筑，在坡地建筑中，遇坡度不大时，往往在坡地上铲出一块平地，在铺设地板时有一半置于平地之上，另一半悬空以木柱立于坡地之上，形成半台式干阑建筑。遇坡度较大时，则整个地板设置于坡地之上的立柱上，另建一小型引桥连通房屋与山道，形成全台式干阑建筑，这两种建筑的门户均面向山坡，由正面或侧面进入门户。

3. 河谷型建筑

河谷型建筑指沿水而建的传统建筑。河谷型建筑大都取两种方式，在河谷沿岸较为宽阔的河谷地区以垒台式建筑为主，以石块垒出高于地面数米的屋基，并在屋基上建造干阑建筑。与河谷坝建筑不同的是河谷垒台式建筑均由开阔的道路通向高处，以解决洪水期的通行问题。这种通道或依山就势而建，利用自然地形抵御洪水破坏，或以竹木搭建，减少对洪水的阻力。在河谷沿岸较为陡峭的地区，则多取全台式或半台式干阑建筑，与山地干阑式建筑不同的是这种支柱的下端浸水部以石材建成，起支撑作用的木柱镶嵌其中，有的地区甚至采用全石料垒造的石柱进行支撑。

（二）民居建筑要素

根据民居原型调查，贵州各地典型民居呈现出趋同和相异两个方向相结合的建筑要素特征，将贵州民居类型要素归纳为平面形态、立面形态、结构形式、建筑材料、建筑符号、建筑色彩等六大要素。

1. 平面形态

顺应不同地形关系的建筑平面格局，有"一"字形、L形（转角楼）、三合院、四合院等。

2. 立面形态

建筑体量和轮廓所反映出来的立面比例关系。贵州民居主要为传统三段式，包括屋顶、墙身和台基。

3. 结构形式

民居文化内涵体现在门窗、墙身、吊柱、屋脊、柱础、栏杆等构件上，通过纹样进行装饰，体现图腾、信仰或愿望。

4. 建筑材料

民居采用木、土、石、瓦、竹、茅草等材料及其材料所反映的质感和建筑智慧。

5. 建筑符号

建筑上使用具有民居风格的构件及装饰材料等。

6. 建筑色彩

建筑外观反映的色彩感受，如土坯房为土黄色、石板房为灰色、木板房为深棕色、青砖房为深灰色等。

（三）民居建筑特征

1. 屯堡及布依族民居特征

（1）平面形态多为三合院、转角院，一字院、四合院也有分布。

（2）建筑立面形态为传统三段式，层数1～2层；悬山顶或歇山顶，石板瓦面较为特色，小青瓦使用也较普遍；墙身多为石板墙、木板墙或白粉墙。

（3）建筑材料以石材为特色，木质建筑并存。

（4）建筑色彩以灰、白为主色调。

2. 汉族民居建筑特征

（1）受巴文化等影响，黔北汉族民居形成"小青瓦、坡屋面、穿斗枋、雕花窗、转角楼、三合院、白粉墙"为主要元素的黔北民居。

（2）平面形态多为转角院、三合院、一字院或四合院等。

（3）建筑立面形态为传统三段式，层数1～2层；悬山顶或歇山顶，屋顶多为小青瓦；墙身以白粉墙或木板墙为主。

（4）建筑材料多采用砖、石材和木材等。

（5）建筑色彩以白色、灰色或木色为主色调。

3. 土家族民居建筑特征

（1）平面形态多为三合院、转角院或一字院等。

（2）建筑立面形态为传统三段式，层数1～2层；悬山顶或歇山顶，屋顶多为小青瓦；墙身以木板墙、青砖墙或白粉墙为主。

（3）建筑材料多采用木材和青砖等。

（4）建筑色彩以白色、砖灰或木色为主色调。

4. 苗、侗民居建筑特征

（1）平面形态多为一字房；丘原、滨河地段分布有三合院、四合院等。

（2）建筑立面形态为传统三段式，层数1～3层；悬山顶或歇山顶，屋顶多为小青瓦；墙身以木板墙或青砖墙为主。

（3）建筑材料以木材为主，青砖在徽派民居建筑中使用较多。

（4）建筑色彩以木色、砖灰为主色调。

5. 瑶族、水族、毛南族民居建筑特征

（1）平面形态多为一字院、三合院等。

（2）建筑立面形态为传统三段式，层数1～3层；悬山顶或歇山顶，屋顶多为小青瓦；墙身以木板墙、青砖墙为主。

（3）建筑材料多采用木材、土、石等。

（4）建筑色彩以木色为主色调。

6. 回族、白族民居建筑特征

（1）平面形态多为一字院、三合院等。

（2）建筑立面形态为传统三段式，层数1～3层；悬山顶或歇山顶，屋顶多为小青瓦；墙身以木板墙、青砖墙为主。

（3）建筑材料多采用木材、有青砖、石材等。

（4）建筑色彩以木色、灰色为主色调。

7. 彝族民居建筑特征

（1）平面形态多为一字院、三合院等。

（2）建筑立面形态为传统三段式，层数1~2层；悬山顶或歇山顶，屋顶多为小青瓦；墙身有木板墙、土坯墙、石板墙、白粉墙等。

（3）建筑材料多样，有木材、石材、土等。

（4）建筑色彩以灰、土黄、木色为主色调。

二、典型民居建筑案例

贵州民居的建筑特色与各个不同少数民族的日常生活行为习惯有着密切的联系，与少数民族的生产生活特点有着相互的影响，并同时与各个少数民族的文化内涵有着紧密的关系。不同的民族习惯形成了贵州省各个少数民族风格迥异的建筑文化特色。

（一）屯堡民居

1. 平面形态

在房屋的平面布局上，屯堡民居强调中轴线对称、主次分明。屯堡聚落中绝大多数民居建筑为合院式，屯堡聚落形成了以合院为基本单元的居住方式，整体形成了"民居—街道—村寨"的层次结构，屯堡民居以三合院、四合院为主，及以三合院或四合院为基本单元，组合形成两进或多进院落空间，形成多进院落组成的民居。

（1）三合院

三合院是屯堡民居最常见的形式之一，布局方正，结构清晰，外围护结构坚固，房间通常向内院开敞，既体现很强的防御性，也体现出核心家庭的礼俗秩序。

"三合院"平面基本形制：从平面布局上看表现为"一正两厢"（图7-1-1），正房坐北朝南，明间为堂屋，供奉神祇及祖先牌位，背后常设爬梯通向二层卧室，两侧次间常作为卧室使用；两侧为厢房，其一层多为牲畜圈、厨房或杂物间，二层为卧室；正房对面为院墙或照壁，与两侧厢房一起围合成"三面临舍、一面对墙"的院落空间。三合院围合出的庭院空间具有很强的实用性，可用作晾晒粮食、放置花木、集会休憩、堆放

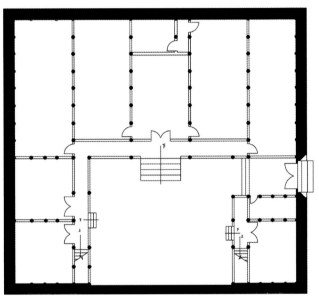

（a）一层平面图

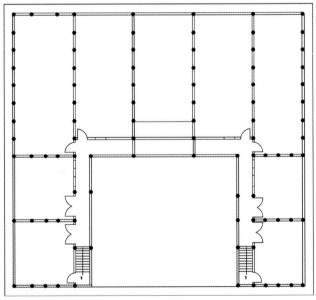

（b）二层平面图

图7-1-1 屯堡三合院平面示意图（来源：李勇 改绘）

杂物等，整个院子的院门通常不会位于正房对面的院墙上，常开在正房与一侧厢房的转角处。

"三合院"立面基本形制：三合院布局方式的民居建筑同样可从屋面、墙体、地基三大要素看出其特征。正房屋顶最高，两侧厢房稍低，屋面多使用当地片石，片石规格多为0.5米见方的规整加工片石或自然片石，20~30毫米厚。在铺作时，将片石按照由檐口至屋脊的顺序层叠搭接，依次搁置于椽子之上，整体呈鱼鳞状。

（2）四合院

四合院是屯堡聚落中的另一种常见的合院形式，规模更大，规制往往更为严整。

"四合院"平面基本形制：屯堡四合院是以间为基本单位的完整、封闭的院落式空间。屯堡四合院以四面建筑围合中央天井，四周有厚厚的石墙围合，墙上较少开窗，或开小窗，常见不同形式的射击口；房屋的门窗均朝向院内开设。屋面出檐，从高处看，整个庭院仅见一隅。进院大门（朝门）不能正对正房大门，通常位于院落的左、右厢房一侧（图7-1-2）。由于四合院具有明确的轴线，正房位于纵轴线上，处于领导地位，所以其中的堂屋常作为整个家族共有的公共空间，有着至高无上的地位，堂屋通常用于日常生活起居和特殊节庆时期的祭祀活动。大部分堂屋的墙上有神榜，多为以红纸书写的"神"或是"天地君亲师"；而正房的次间、稍间多用于长辈起居。左右厢房为子女一辈或其他亲眷拥有，处于次要地位。

"四合院"立面基本形制：四合院的立面组成要素和三合院极为相似，但是由于四合院通常为当地大户人家所见，格局完整、工艺精良，在建设和装饰的过程中投入了更多的精力，所以细部多见精致雕琢。因繁衍、防御需求等原因，以及受近代以来外来文化影响，屯堡聚落中出现了一系列的民居衍生类型（图7-1-3、图7-1-4）。

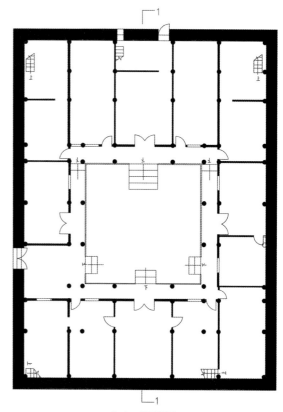

（a）一层平面图

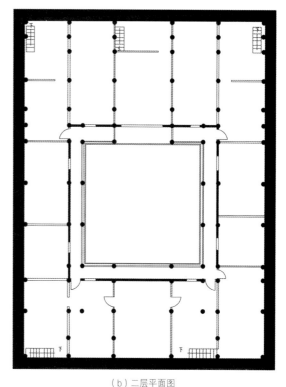

（b）二层平面图

图7-1-2 屯堡四合院平面图（来源：作者 改绘）

（a）内院东立面图

（b）内院南立面图

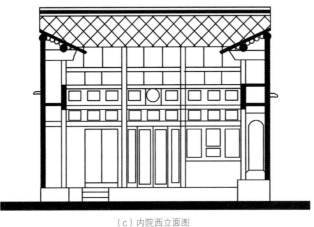
（c）内院西立面图

图7-1-3 屯堡四合院立面示意图（来源：网络；作者 改绘）

2. 立面形态

在建筑高度上通常都是1~2层，并不高（图7-1-5、图7-1-6）。由于屯堡主要是屯军的功能，因此屯堡建筑中有高达20余米的碉楼。

3. 结构形式

屯堡建筑以木石主体结构为主（图7-1-7），房屋的主体为木结构穿斗式悬山顶建筑，其理念与中原江淮文化密不可分，是安顺屯堡文化的重要组成内容，形成了独特的建筑文化景观。

4. 建筑材料

屋面瓦：石板瓦；

外墙：石材面砖贴面（图7-1-8）；

窗：铝合金深褐色花格窗；

门：深褐色木门。

5. 建筑符号

安顺屯堡建筑延续江淮一带木结构穿斗式悬山顶瓦屋建造，内部间壁和前檐门庭均用木板装嵌，后檐墙与山墙则以石块砌就，屋脊用小青瓦装饰，朝门则多有雕刻精美的垂花门罩。门窗构件有隔扇门、雕花门、隔扇窗、支摘窗、风窗、裙板（图7-1-9）等。

石板瓦：采用木屋架，用石板盖顶；

三合院：由正房和两侧的厢房组成，合成"凹"字形合院；

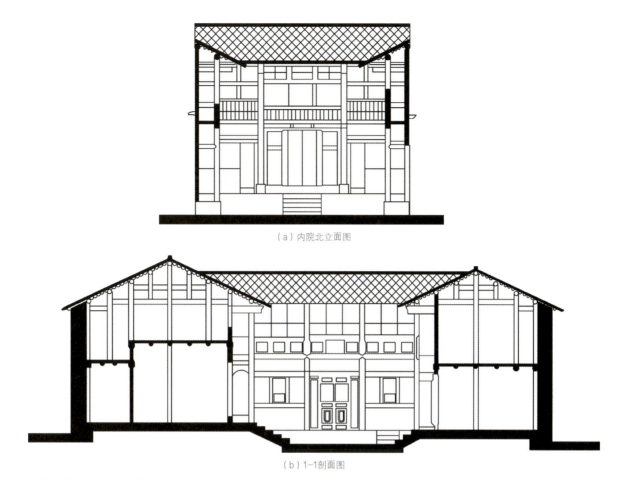

（a）内院北立面图

（b）1-1剖面图

图7-1-4 屯堡四合院立面及剖面示意图（来源：李勇 改绘）

图7-1-5 镇宁竹王石板房

图7-1-6 镇宁竹王木板房

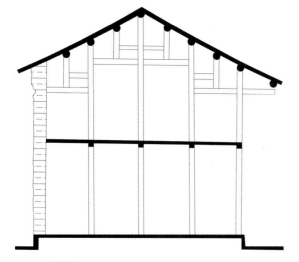
图7-1-7 屯堡民居剖面图（来源：作者 改绘）

图7-1-8 雷屯村传统民居

（a）柱头装饰　（b）花窗　（c）柱脚　（d）门楼

（e）挂落　（f）栏杆　（g）石窗

图7-1-9 屯堡建筑符号

232

八字门：门从上到下呈"八"字形向外敞开，寓意财源广进，发家致富；

月梁：将承重梁稍加弯曲，形如月亮；

民族符号植入：象征屯堡风格纹饰；

其他符号：垂花柱、花格窗。

6. 建筑色彩

主体色：青灰色、石板灰；

辅助色：木色；

点缀色：白色、玻璃蓝等。

（二）汉族民居

1. 平面形态

黔北汉族民居一般多为三开间，两层的单体主体，第一层（图7-1-10a）主要为堂屋和部分辅助功能空间，二层（图7-1-10b）主要为起居功能空间，以及根据每户不同情况设有阳台。也有不少二层设置为阁楼形式的民居。

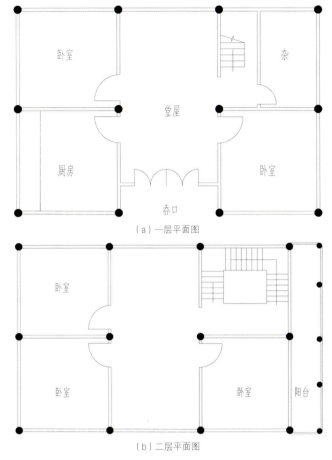

图7-1-10 遵义汉族民居平面图（来源：作者 改绘）

2. 立面形态

民居高度：汉族民居高度以1~3层为主，根据地形，缓坡地为1~2层，斜坡地吊脚层数为2~3层。

民居立面：汉族民居在立面上体现了黔北作为多种文化融合的缩影（图7-1-11），吊脚楼、转角楼，以及当地少数民族文化，都显现了它的特殊性。

3. 结构形式

汉族民居在结构上多为传统的穿斗式木构架，整体性强（图7-1-12、图7-1-13）。

4. 建筑材料

汉族民居因地理原因，大都以木材为主要材料

图7-1-11 遵义汉族民居建筑立面

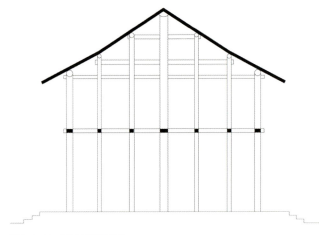

图7-1-12 民居剖面示意图

图7-1-13 民居木架结构

图7-1-14 遵义汉族民居侧面图

（图7-1-14），根据不同的情况辅以石材。

5. 建筑符号

汉族建筑符号上体现了不同文化的融合，例如受巫文化、苗族等少数民族文化的影响。黔北民居的装饰以木雕、石雕为主（图7-1-15）。

6. 建筑色彩

汉族民居主要以灰黑色、原木色（图7-1-16）、朱红色、白色（图7-1-17）为主要建筑色彩，汉族民居的建筑色彩来自于黔北各个不同民族的不同文化习惯，大多与树木、黄土的颜色相近。

（三）土家族民居

1. 平面形态

土家族吊脚楼建筑的平面结构比较复杂，决定他们多结构的因素很多，一是选择的地基难易程度和宜于建房平面；二是人口的多寡和建房的资金雄厚程度；三是该地的风水朝向和向阳采光的条件制约等。

（1）"一"字形正房为一明两次三开间（图7-1-18）

"一"字形平面正屋一般采用面阔三开间或五开间的形式。建筑两边接偏厦作为厨房或杂物间。正屋中间一间较其他房间稍宽，是堂屋。堂屋两旁的房间称为"人间"，一般为对称布局，都是以中柱分隔成前后两间，前面是火铺屋，后面是卧室。火铺一般用木地板铺就，高出地面约30厘米，中间用条石围合出1米见方的火塘。堂屋如果比较宽敞，有的会在后面增加一小间杂物间。在正屋左边或右边向前伸出修建一厢房，则形成"L"形的平面，民间一般称其为"转角楼"。

（2）"L"字形一正一厢（图7-1-19）

"L"形平面房屋的厢房多位于正屋的左侧，也有

(a) 花窗　　　　　　　　　　(b) 柱头　　　　　　　　　　(c) 石雕

(d) 木门　　　　　　　　　　(e) 栏杆　　　　　　　　　　(f) 建筑实用构件

图7-1-15　汉族民居建筑符号

图7-1-16　遵义汉族民居墙面

图7-1-17　遵义汉族民居门窗

位于右侧的情况。主体正房与"一"字形正房相同，只是因为人口增加，增建厢房。

（3）"U"形一正两厢（图7-1-20）

"U"形平面为一正两厢，即在正屋两边各建一厢房，民间一般称为"三合水"住宅，两边的厢房一般为吊脚楼，一层主要是生产工具的存放，二层一般为具有起居功能的空间。带吊脚楼的则称为"走马楼"。

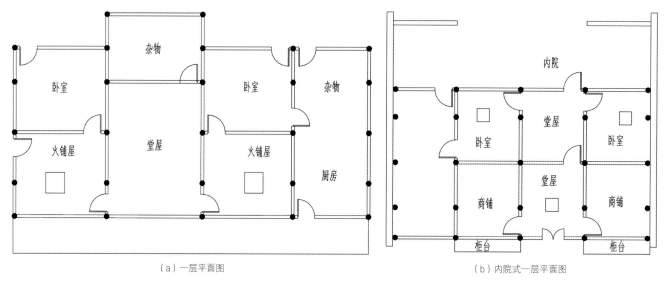

(a)一层平面图　　　　　　　　　　　　　　　　(b)内院式一层平面图

图7-1-18　土家族民居"一"字形平面图（来源：李勇 改绘）

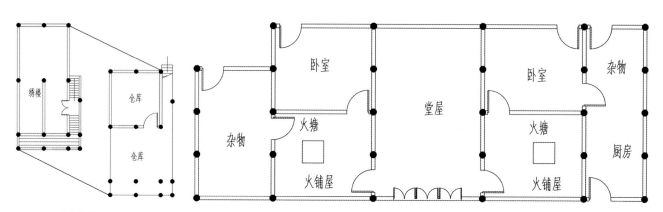

图7-1-19　土家族民居"L"形平面图

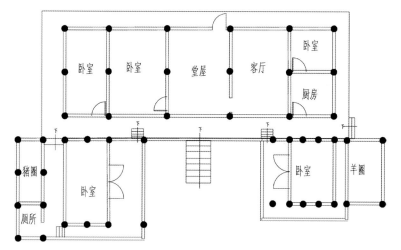

图7-1-20　土家族民居"U"形平面图（来源：李勇 改绘）

236

（4）天井院落式（图7-1-21）

天井院落式民居，一般都是家财殷实的大户人家建造的。同时，由于"四合院""朝门"与"吊脚楼"等在人们的心目中，逐渐成为一种身份和财富的代表，这也是村寨中大量的四合院建筑出现的原因之一。

2. 立面形态

土家族民居建筑顺应地形发展为干阑式建筑，土家族民居建筑一般高度以1~2层为主，半边架空层主要用于储存牲畜饲养以及堆放农具和杂物。一层多为起居、民居、灶房、伙房；二层一般为阁楼，多为晒干谷物和存放粮食。

3. 结构形式

土家族民居建筑房屋的支撑体是传统的穿斗式木架构（图7-1-22、图7-1-23），外墙和内部薄石板镶

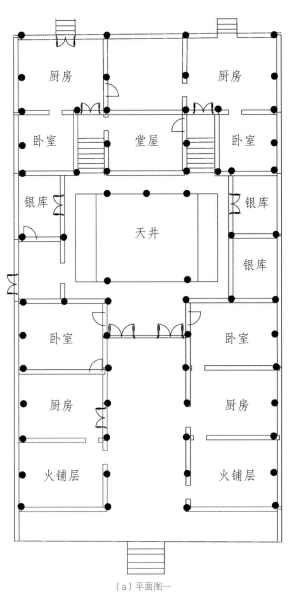

(a) 平面图一

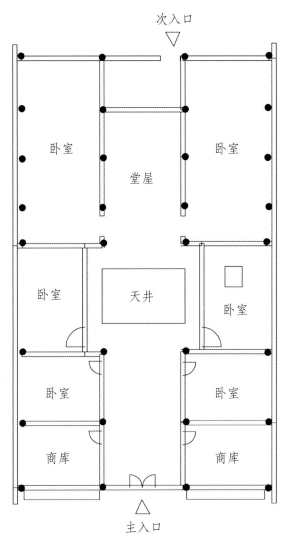

(b) 平面图二

图7-1-21　土家族民居天井院落式平面图（来源：李勇 改绘）

图7-1-22 土家族民居

图7-1-23 土家族民居剖面示意图

嵌，与构架共同承重，侧向位移很小。与大多数贵州民居结构形式类似。土家族吊脚楼为木质结构，不用一钉一铆，房屋均为穿斗式木构架体系，这是南方民居普遍采用的结构形式。其基本构成是，一般以中柱为界，地基在纵向分为二台，长柱立在较低的前台，短柱立在较高的后台，正面一半为楼房，背面一半为平房，楼面比例可以随意调整变化，同地形变化相应合，也由此产生灵活多变的建筑形式。房屋多为"一"字形，一般有三层，四榀三间、五榀四间，个别有六榀五间，三间和三间带磨角者为多，"磨角"即半个开间大小，设于端部，近似于梢间，上部屋顶接正面屋坡转至山面，因而得名。一般磨角处多为歇山屋顶，正房可以带一个磨角，也可两山均带磨角，形成较大体型。吊脚楼的层面多盖小青瓦或杉皮，采用大弧线的悬山顶加两山披檐，少部分采用悬山顶或尚未完善的歇山顶。整个建筑造型的剖面采用了架空、悬挑、掉层、叠落、错层等处理方法。

4. 建筑材料

土家族民居的建筑材料多为就地取材，用材以杉木为主，杂以松、栗、枫木等。所有的房屋除青瓦屋面外，全系木结构，有木楼楞、木楼板、木檩条、木墙板。少数土家族民居使用黄土作为墙体材料。

弯曲木材一般视为残次材。但土家民居却有意在某些部位选用弯曲木材作构件，不仅在形象上形成直木与弯木结合的独特构架形式，还成为识别土家族民居的又一特色。

5. 建筑符号

土家族建筑的符号与建筑细部跟土家族几千年的文化与迁徙历史有很大的关系，门窗锁使用的窗格图案、檐口装饰、石基雕刻（图7-1-24）等都是最有价值的建筑符号。

6. 建筑色彩

土家族民居地区是贵州林业相对比较发达的地区，由于木材资源比较丰富，所以土家族的建筑表皮都是采用木材作为建筑的主材（图7-1-25），建筑色彩都是以原木色为主要的建筑色彩，再加上青黑色、赭石色，构建了与大自然相融合的木结构建筑。

(a) 建筑山墙

(b) 建筑翼角

(c) 建筑吊花

(d) 建筑窗格

图7-1-24　土家族民居建筑符号

图7-1-25　土家族民居建筑

（四）苗族民居

1. 平面形态

苗族民居建筑由于受到地形和长时间文化的影响，在空间形态上呈现多种多样的状态。各地区的苗族建筑不同，以下列举三种苗族常见的民居空间形态。

（1）四方型一明两次三开间（图7-1-26）

正宅为两层吊脚楼，一层主要用于牲畜的饲养以及生产工具、生产资料存放空间；二层平面分为左右两部分。左侧主要为起居室，右侧主要为生活起居、家庭副业生产用房，功能分区明确。

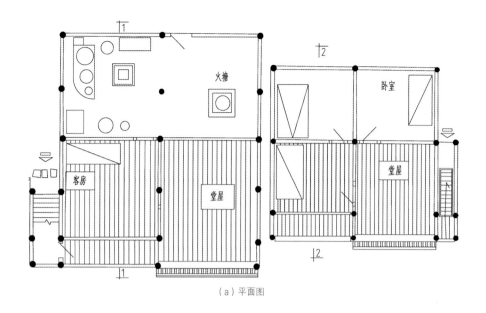

(a) 平面图

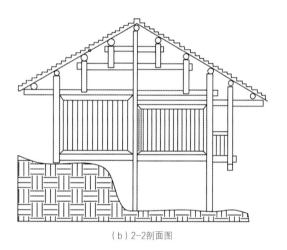

(b) 2-2剖面图

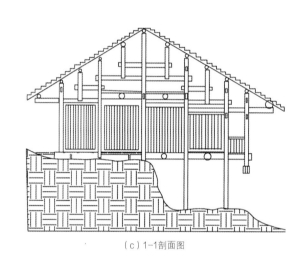

(c) 1-1剖面图

图7-1-26 苗族民居四方型示意图（来源：李勇 改绘）

（2）五开间、六开间联排型（图7-1-27）

建筑单体布局以三开间居多，亦有五六间联排的。三开间分为一堂两暗，明间面阔4.33米，次间为4.3米，进深为7.6米。空间功能区划明显，内部功能区分富于变化，吊脚楼的底层圈养牲畜，并且存放生产工具，中层为民居层，堂层隔成两间，前间为家庭活动、喜庆吉日待客与跳"踩鼓舞"的地方。后间供老人居住；次间隔为两间，前间为卧室，干燥高敞，后间地面部分设火塘，为家庭生活起居中心。

（3）一正一厢型一明两次三开间（图7-1-28）

正房一般是一明两次三开间，明间面阔多为3.66～4米，次间为3.33～3.66米，通阔为10.33～11.33米，进深为6.66～8米。建筑多为两层楼房，主要居室和灶房，以及火塘设在底层。二层为晒干谷物、堆放杂物和客房用，也有作为仓房存放杂物。一个院子除正房

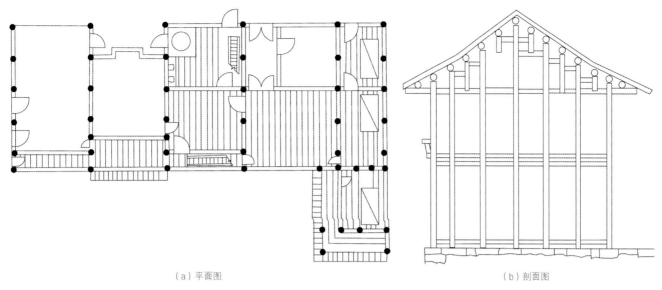

(a)平面图　　　　　　　　　　　(b)剖面图

图7-1-27　苗族民居联排型示意图（来源：作者 改绘）

外，大多有厢房（人口少的不建）、柴草棚、牛栏、谷仓、猪圈、室外厕所等辅助建筑。

2. 立面形态

苗族民居建筑一般高度为1~3层为主（图7-1-29），半边架空层主要用于牲畜饲养以及堆放农具和杂物。二层或三层多用于起居、民居、灶房、伙房、晒干谷物和存放粮食。

3. 结构形式

苗族民居建筑房屋的支撑体是传统的穿斗式木架构（图7-1-30），外墙和内部薄石板镶嵌，与构架共同承重，侧向位移很小。立帖的步架间距取决于进深尺度，一般为0.9~1米。便帖为九柱；中帖采用"减柱法"以瓜代柱，檩距不变；正帖多为七柱两瓜。纵向以开间枋连接。屋顶为双坡水，屋面铺有薄石板防水层。正房均有台基，高度一般为30~40厘米，外部四周为石料砌筑，室内为毛片石铺垫。柱无下柱基础，立于台基之上。

4. 建筑材料

屋面瓦：小青瓦等；

外墙：白粉墙；

窗：木质花格窗；

门：木质花格门。

5. 建筑符号（图7-1-31）

木质花格门窗：材质为木质，镶嵌门窗花；

民族符号植入：苗族文化雕饰以象征吉祥如意、故土祖先等象征物为主；

美人靠：采用弯月形小木条等间距排列；

其他符号：穿斗枋、吊脚楼、垂花柱。

6. 建筑色彩

苗族民居建筑色彩以青黑色、赭石色、原木色为主要的建筑色彩。色彩的来源主要是由于苗族民居的地区山高地险，交通极不方便，与外界交流较少，道路不通畅无法将外面的建材运到苗族生活的地方，于是苗族建筑大多都是就地取材，因此建筑本身色彩与原本的石

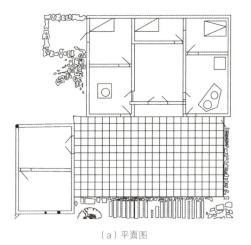
(a) 平面图

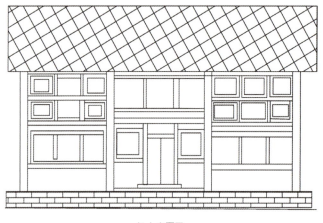
(b) 立面图

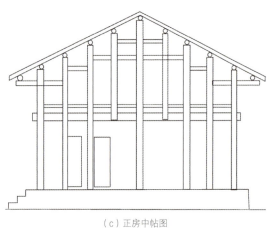
(c) 正房中帖图

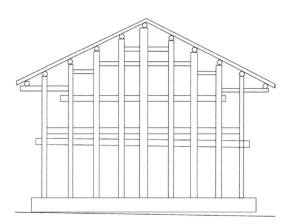
(d) 正房边帖图

图7-1-28 苗族民居一正一厢型示意图（来源：李勇 改绘）

图7-1-29 黔东南苗族民居

图7-1-30 苗族民居传统穿斗式木架构

242

(a) 门窗　　(b) 栏杆

(c) 屋檐　　(d) 窗花

图7-1-31　苗族民居建筑符号

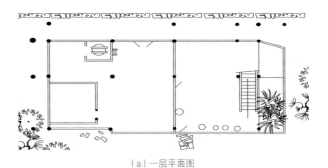

(a) 一层平面图

(b) 二层平面图

(c) 三层平面图

(d) 剖面图

图7-1-32　侗族传统民居两开间示意图（来源：李勇 改绘）

头、树木、黄土的颜色极为接近。

（五）侗族民居

1. 平面形态

传统侗族民居布局多样，变化万千，但就其类型而言，应归属干阑式建筑，即人居其上，畜居其下。侗族民居的平面空间布置杂乱无规律。

（1）底层明间面阔4米，两次间面阔3.67米，通面阔11.33米，通进深9.5米，用于储藏杂物和食品等，个别房间用于卧房；二层其中前部通廊用于副业生产，后部用于储藏杂物、食品等，个别房间用于民居；三层用于民居、生活等，中部为堂屋、火塘间（兼炊事）等用房，后部为卧室（图7-1-32）。

（2）正房为三开间，底层以饲养牲畜和堆放杂物为主；二层是主要生活层，二层明间为主要的公共生活空间，其余次间为民居起居空间；顶层通常堆放食物和杂物，也有局部作为卧房（图7-1-33）。

（3）正房为五开间，底层为半吊脚状态，二层明间为堂屋，两次间及梢间为居室，其中一个次间为厨房，内设火塘，三层堆放谷物，也作民居用（图7-1-34）。

2. 立面形态

侗族民居建筑一般高度为1~3层为主（图7-1-35），

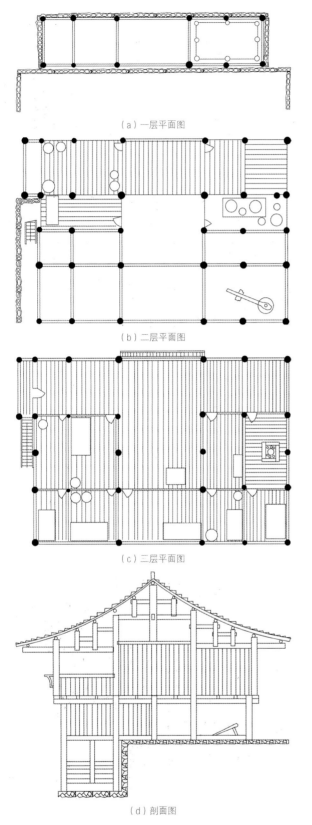

图7-1-33 侗族传统民居三开间示意图（来源：作者 改绘）

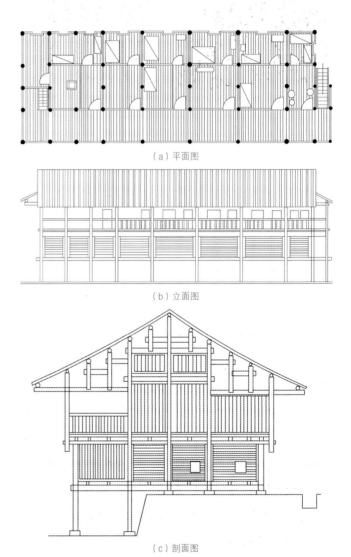

图7-1-34 侗族传统民居五开间示意图（来源：李勇 改绘）

图7-1-35 岩洞村民居建筑

半边架空层主要用于牲畜饲养以及堆放农具和杂物。二层或三层多为起居、民居、灶房、伙房、晒干谷物和存放粮食。侗族公共建筑鼓楼高度最高有17层，高度约38米。

3. 结构形式

在贵州传统侗族民居中较常见的结构体系为上下串通的穿斗式整体框架木构体系，侗族称"整柱建竖"（图7-1-36）。穿斗式结构原则上用枋穿柱，以柱承檩，斗成房架。其基本上是用一根横梁将边柱串联起来，纵向再以枋连接，构成框架。

图7-1-36 上下串通的穿斗式整体框架（来源：网络）

4. 建筑材料

屋面瓦：小青瓦；

外墙：灰色清水砖、白色墙漆；

窗：木色花格窗；

门：木质门。

5. 建筑符号（图7-1-37）

青砖墙装饰：小青瓦、原木色、灰色清水砖、白色墙漆；

垂花柱头：象征喜庆的灯笼柱头；

木栏杆：采用鼓楼栏杆为原型；

民族符号植入：鼓楼、风雨桥；

其他符号：穿斗枋。

6. 建筑色彩

侗族生活的地区多为贵州省木材丰富的地区，因此，建筑色彩多为建筑材料原始色彩，未加入任何修饰。侗族民居建筑色彩以青黑色、赭石色、原木色、青瓦灰为主要的建筑色彩（图7-1-38）。

（a）檐口

（b）窗花

（c）柱头

（d）柱脚

（e）栏杆

（f）柱头及穿斗枋

图7-1-37 侗族民居建筑符号

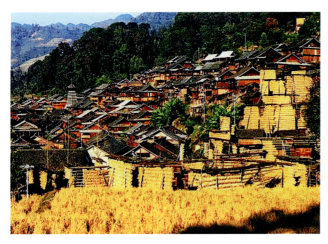

图7-1-38 占里村全貌

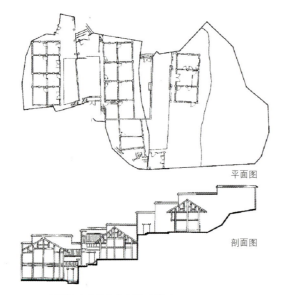

平面图

剖面图

图7-1-39 镇远复兴巷杨宅（来源：网络）

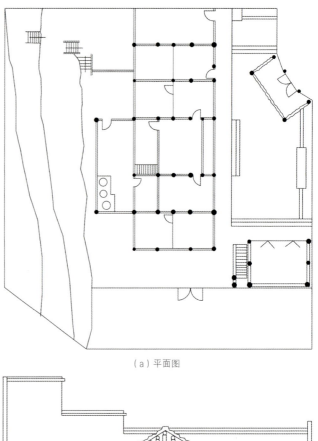

（a）平面图

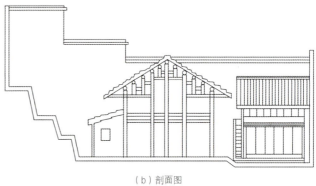

（b）剖面图

图7-1-40 镇远冲子口李宅（来源：作者 改绘）

（六）徽派民居

1. 平面形态

镇远复兴巷杨宅（图7-1-39），共有三进一园，一进与二进高差达4.5米，二进与三进差6米，一进二楼廊道接二进天井，二进与三进间有隐蔽的巷道相连，这样丰富了建筑空间，有园林建筑之情趣。四合院的外形转折自由，或圆或方，随山的转折而建，与地形结合得十分巧妙。为了防水、防火与防御山上的石头滚落砸坏建筑，每栋四合院都建在高于自然的台基上，封火墙高达8~10米，且因基础不平的错落也无一定规律，例如镇远冲子口李宅（图7-1-40）。

黄平旧州的朱国华店铺民宅是贵州典型的前店后宅的建筑（图7-1-41）。前房临街，三开间，明间为过厅，两次间为双合铺面，铺面前临街面设柜台，内设货架，并有两个内柜台相对而置。此进通面阔9.3米，进深5.45米，两层，重檐双坡屋面，三叠马头山墙。底层高3.2米，明间前后均为四扇可拆木制大门，内外柜台

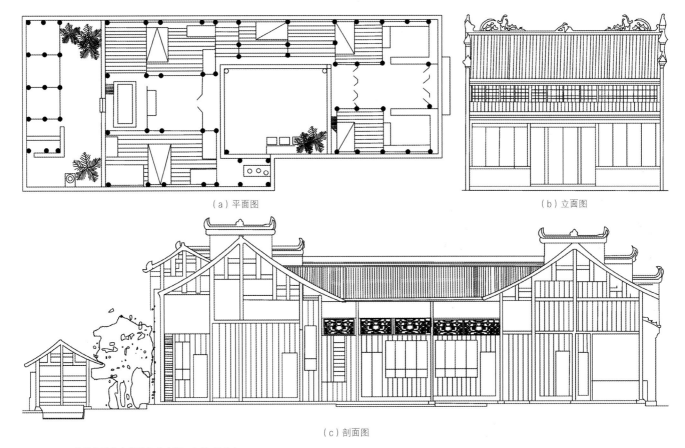

图7-1-41 黄平朱国华店铺民宅（来源：李勇 改绘）

上置梭板门，亦可拆卸。二层设三个房间供客商休息。后进为正房，双坡屋面覆盖小青瓦，面阔12.3米，进深7.8米，三开间吞口式木构建筑。中间为堂屋兼过厅，两次间为卧室。堂后为封闭式天井，面积为10平方米左右，左右为内设厢房各一间。正房前为外天井，左为厢房前后两间，厢房与正房间为一小粮仓。

2. 建筑高度

不管是贵州镇远的徽派建筑还是贵州的屯堡建筑都属于民居建筑，在建筑高度上通常都是1~2层，并不高。但是屯堡主要是屯军的功能，因此屯堡建筑中有高达20余米的碉楼。在徽派建筑中马头山墙高度也可以达到10余米，由于贵州山地的特点，视觉上可以看到马头山墙的高度更高。

3. 结构形式

贵州镇远的徽派建筑结构主要都是穿斗式木结构，一般为两层建筑，空间序列与营造制式严格。正房选择南向，一般为四架三间，也有六架五间的，厢房则根据地形有一侧厢房和两侧厢房的，部分民居有倒座。

4. 建筑材料

屋面瓦：小青瓦等；
外墙：青砖墙；
窗：木质窗、石雕花窗；
门：木质门。

5. 建筑符号

徽派民居外部的建筑装饰整体上是收敛的，简朴

图7-1-42 门楼

的。而内部的装饰则是精雕细琢的，内外装饰差别很明显。徽派风格民居不仅包含了徽派马头墙、徽派门楼（图7-1-42）等徽派元素，还融合了美人靠、少数民族雕饰等多种民族元素符号（图7-1-43）。

门楼：徽派风格民居大门，均配有门楼，规模较小一些的称为门罩；

马头墙：高于两山墙屋面的墙垣，酷似马头，起着隔断火源的作用；

"三雕"：石雕、木雕、砖雕等装饰形式；

其他符号：镂空花窗、花格门窗。

中原传统四合院建筑与西南少数民族山地建筑有机地结合起来，造型则根据地形复杂多变，房屋建筑以悬山顶居多，兼有硬山顶、歇山顶。一般为两层，一层为居室，二层为藏物室。

徽派民居建筑与山共存，与水亲近，一派人与自然和谐共处的景象。建筑装饰艺术则不如中原宅院那么华丽，也无少数民族建筑那么纯朴，但各装饰构件艺术却体现了历史文化气息，显示了镇远历史文化特征，比如一些门枕石上雕有"莲生三戟"象征原住人家是官宦人家，雕刻大象（镇远本无象）反映了明清缅人骑象过镇远的历史等。

木雕是黔东南徽派民居建筑特征的一个重要符号，这些精湛的木雕融人文、审美于一体，是中国传统文化与装饰艺术的完美结合。在民居木雕中，用的最多的元素是龙凤、麒麟、鱼虫、喜鹊、花木、书卷、人物、回纹以及各种吉祥图案等，这些木雕元素一般不单独分开，而是各个元素随意搭配，每一幅木雕图画背后都隐含着鲜明的儒家文化特色及伦理道德修养意蕴。这些木雕意蕴来源于以古代儒家为代表的古典美学思想。在徽派民居中，在大街小巷里，随处可见美轮美奂的木雕艺术（图7-1-44）。

6. 建筑色彩

一般屋面以小青瓦顶的黑色为主，墙体以灰白为主。与传统徽派建筑类似。而贵州的屯堡民居则是以青瓦灰和青黑色以及石灰白三种色彩为主。

（七）水族民居

1. 平面形态

水族房屋建筑一楼一底房，楼梯设在顺山面一侧。楼上为人居场所，楼下为石碓、杂物间及猪、牛圈等。平面布局"三间两厦"（图7-1-45），建造工艺是先建底层作为平台，再与其上建二层楼房，上下层立柱互不连通，周围不设走廊、阳台。该宅样式、结构等保持了我国南方古越人"干阑"建筑遗风。

（a）民居大门

（b）民居飞檐

（c）徽派封火墙

（d）民居建筑檐口

图7-1-43 徽派民居建筑符号

图7-1-44 镇远戏楼木雕

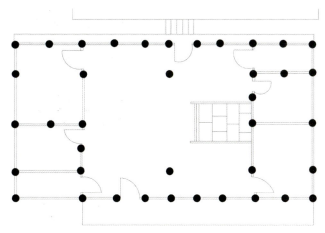
图7-1-45 水族民居平面图

2. 立面形态

民居高度：水族民居建筑一般高度为2层，少数为3层（图7-1-46）。

民居立面：在立面形态上形成三节式建筑，即掉一层，中部较为精细平整，顶部多为歇山式青瓦屋顶，是典型的贵州民族建筑形式（图7-1-47）。

3. 结构形式

水族房屋结构形式为穿斗与抬梁混合式歇山青瓦顶木构建筑（图7-1-48），修建时，先建底层作为平台即框架结构，再在上面建房；这种工艺与其他木结构建筑比较相对稳固。

4. 建筑材料

水族通常使用木材、石材等作为建筑材料，木材以杉木为主（图7-1-49），杂以松、栗、枫木等。以木制干阑式建筑为主，少量土墙建筑，茅草房较少。

5. 建筑符号

水族建筑的符号与建筑细部跟水族几千年的文化与迁徙历史有很大的关系。民居建筑依山而建，均不在一个平面上，形成立体的建筑空间，属传统建筑形式，特色符号主要体现在建筑形式以及自然崇拜的符号上（图7-1-50）。

图7-1-46 水族民居

图7-1-47 水族民居立面示意图

图7-1-48 水族民居剖面示意图

图7-1-49 水族民居

6. 建筑色彩

水族民居建筑色彩以青黑色（瓦）、原木色为主要的建筑色彩（图7-1-51）。色彩的来源主要是由于水族居住的地区山高地险，交通极不方便，与外界交流较小，道路不通畅无法将外面的建材运到水族生活的地方，因此建筑本身色彩即为建筑原材料石头、树木等本色。

（八）布依族民居

1. 平面形态

布依族民居建筑由于受到地形和长时间文化的影

（a）吻兽　　　　　　　　（b）柱头　　　　　　（c）木柱

（d）屋檐　　　　　　　　　　　　（e）屋脊

图7-1-50 水族民居建筑符号

图7-1-51 水族民居建筑色彩

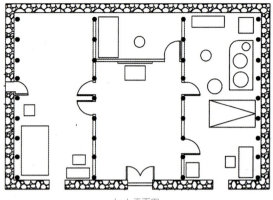

(a) 平面图

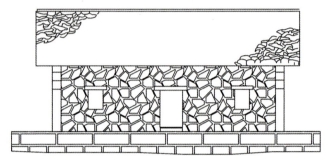

(b) 立面图

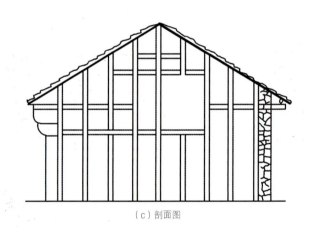

(c) 剖面图

图7-1-52 布依族四方形传统民居示意图（来源：作者 改绘）

响，在空间形态上面呈现多种多样的状态。各地区的布依族建筑不同，以下列举三种常见的民居空间形态。

（1）四方形一明两次三开间（图7-1-52）

一明两次三开间布置，共6个房间，明间前部为堂屋，后部为老年人卧室或杂物间，两次间分隔为前后四个房间，分别为卧室、灶房和储藏间等。

（2）一正一厢"凸"字形一明两次三开间（图7-1-53）

正房为三开间，平面布置与正方形三开间形式类似，堂屋后面的老人卧室在正北方向，类似"凸"字形。在内部空间功能上，两次间仍然分隔为前后四个房间，分别为卧室、灶房和储藏间，正房的一侧为厢房，呈"L"形布局，厢房多为两开间，作灶房、客房或堆放杂物用。

（3）长方形两明三次五开间（图7-1-54）

正房为长方形格局，有两个堂屋，三个次间。可以分解为两个一明两次三开间的结合，类似现代建筑中的联排别墅，功能上与单个一明两次三开间类似，只是在中间的次间为火塘，不作民居使用。一般这种形式的布依族民居通常为家庭人口较多，或者是家中子女结婚后增建而产生的格局。

2. 建筑高度

布依族建筑多为单层建筑（图7-1-55），少数有两层。建筑高度一般都在4～8米之间。

3. 结构形式

布依族民族建筑一般采用石木结构，木材作为建筑的结构支撑，石材做所有的围护结构。主体框架采用穿斗式木结构（图7-1-56）。少数没有木结构的由石板或者石块垒积作为房屋的支撑。内部房间大多数使用木材来进行隔断。贵州大多数民族建筑都采用穿斗式木结构

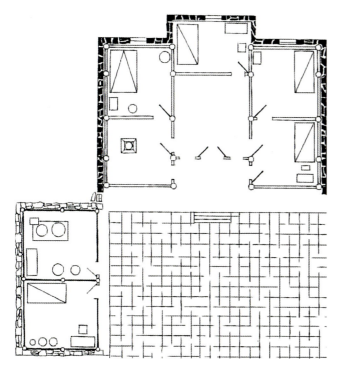

图7-1-53 布依族"凸"字形传统民居示意图

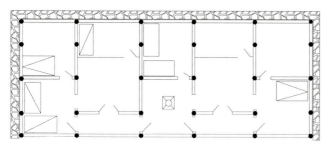

图7-1-54 布依族长方形传统民居示意图（来源：作者 改绘）

图7-1-55 布依族传统民居

图7-1-56 布依族建筑结构形式

作为建筑的结构体系，原因是使用传统以及方便就地取材，而布依族的结构有所不同，布依族生活的区域并不是盛产木材的区域，而是石漠化情况非常严重的区域，大量的页岩裸露在山体表面，因此有很多结构是石木混合的一种体系。布依族的房屋外面并不像其他民族的建筑可以看到穿斗式结构的木质结构柱，而是将木头结构包裹在石板填充之中，形成堡垒式的围护结构。这种独特的建筑结构是为了抵抗外来的攻击，有防御作用。

4. 建筑材料（图7-1-57）

屋面瓦：筒瓦、水泥瓦等；

外墙：白色涂料、青砖、木色漆；

窗：铝合金木色花格窗；

门：木质门、铁艺门。

5. 建筑符号

建筑的符号与建筑细部与布依族历史文化积淀息息相关，主要体现在门簪、花窗、檐口、腰门、竹篱墙面、栏杆、屋顶等都是极有价值的建筑符号（图7-1-58）。

6. 建筑色彩

布依族建筑所使用的建筑材料通常为就地取材的原

始材料，所以建筑的色彩也是和石板、木材本身的色彩类似。根据对布依族建筑材料的总结得到布依族民居建筑色彩，主要是以石灰白、桃木色、青黑色、青石板、青瓦灰为主。

（九）彝族民居

1. 平面形态

彝族民居的空间形态和贵州其他的民居比较类似，属于传统的一明两次三开间的格局（图7-1-59），但是在明间也有起居的功能，火塘放在明间中。根据现代建筑的理论明间其实是一个复合空间的概念。贵州的彝族民居中具有代表性的是"权权房"。"权权房"一般为三开间带前廊，前廊是休息和家人团聚的场所。正房上方设有阁楼，阁楼下有火塘，用于起居和做饭。阁楼上为卧榻，有直爬梯供上下，虽然这种房子受熏烟之苦，但很干燥。

"尼莫"有的也叫"哈库干哈"，是女主人的卧室，也是存放家里贵重物品的地方，墙上是悬挂安放祖灵的地方。"哈库"是家中女儿的卧室。"干破"是家中男人们的卧室，有的也作为客房。"干破干基"以前是放磨子的地方，现在一般作为库房。"干基博惹"是女儿的卧室。"尼莫博惹"是男主人或家中男人的卧室。

2. 立面形态

民居高度：贵州彝族民居的建筑高度一般都为单层建筑，少数的"权权房"有阁楼，为二层建筑。

民居立面：在立面手法上采用了彝族地方性建筑的形式（图7-1-60），并同贵州民居相互呼应，彝族土墙房是彝族居民在山地条件下富有特色的创造。

3. 结构形式

以石为墙基，用土坯砌墙或用土筑墙，墙上架梁，

图7-1-57　黔南州平塘县塘边镇新建村民居

（a）门簪

（b）檐口

（d）腰门

（c）花窗

（e）竹篱墙面

（f）栏杆

图7-1-58　布依民居建筑符号

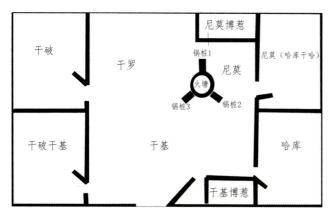

图7-1-59 彝族民居平面图（来源：作者 改绘）

图7-1-60 彝族民居立面

图7-1-61 彝族民居屋顶

图7-1-62 彝族民居建筑墙体

梁上铺木板、木条或竹子，上面再铺一层土，经洒水抿捶，形成平台房顶，不漏雨水。房顶又是晒场。有的大梁架在木柱上，担上垫木，铺茅草或稻草，草上覆盖稀泥，再放细土捶实而成。多为平房，部分为二层或三层。

4. 建筑材料

建筑材料以泥土为主，添加适量的木板。山区泥土丰厚，石头众多，在村寨边的山坡上随手撬来一些大石头，立起一二尺高的墙脚墙基，再用夹杆夹好筑板作为模板（图7-1-61、图7-1-62）。

5. 建筑符号

彝族建筑的符号与建筑细部跟彝族土司几千年的文化与迁徙历史有很大的关系。

彝族崇虎，以虎为图腾。很多彝族民居建筑上，往往雕刻一小石虎置于正房脊中部或大门上挂虎头牌，寓意避邪驱魔，保佑家运兴达。

此外，彝族民居的许多部分上也附有神灵，如梁有梁神，灶有灶神，门有门神，仓有仓龙，厕有厕神等。透过彝族民居，可以看到彝族宗教信仰的全貌。主要建筑符号有建筑木雕、砖雕、石雕，镂空花窗，立柱，屋脊，飞檐，翘脚等（图7-1-63）。

6. 建筑色彩

彝族民居建筑色彩主要有土黄色、白灰色（图7-1-64）。

图7-1-63 彝族民居建筑檐口（来源：网络）

图7-1-64 彝族民居白墙（来源：网络）

第二节 公共建筑

一、公共建筑类型

公共建筑具有较强的公共性，是民族文化、地域文化、艺术、社会活动等的物质载体，而其中又以文化类和标志性公共建筑为主。

贵州少数民族传统建筑的外部造型风格多样，极富人情味、创造力，尤以其民居建筑最具生命力，如苗族吊脚楼、侗族干阑建筑、布依族石板房、瑶族叉叉房等。这些民族的传统公共建筑是举行重要仪式、节日庆典、公众聚会活动的场所，装饰更加绚丽多彩，如门楼、寨门、铜鼓坪、鼓楼、风雨桥、祖母堂、戏台、粮仓等，形态各具特色。

贵州传统聚落中的公共建筑根据功能分为七个类型：

（1）生产型建筑：花桥；
（2）生活型建筑：粮仓；
（3）宗教型建筑：宗祠、佛寺、教堂；
（4）礼仪型建筑：鼓楼；
（5）军事型建筑：城堡；
（6）娱乐型建筑：戏台；
（7）综合型建筑：万寿宫。

二、典型公共建筑

（一）鼓楼

作为民族民间建筑文化符号的鼓楼建筑是中国优秀的传统建筑艺术之一，其历史渊源无史料可考。史载，侗族地区明代就建有鼓楼。从江境内现存最早的鼓楼建于清康熙十一年（1672年）（图7-2-1）。从江县境内的鼓楼有鼓楼和地楼之分，地楼亦是公共建筑，功能同鼓楼一样，但制式和民房基本相同。

鼓楼是侗寨吉祥的象征和团结兴旺的标志，是侗寨必有鼓楼。其功能一是当地人们集会议事的政治中心；二是大家休息摆古、对歌、祭祀、迎宾、送客等文化娱乐活动的场所；三是寨老处理民事纠纷，当众评判是非曲直、断案的地方；四是应付紧急情况的指挥所。

图7-2-1 增冲村鼓楼

图7-2-2 小黄村新黔鼓楼（来源：网络）

据统计，境内有造型各异的鼓楼108座，在众多的鼓楼中，可分为九洞、千七、二千九、六洞和都柳江（又称融洞河）五大鼓楼群。九洞和二千九地区的鼓楼高大，气势雄伟，楼冠大且平缓，往往同风雨桥建在一起。六洞和千七地区的鼓楼大小适中，装饰华丽，鼓楼与戏台多相伴而建。都柳江沿岸鼓楼大多小巧玲珑，典雅秀美，雍容大方，楼冠小而且陡。这五大鼓楼群形成了各具地域特色的人文景观。

苗族鼓楼是悬山顶楼冠，建筑工艺别具一格，一般只有2~7层。最高的是建于清光绪二十八年（1902年）的大洞苗族鼓楼，正四边形，四面坡7层重檐，单楼冠两面坡悬山顶，底层有栏杆式围栏，通高12米。建于清道光丙戌年（1852年）的谷坪乡高吊村表里鼓楼，是境内4座苗族鼓楼的佼佼者。

从江的鼓楼一般由4根、6根或8根合抱的主承柱，作为支撑鼓楼的整体构架，其中2005年新建的从江鼓楼主承柱大的胸径达130厘米，小的也有120余厘米。但是，中国民间艺术之乡（侗歌艺术）——小黄村，1984年重建的11层八角新黔鼓楼（图7-2-2）则独辟蹊径，与众不同，主承柱不落地，只有12根檐柱和4根大梁支撑整座鼓楼。该村后来重建的小黄、高黄鼓楼主承柱均不落地。

鼓楼外形结构都是飞阁重檐（图7-2-3），不用一钉一铆，层层收束而上，宝顶尖端直插蓝天，像株巨大杉树屹立在寨子中间。除苗族和少数侗族鼓楼楼冠采用悬山顶建筑工艺外，其余楼冠都是四角、六角或八角翘角攒尖顶。采用斗栱结构，保留着古建筑传统工艺，是鼓楼建筑的一大特色。大多数鼓楼楼冠的如意斗栱，都是采用变形"人"字斗栱和锯齿涩木构成，支撑着高大的楼冠顶盖。

（二）花桥

花桥是侗族的一种艺术建筑，花桥的全部桥身都是用杉木横穿直套，卯眼相接，不用一根铁钉和铁部件，结构极为合理。他们还在桥身上建起一个长廊式的建筑，把桥身完全遮盖起来。长廊上有供过路人休息的长凳。因为人们可以在桥上避风躲雨，所以花桥也被人们称为风雨桥或长廊风雨桥。

从结构上花桥可以分为亭阁式和鼓楼式两种。桥面上有亭阁式建筑的是亭阁式花桥（图7-2-4），这种花桥在侗族地区是常见的。在比较宽阔的河面上，往往在大桥长廊上加盖3~5层的四檐四角的鼓楼式建筑，这

(a) 往利村鼓楼　　　　　　　(b) 银潭村鼓楼　　　　　　　(c) 大寨村鼓楼

图7-2-3　鼓楼

(a) 黎平地坪风雨桥　　　　　　　　　　(b) 黎平九龙村风雨桥

(c) 黎平杏洞村风雨桥　　　　　　　　　(d) 雷山下郎德村风雨桥

图7-2-4　风雨桥

便是壮观的鼓楼式花桥。

（三）禾仓

禾仓的选址一般距离村寨20~30米的范围选择适合的平地，禾仓和住宅是分开而建的，禾仓即粮仓，是少数民族最具代表性的建筑物。

1. 禾仓建筑的分类

禾仓多为分散而建，我们可以从禾仓的形状、结构和材质三个方面对其进行分类（图7-2-5）：

（1）按形状分类：①圆形；②方形；③多边形。

（2）按结构分类：①单仓；②姊妹仓；③哥弟仓；④夫妻仓。

（3）按材质分类：①全木质结构；②木质和竹篾搭配结构。

禾仓有四大绝妙的功能特点：防鼠、防潮、防火、防盗。

2. 禾仓建筑的基本形态

禾仓建筑属于木构架单体建筑。木构架单体建筑的形态可以分解为平面构成、剖面构成和立面构成。其特点通常可以概括为以下几点：

（1）单体建筑平面以"间"为单位，由一间或若干间组成。"间"有两个概念：一是指四柱之间的空间；二是指两缝架之间的空间。禾仓建筑的构架属于四柱之间的空间，建筑平面的大小规模取决于开间的数量。

（a）久吉村禾仓群

（b）新桥村禾仓

（c）额洞村禾仓

（d）懂蒙村禾仓

图7-2-5 禾仓

（2）单体建筑的剖面，受制于檩子的数量、出廊的方式、举架的高低和梁架的组成，禾仓的建筑结构形式单一，没有官式建筑的规模与要求。

（3）单体建筑的立面，区分为"三分"：禾仓为干阑式建筑，建筑的"三分"主要包括屋顶、屋身和立柱架空，具有防鼠患、防潮湿、防火灾等显著功能。

3. 禾仓的异同点

（1）圆形禾仓：圆形禾仓为单仓木质与竹篾搭配结构。禾仓的下半部分，是用四棵杉木或是松木支撑着上面的仓身，在承重面板下端的四棵立柱上倒扣光滑锃亮的陶罐或光滑、平坦的方形薄木板，立柱高约2～3米，立柱底部用木材横穿，相连为四边正方形，四周用竹篾编制并围合成圆柱状，用茅草捆扎成葫芦状覆盖仓顶。

（2）方形禾仓：方形禾仓是全木质结构，材料使用多为松木和杉木，结构形式亦同于圆形禾仓，但仓顶是用瓦片覆盖。由于材料因素，较圆形禾仓相比，方形禾仓使用寿命长，使用空间大，更加结实牢固。

（3）多边形禾仓：多边形禾仓的形成是由于地形条件的限制，体现因地制宜的原则，此禾仓极为少见。材料、结构形式都与方形禾仓不尽相同。

（四）宗祠

宗祠是祭祀祖宗和先贤的场所，是血脉的圣殿，是封建宗法统治的基层中心。在这里，要举行春秋大祭，议决族事，执行族约宗规，正俗教化。此外，逢年过节，聚会庆典，在此演戏、舞龙、合族共欢，生丧嫁娶，在此摆酒设宴等，因此，祠堂又是庆典娱乐的场所。

1. 布局结构

祠堂的布局和建筑风格有合院式、园林式和民国建筑式等（图7-2-6）。

合院式建筑的特点是围绕中轴线展开的对称布局，其规模有一进或若干进。一进的布局为前厅（门厅）、后厅（享堂兼寝室），中间为天井，西边为厢房；二进的布局为前厅（门厅）、中厅（享堂）、后厅（寝室），前后两天井。前天井较大，左右为厢房，大多有楼。后天井较小，左右大多是围墙，少数有小楼的称为耳房。有的祠堂在厢房外还有抱屋，当然，规模更大的多至三进。

2. 雕梁画栋

每个祠堂都有大量的雕刻，这是祠堂作为家族公共建筑的地位和正俗教化功能的需要，也是传统建筑的艺术性特色。无论从人物、动物（瑞兽）、花草、器皿甚至装饰图案，大部分包含着吉祥的寓意。

3. 匾额联语

大凡祠堂都有匾额联语，这是中华文明的特色，祠堂因此也充满了浓浓的文化气息。每个祠堂都有自己的堂号，也有没有姓氏特征的堂号。

（五）佛寺、教堂

1. 佛寺

佛教自唐宋以来陆续传入贵州，但没有越过乌江。元代始向乌江以南传播，而寺庙仍很稀少。到了明代，府、州、县卫皆有寺庙。而且土司地区也不例外，深入穷乡僻壤。明太祖朱元璋建都南京以后，为使"皇图永固，帝道遐昌"，在总结历代统治者治国经验的基础上，确立了"治国以教化为先"的方针。以儒学教育为主，辅以佛教和道教，借以达到"使人日渐教化"的目的，以图能够长治久安。在明代统治者看来，佛教是"敷训导民""驯化人心"的有效工具，可以使人乐于善事而不谋反，因此随着统治的加强，佛教在贵州广为流

(a) 三穗龙氏宗祠　　　　　　　　　　　　　　(b) 印江严氏宗祠

(c) 惠水陈氏宗祠　　　　　　　　　　　　　　(d) 天柱潘氏宗祠

图7-2-6　宗祠

传，其盛况非宋、元时所能比（图7-2-7）。

2. 教堂

天主教于明末清初传入贵州，早期主要是购买民房改建为传教场所，后来才逐步引进了西方建筑艺术，并将其与中国传统建筑形式相结合。这批"中西合璧"的贵州天主教堂，不仅是一种建筑形制，更是贵州天主教中国化的表征（图7-2-8）。

贵州的天主教堂一般采用中国传统的中轴对称式的庭院布局，教堂由庭院大门、院落、经堂、厢房及其他附属房屋组成。

教堂庭院多为典型的中国庭院结构。大门通常为牌坊式和门楼式两种。牌坊式较为简洁，门楼式则比较繁复。天主教堂平面布局采用中轴对称模式，不仅属于美学上的几何中心的概念，而且是向中国传统建筑形式的趋近。

(a) 贵阳黔灵山弘福寺

(b) 铜仁梵净山护国寺

(c) 镇宁县观音洞

图7-2-7 佛寺

（六）戏台

戏台即戏剧舞台，是指为戏剧演出而建的专门场所。中国古代戏台基本为木结构建筑，从高度讲大致可分为单层、双层两种类型。单层指戏台建在一个台基上，台基一般高度为1米左右；双层指戏台建在通道之上，通道多为山门，高约2米左右。从开口角度讲，可分为一面观、三面观两种，亦有介于二者之间者（图7-2-9）。

戏台从结构看，多在四根角柱上设雀替大斗，大斗上施四根横陈的大额枋，形成方框，方框下面是空间较

（a）旧州古镇天主教堂

（b）石阡天主教堂

（c）贵阳天主教堂

图7-2-8 教堂

大的表演区,上面则承受整个屋顶的重量,这种额坊的建筑形制,对需要开间较大的舞台是十分有利的。在元初的魏村、王曲戏台上,两侧后部三分之一处,设辅柱一根,柱后砌山墙与后墙相连,两辅柱间可设帐额,把舞台区分为前台和后台两部分,前台两边无山墙,可三面观看。

(七)城堡

城堡作为城市、城池和寨堡的抵御外侵防御性建筑,中国古代城市的城墙从结构和功能分,主要由墙体、女墙、垛口、城楼、角楼、城门和瓮城等部分构成,绝大多数城墙外围还有护城河。从建筑的原材料分,分为版筑夯土墙、土坯垒砌墙、青砖砌墙、石砌墙和砖石混合砌筑多种类型(图7-2-10)。

(八)万寿宫

万寿宫(图7-2-11),又名江西会馆,位于贵阳市青岩镇西街3号。

万寿宫系穿斗式硬山顶砖木结构建筑,整座宫院由正殿、配殿、西厢、戏楼和生活区构成一组建筑群,坐东向西,占地2000平方米,结构严谨,规模较大,保存完整。

正殿前的大院为正方形青石板铺成,约300平方米。戏楼背面为青砖砌成的牌楼,构成万寿宫正门。该戏楼是一栋形式典雅,工艺精湛,木雕、石雕等部件雕刻细腻,人物花草图案逼真的清代南方建筑。

戏楼面阔三间,进深9米,中间为戏台,台宽8米,两侧是戏廊和演员休息室;主体构架为四棵金柱支撑,柱径60厘米。柱础由花纹各异的八角形白绵石雕成,周长1.95米,高0.5米。台口横枋、檐口横枋、左右戏廊横枋、望柱,都有木质浮雕和透雕花草人物图数十幅。

(a)瓮安猴场草塘戏楼

(b)青岩万寿宫戏台

(c)青岩龙泉寺戏台

图7-2-9 戏台

(a)青岩古城墙

(b)隆里古城墙

(c)海龙屯朝天关

(d)海龙屯飞虎关

(e)福泉古城墙城门楼

(f)福泉古城墙小西门

图7-2-10 城堡

（a）万寿宫大门

（b）万寿宫大殿庭院广场

图7-2-11 万寿宫

第三节 建筑环境

一、聚落自然环境格局

聚落建筑的要素、特征形成与其周边的自然环境、人文风俗文化有极其紧密的联系。将聚落建筑环境归纳为自然环境格局、整体空间形态、空间环境要素三个主要方面。自然环境格局包括山体、水体、田园；整体空间形态包括坡地型、丘原型、滨水型、综合型；空间环境要素包括街巷、公共空间、环境绿化。

自然环境格局主要包含山体、水体、田园三大因素。

（一）山体

山体在贵州民居聚落有原生性的特点，民居周边往往有山体相依（图7-3-1），这与民居建筑的选址世代相延"依山而寨、择险而居"的选址原则有很大关系。选址背靠大山，正面开阔；地势险要，四周兼有耕地；水源方便，同时可避山洪；还受风水禁忌的影响，讲求环境方位的选择与配置。

（二）水体

水的因素是聚落选址最为重要的考量之一。傍水，寻生活水源之便利，避洪涝侵蚀之危害。可见，村民有意识到水的利害关系，水源本身有引用、灌溉、洗涤的功能，同时也会有洪涝、侵蚀等危害。所以，生存环境的建设上，既要寻找水靠近水，易灌溉，又要选择背靠山且地势稍高之地，可避水患，亦易于防守（图7-3-2）。

生产、生活等所有活动都离不开水。合理用水、适度改造，以及先进水利技术的引入，智慧地解决了聚落生活用水以及生产所必要的屯田灌溉问题。

（三）田园

农业生产是民众的主要生存来源，黔中地区地处山地，地势高低不平，依山形水势进行适当的水利工程营建，形成灌溉耕作的"水—田"系统（图7-3-3）。

图7-3-1 聚落与山体关系示意图

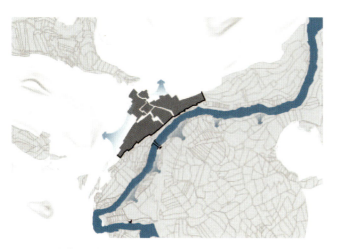

图7-3-2 村落与河流的关系（来源：规划资料）

图7-3-3 村落与周边田园的关系

二、整体空间形态

不同的地形地貌造就不同的聚落空间形态。按照与地形的关系，空间形态分为坡地型、丘原型、滨水型和综合型四种。

（一）坡地型

坡地型村庄呈立体的团状、带状或散点状布局，高低起伏，层层叠落。路网顺应等高线，呈"立体圈层式"和"蛇形曲尺式"（图7-3-4）。

（二）丘原型

丘原型村庄多为平地的团状布局，紧凑集中。路网结构阡陌相通，自由布置（图7-3-5）。

（三）滨水型

滨水型村庄多为带状布局。建筑前后高低错落有致，留出亲水空间（图7-3-6）。

图7-3-4 坡地型（来源：规划资料）

图7-3-7 综合型（来源：规划资料）

图7-3-5 丘原型（来源：规划资料）

图7-3-6 滨水型（来源：规划资料）

（四）综合型

综合型村庄具有以上三个类型的两种或两种以上组合（图7-3-7）。

三、空间环境要素

（一）街巷

1. 古街

民居的形式对民居聚落的巷道形态及景观的形成影响极大。由于街、巷空间基本是由方形或矩形住宅的外缘所界定的，因此古街多以曲线为主。古街按平面形态可分为曲线或折线形、直线形、"十"字相交形、"丁"字或"人"字形（图7-3-8）。

2. 古巷

巷道由一系列结点组成，结点是巷道的平衡和锚固点。结点扩大形成广场，中心没有固定的形状，变化丰富，从而调整了巷道网系（图7-3-9）。一些结点虽然空间不大，但起到调节巷道节奏的作用。在贵州传统民居巷道中有许多多边形的道结点，它不脱离道，又有别于道，是介于巷道、广场之间的形态。

268

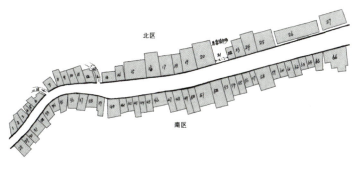

(a)旧州古镇西上街(来源：规划资料)　　　(b)隆里所村(古镇)"十"字形街道(来源：网络)

图7-3-8　古街

(a)本寨村巷道　　　(b)镇山村巷道　　　(c)宋家坝村巷道

图7-3-9　古巷

（二）公共空间要素

1. 村庄入口

村庄入口选址具有较高的标志性，结合村庄历史文化、民族文化或产业文化进行设计，突出村庄特色。村庄入口形式有寨门、牌坊、标志牌、景石等，宜配套小型绿化或广场，通过小品配置、植物造景与建筑空间营造等手段突出景观效果（图7-3-10）。充分利用村口的古树、桥、碑、塔、古树等历史环境要素进行建设，突出乡村记忆。

2. 广场

广场作为建筑的外部空间，是少数民族节日的举办场地，同时也是娱乐场所之一（图7-3-11）。广场体现

（a）小牌坊加小广场的宜人入口

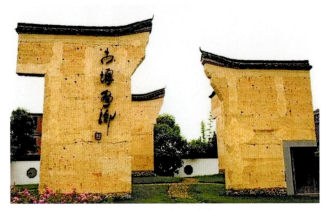

（b）突出建筑文化的村庄入口

（c）标牌式的村庄入口　　（d）景石式的村庄入口

图7-3-10　村庄入口

（a）西江（千户苗寨）民族广场

（b）肇兴侗寨民族广场

图7-3-11　广场（来源：网络）

功能性、文化性和艺术性。广场应便于村民使用，宜与村委会、文化活动室等公共建筑配套建设，或依附于鼓楼、戏台等历史构筑物或场所。

3. 祭台

"祭台"，顾名思义是祭献天地或者祖先的地方，是古代用来祭祀神灵、祈求庇佑的特有建筑（图7-3-12）。先人们把他们对神的感悟融入其中，升华到特有的理念，如方位、阴阳、布局等，其无不完美地体现于这些建筑之中。祭祀活动是人与神的对话，这种对话通过仪礼、乐舞、祭品，达到神与人的呼应。

(a) 苗族祭祖台

(b) 岩洞村萨堂

(c) 黎平社稷坛

图7-3-12 祭台

祭台是一种独特的建筑类型，是用于祭祀活动的台形建筑。祭祀制度起源于原始社会的自然崇拜和原始农业，祭祀对象为天地日月、社稷和先农等神。最初在林中空地上举行祭祀，逐渐演变为用土筑台，再由土台演变为砖石包砌。

4. 古井

就水井的种类而言，大抵有土井、瓦井、砖井、石井、砖（石）木混合井等（图7-3-13）。

贵州的水井，严格说来大半应当称为泉，因为"地下水的天然露头"为泉，"凿地取水的深穴"为井。不过，泉也好，井也罢，都可视为水的代称，同时也是家的代称。

（三）环境绿化

1. 公共绿化

绿化形式应以自然、野趣为基调，乔木、灌木、草本、花卉高低搭配，丛植为主（图7-3-14）。乔木种植适当采用树池座椅形式，美化环境又兼顾休息。

（a）文斗村古井

（b）大榕村新寨古井

（c）上洋村古井

（d）摆也村古井

图7-3-13 古井

2. 庭院绿化

庭院结合生活习惯设置院墙，院墙设计应符合当地文化审美和建筑取材，比如青砖景墙、石景墙、竹景墙、植物墙等形式，院外院内景观通透相融。要达到既美观又经济，合理采用"小果园""小菜园""小花园""小田园"等形式（图7-3-15）。

3. 古树

古树名木是一个地区悠久历史与文化的象征，是一个地区文化的重要载体，在一定程度上反映了当地人的自然思想、民族风俗、宗教信仰和生产生活习惯，因而一直是区域文化研究的重要对象。

贵州以高山和喀斯特地貌为主，自然条件较为恶劣，人们在与自然长期的适应过程中逐渐发展起来与自然和谐共处的理念，文化中含有大量敬畏自然的内容。在自然崇拜文化和风水文化的影响下，保存了大量的风水林和古树（图7-3-16）。

图7-3-14 村落中公共绿化

图7-3-15 庭院绿化

（a）陆家寨村古树　　（b）文斗村古树　　（c）东郎村古树

（d）洋卫村古树　　（e）古树及树下空间

图7-3-16 古树

第八章

传统聚落保护更新

第一节 重点保护对象

一、历史文化名城、名镇、名村

截至2020年底全省历史文化名城、名镇、名村、街区共计73个，其中国家级26个、省级47个。全省历史文化名城9个，其中国家级为2个，省级为7个；历史文化名镇16个，其中国家级8个，省级8个；历史文化名村28个，其中国家级16个，省级12个；历史街区20处。历史文化名城、名镇、名村、街区是贵州众多传统聚落的优秀代表（表8-1-1、图8-1-1）。

贵州省历史文化名城、名镇、名村在各市（州）分布　　表8-1-1

	历史文化名城		历史文化名镇		历史文化名村		历史文化街区（20）
	国家级（2）	省级（7）	国家级（8）	省级（8）	国家级（16）	省级（12）	
贵阳市（6）			花溪区青岩镇	清镇市卫城镇	花溪区石板镇镇山村、开阳县禾丰布依族苗族乡马头村	花溪区马铃乡凯伦村、乌当区新堡乡王岗村	
遵义市（12）	遵义		习水县土城镇、赤水市大同镇	湄潭县永兴镇、正安县安场镇、道真县洛龙镇	赤水市丙安乡丙安村、务川县大坪镇龙潭村	播州区新舟镇沙滩村、凤冈县绥阳镇玛瑙村	老城历史文化街区、高桥历史文化街区
安顺（9）		安顺	西秀区旧州镇、平坝区天龙镇		西秀区大西桥镇鲍屯村、西秀区七眼桥镇云山屯村		古城历史文化街区、普定县十字街历史文化街区、镇宁县老粮仓历史文化街区、关岭县老县委历史文化街区
六盘水市（2）				六枝特区郎岱镇、盘州市双凤镇			
毕节地区（7）		织金、大方			七星关区大屯乡三官村、黔西县钟山乡猫山村、威宁县石门乡石门坎村		织金县新华路历史文化街区、大方县奢香路历史文化街区
铜仁市（11）		石阡	松桃县寨英镇	印江县木黄镇	石阡县国荣乡楼上村、江口县太平乡云舍村		中南门历史文化街区、石阡县温泉历史文化街区、石阡县万寿历史文化街区、思南县安化历史文化街区、思南县小桥沟历史文化街区、思南县李家寨历史文化街区
黔东南州（17）	镇远	黎平	黄平县旧州镇、雷山县西江镇	锦屏县茅坪镇	雷山县郎德镇上郎德村、锦屏县隆里乡隆里村、黎平县肇兴乡肇寨村、黎平县茅贡乡地扪村、江口县往洞乡增冲村、从江县丙妹镇岜沙村、榕江县栽麻乡大利村	从江县高增乡小黄村、雷山县大塘乡新桥村	镇远县府城历史文化街区、镇远县卫城历史文化街区、黎平县翘街历史文化街区
黔南州（5）		福泉			三都县都江镇怎雷村	贵定县盘江镇音寨村、荔波县瑶山乡懂蒙村	黔南州福泉市县府路历史文化街区
黔西南州（4）		安龙				贞丰县者相镇纳孔村	贞丰县老城区历史文化街区、安龙县试院历史文化街区

图8-1-1 贵州省历史文化名城、名镇、名村分布示意图

二、传统村落

贵州省从2012年至2019年第五批中国传统村落名录，累计724个，数量跃居全国第一；其中第一批传统村落为90个，第二批为202个，第三批为134个，第四批为119个，第五批为179个。众多的传统村落是贵州美丽乡村的一张亮丽的名片（表8-1-2、图8-1-2）。

贵州省传统村落在各市（州）分布　　　　　　表8-1-2

批数	市、县
第一批（90）	贵阳市（3）、遵义市（3）、安顺市（4）、铜仁市（12）、黔西南州（1）、黔东南州（67）
第二批（202）	遵义市（3）、安顺市（3）、毕节市（1）、铜仁市（29）、黔东南州（166）
第三批（134）	六盘水市（5）、遵义市（7）、安顺市（27）、铜仁市（33）、黔西南州（3）、黔东南州（59）
第四批（286）	六盘水市（4）、遵义市（12）、安顺市（22）、铜仁市（26）、黔西南州（3）、黔东南州（199）、黔南州（20）
第五批（179）	贵阳市（4）、六盘水市（1）、遵义市（14）、安顺市（11）、毕节市（2）、铜仁市（11）、黔西南州（4）、黔东南州（100）、黔南州（32）

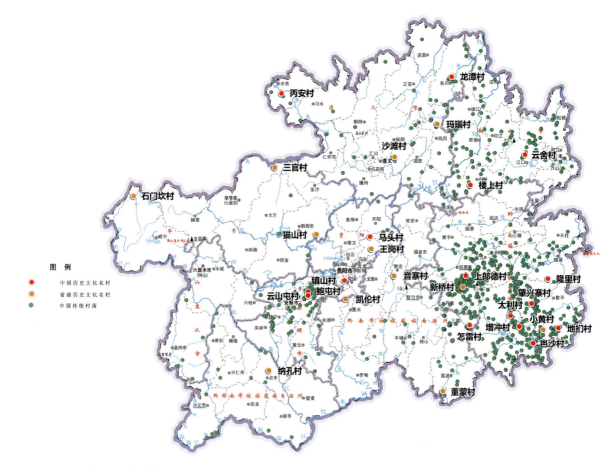

图8-1-2 贵州省历史文化名村、传统村落分布示意图

三、文物保护单位

悠久的历史,造就了灿烂的文化。贵州文化古迹类型较多,分布较广(表8-1-3)。贵州省有全国、省级文物保护单位618处,其中全国重点文物保护单位71处,省级文物保护单位547处,还有众多的市县级文物保护单位。

贵州省全国重点文物保护单位名录　　表8-1-3

市域	全国重点文物保护单位
贵阳市(4)	息烽集中营旧址、马头寨古建筑群、阳明洞和阳明祠、文昌阁和甲秀楼
六盘水市(2)	大洞遗址、小冲墓群
遵义市(8)	遵义会议会址、杨粲墓、海龙屯、湄潭浙江大学旧址、务川大坪墓群、复兴江西会馆、尚稽陈玉璧祠、茅台酒酿酒工业遗产群
安顺市(9)	穿洞遗址、天台山伍龙寺、云山屯古建筑群、安顺文庙、宁谷遗址、平坝棺材洞、鲍家屯水利工程、安顺武庙、王若飞故居
铜仁市(8)	石阡万寿宫、万山汞矿遗址、东山古建筑群、寨英村古建筑群、思唐古建筑群、黔东特区革命委员会旧址、石阡府文庙、楼上村古建筑群

续表

市域	全国重点文物保护单位
毕节市（7）	大屯土司庄园、奢香墓、黔西观音洞遗址、可乐遗址、织金古建筑群、川滇黔省革命委员会旧址、敖氏和罗氏墓群石刻
黔西南布依族苗族自治州（8）	交乐墓群、"二十四道拐"抗战公路、龙广观音洞遗址、普安铜鼓山遗址、兴义万屯墓群、明十八先生墓、鲁屯牌坊群、兴义刘氏庄园
黔东南苗族侗族自治州（19）	增冲鼓楼、青龙洞、郎德上寨古建筑群、地坪风雨桥、飞云崖古建筑群、旧州古建筑群、黎平会议会址、和平村旧址、镇远城墙、隆里古建筑群、榕江大利村古建筑群、岩门长官司城、锦屏飞山庙、高阡鼓楼、宰俄鼓楼、金勾风雨桥、三门塘古建筑群、述洞独柱鼓楼、重安江水碾群
黔南布依族苗族自治州（4）	福泉城墙、葛镜桥、惠水仙人桥洞葬、黔南水族墓群
跨省市区（2）	茶马古道、红军四渡赤水战役旧址

四、历史建筑

历史建筑，是指经城市、县人民政府确定公布的具有一定保护价值，能够反映历史风貌和地方特色，未公布为文物保护单位，也未登记为不可移动文物的建筑物、构筑物。近几年来贵州省不断深化历史建筑排查、申报工作，截止到2019年底贵州省有历史建筑1071个，这众多的历史建筑凸显贵州源远流长和浓厚深沉的文化氛围，为贵州不可替代的宝贵财富（表8-1-4）。

贵州省历史建筑分布　　　　表8-1-4

设市城市和名城县		非名城县			
贵阳市	38	六枝特区	4	威宁县	1
清镇市	2	水城县	2	赫章县	1
遵义市	25	普定县	12	岑巩县	2
赤水市	4	镇宁县	13	从江县	2
仁怀市	8	关岭县	5	丹寨县	2
盘州市	24	黔西县	1	剑河县	2
六盘水市	3	纳雍县	1	锦屏县	
安顺	170	印江县	8	雷山县	3
毕节地区	6	思南县	157	麻江县	3
织金县	15	沿河县	1	榕江县	4
大方县	4	黄平县	38	三穗县	1
铜仁市	28	贞丰县	48	施秉县	2
石阡县	101	开阳县	2	台江县	4
凯里市	1	息烽县	2	天柱县	1

续表

设市城市和名城县		非名城县			
镇远县	48	修文县	2	独山县	1
黎平县	76	道真县	8	贵定县	2
都匀市	6	凤冈县	1	惠水县	2
福泉市	4	湄潭县	18	荔波县	7
兴仁市	27	绥阳县	5	龙里县	11
安龙县	35	桐梓县	9	平塘县	4
		务川县	4	三都县	10
		习水县	2	瓮安县	1
		余庆县	2	长顺县	5
		正安县	3	罗甸县	1
		紫云县	2	普安县	1
		德江县	1	册亨县	12
		江口县	1	望谟县	2
		松桃县	2	晴隆县	1
		金沙县	1		
合计	625	446			

第二节 保护更新政策及内容

一、保护发展政策

（一）国家层面

1. 发展战略

2015年党的十八届五中全会上提出了"创新、协调、绿色、开放、共享"的发展理念，新发展理念符合我国国情，顺应时代要求，对破解发展难题、增强发展动力、厚植发展优势具有重大指导意义，是关系我国发展全局的一场深刻变革。十九大报告中提出"决胜全面建成小康社会，进而全面建设社会主义现代化强国的时代""乡村振兴战略"，将农业现代化和新农村建设及美丽乡村建设等融合起来，激活农村发展新活力，助推全面小康的建成；党的十九大提出的五大文明：物质文明、政治文明、精神文明、社会文明、生态文明。生态文明是坚持节约资源和保护环境的一项基本国策，坚持节约优先、保护优先、自然恢复为方针，以建设美丽中国为目标，以正确处理人与自然关系为核心，以解决生态环境领域突出问题为导向，保障国家生态安全，改善环境质量，提高资源利用效率，推动形成人与自然和谐发展的现代化建设新格局。

2. 文化保护

1982年制定《中华人民共和国文物保护法》，加强对文物的保护，继承中华民族优秀的历史文化遗产。2008年颁布《历史文化名城名镇名村保护条例》加强历史文化名城、名镇、名村的保护与管理；于2012年12月，住房和城乡建设部、文化部、财政部联合出台《关于加强传统村落保护发展工作的指导意见》就对传统村落保护发展的必要性，保护原则和任务，保护发展规划编制实施，改善村落生活生产条件，加强监督落实责任等方面进行了安排和部署。

3. 经济产业

党的十九大提出的"实施健康中国战略"，旨在全面提高人民健康水平，促进人民健康发展，为新时代建设健康中国明确了具体落实方案；推进全域旅游发展战略，是党中央作出的一项重要战略安排。国务院办公厅印发《关于促进全域旅游发展的指导意见》，就加快推动旅游业转型升级、提质增效，全面优化旅游发展环境，走全域旅游发展的新路子作出部署。

（二）贵州省层面

注重文化传承，探索多种形式保护。贵州坚持在发展中保护，在保护中发展，着力走出一条在保护和发展矛盾统一体中寻求融合协调的平衡发展路子，结合贵州实际，创新探索，积极总结探索保护发展路径。

1. 发展战略

贵州省发展的主要奋斗目标是：决胜脱贫攻坚、同步全面小康、开创多彩贵州新未来。全力实施大扶贫、大数据、大生态三大战略行动，决胜脱贫攻坚、同步全面小康，奋力开创百姓富、生态美的多彩贵州新未来，为实现中华民族伟大复兴的中国梦而努力奋斗。牢牢守好发展和生态的底线，加快实施乡村振兴战略规划，深入实施"十百千"乡村振兴示范工程，加快推进"四在农家·美丽乡村"小康升级行动。深入开展农村人居环境整治，加强少数民族特色村寨和传统村落保护。贵州2019年实施乡村振兴"十县百乡千村"示范工程，将重点建设10个示范县、100个示范乡镇、1000个示范村。

2. 文化保护

2015年5月贵州省政府出台《贵州省人民政府关于加强传统村落保护发展的指导意见》专门就加强我省传统村落保护发展工作进行安排部署；2017年贵州省制定并颁布《贵州省传统村落保护和发展条例》，适用于本省行政区域内传统村落的保护和发展，制定了一系列关于我省传统聚落空间的保护条例，指导我省传统聚落空间保护工作；2018年制定了《贵州省传统村落消防安全技术导则（试行）》为保证传统村落消防工程质量，保障人身和财产安全，正确处理民族习俗、历史传统与消防安全的关系，防止和减少火灾对传统村落自然历史资源、文化传承、民族民居建筑的危害。贵州省陆续出台了村庄与农房风貌指引研究，传统村落共同综造指导文件等。

3. 经济产业

2013年10月，省委办公厅、省人民政府办公厅出台《关于深入推进"四在农家·美丽乡村"创建活动的实施意见》。2013年底省政府出台《关于实施贵州省"四在农家·美丽乡村"基础设施建设六项行动计划的意见》，制定了建设小康路、小康水、小康电、小康讯、小康房和小康寨六项行动计划，有效改善了农村生产生活生态环境，助推了农村产业结构调整、农村生态环境保护和农村基础设计的能力提高。

（三）地方层面

强化立法保护，推进传统村落保护发展。黔东南还出台了《黔东南苗族侗族自治州民族文化村寨保护条例》等，标志着贵州传统村落保护进入法治化轨道；黔东南州针对本州传统村落均为木质连片房屋村落，编制了《黔东南州传统村落消防规划指引》和《黔东南州传统村落消防公共基础设施建设标准》，目前研究成果已逐步在贵州全省推广运用。

二、保护更新原则

根据贵州传统聚落资源和保护实际，确定保护分为六大原则，包括整体保护原则、全面保护原则、原真性原则、活化运用原则、创新利用原则、公众参与原则。

（一）整体保护原则

传统聚落应当整体保护，不仅保持和延续其传统格局、历史风貌和空间尺度，更要保护好与传统聚落密切相关的地形地貌、河湖水系、农田、乡土景观、自然生态等景观；保护好传统聚落内的传统建筑、古路桥涵垣、古井古塘、古树名木、非物质文化遗产传承相关场所；保护好传统聚落的习俗、文化艺术、传统建筑技术等文化遗产，注重传统文化和生态环境的延续性，不得改变与其相互依存的自然景观和环境。

（二）全面保护原则

其是指传统聚落保护类别的全面性，不仅保护物质文化遗产，也要保护非物质文化遗产。物质文化遗产具有"看得见、摸得着"的实体性，保护容易做到且更受重视。非物质文化遗产往往以人们的记忆形态存留居多，世代相传，为传统聚落提供持续的认同感，增强对文化多样性和人类创造力的尊重。非物质文化遗产是珍贵的、具有重要价值的文化信息资源，也是历史的真实见证，对传统聚落的习俗、文化艺术、传统建筑技术、传统建筑工匠、民间艺人等非物质文化遗产进行收集、整理、研究，推动传统聚落文化遗产传承、保护和合理开发利用，实现可持续的经济、文化全面协调发展意义重大。

（三）原真性原则

要保护传统聚落原本的传统风貌和聚落形态，传统聚落内的建设活动，不得损害历史文化遗产的真实性和整体性，整治要坚持"整旧如故，以存其真"的原则，维护维修要采用原材料、原工艺、原样式，历史建筑应当保持原有的高度、体量、外观形象及色彩等。

（四）活化运用原则

在保持传统风貌和建筑形式不变的前提下，满足现代生产生活需求，注重产业转型，促进产业融合发展，合理利用传统聚落文化资源，由村落活化推动再生发展、营造策略，重振地方文化，实现地区机能重塑，提高生活品质，解决村落衰变问题。最终实现以保护推动发展，发展促进保护。

（五）创新利用原则

在传统建筑中运用现代材料、现代工艺，利用大数据、BIM技术、装配式建造技术等手段，同时通过与传统建筑、空间的元素结合，重现新材料、新技术、新时代下的传统村落。

（六）公众参与原则

多方参与，建立治理体系，构建合理的公众参与机制。村落所在地村民委员会参与保护和发展规划编制和实施，依法履行传统村落文化保护、经济发展、环境整治、消防安全等职责。依法组织村民会议或者村民代表会议将传统村落保护和发展事项纳入村规民约。村民自治保护模式，通过制定村规民约，强化村民自治，促进村寨的社会结构、文化结构、产业结构的保存以及村寨风貌的完整性。

三、保护更新方向与内容

传统聚落保护更新应围绕整体空间格局保护、文化保护与传承、现代生产生活需要、持续完善治理体系等四个方面进行，对保护更新内容进行系统、科学、合理地设置和安排。保护更新的内容包括规划控制、建筑保护整治、现代农房建设指引、农村人居环境改善、促进产业融合发展、建立保护清单、构建文化载体、完善法律法规、构建乡村治理体系、现代科技应用等十个方面。

（一）规划控制

规划控制主要是对聚落的传统格局、历史风貌和空间尺度以及与其相互依存的自然景观和环境要素进行保护和控制，具体包括风貌定位、自然山水格局保护、历史文化保护、城镇风貌分区、天际轮廓线和人居环境改善等方面（图8-2-1）。人居环境又包括基础设施、公共服务设施和居住环境等。规划中制定各类规划管控界线，明确管控措施，确定建设控制要求。

（二）建筑保护整治

对传统建（构）筑物及周边历史环境要素采用保护、修缮、维修、改善、整修、整治等方式进行保护整治模式（图8-2-2）。保护：对保护项目及其环境所进行的科学的鉴定、修缮、维修、改善等活动；修缮：对于保存状况较差或是风貌格局已有较大变化的传统建筑进行保护的方式，对传统建筑日常保养、防护加固、现状修整、重点修复等，对建筑结构、立面、内部装修进行全面设计、修建；维修：对历史建筑和历史环境要素在不改变其外观下的建设活动，也对风貌较好的传统建筑进行的保护方式，依照历史资料对传统建筑及其环境要素进行修缮、加固以及恢复损毁的部分，修补残缺的部分，并进行日常维护保养；改善：对历史建筑所进行的不改变外观特征，调整、完善内部布局及设施的建设活动；整修：对与历史风貌有冲突的建（构）筑物和环境因素进行的改建活动；整治：为体现历史文化名城和历史文化街区风貌完整性所进行的各项治理活动。

（三）现代农房建设指引

贵州少数民族民居建筑基本都是就地取材，依地形地势顺势而建，是人们科学技术、文化、思想等的结晶，具有深厚悠久的文化内涵。贵州各民族的建筑，作为一种文化物质的载体，不同程度地表现出一个民族特有的文化。

随着生产、生活的逐步现代化，生活质量的不断提高，农村出现大量的自建房。为加强农房建设风貌引导，规范农房设计，完善农房功能，提高农村住房质量水平进行农房建设指引尤为重要。农房设计和建设按照不同地区、不同文化、不同民族，划分文化分区，突出建筑特点，设计建设风格，对农村尤其是传统聚落农房做出建设指引（图8-2-3）。实施农村住房三改政策，改厨、改厕、改圈，是"危改"对象基本居住功能和卫生健康条件的根本，改造内容从采取适宜技术和控制造价的角度着手。

（四）农村人居环境改善

加强农村人居环境整治工作，按照"产业兴旺、生

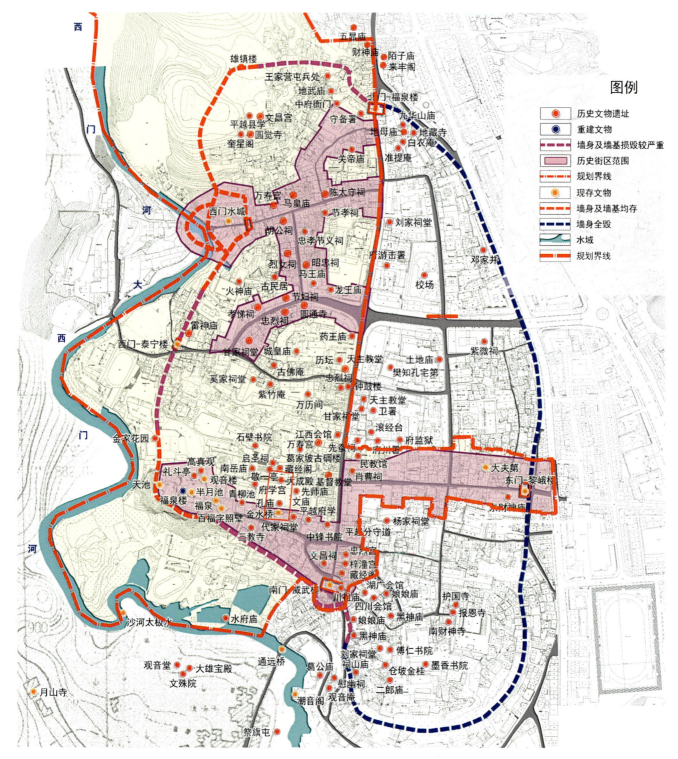

图8-2-1 福泉历史文化名城城区保护规划图（来源：规划资料）

(a)立面效果　　　　　　　　　　　　　　　(b)整体效果

图8-2-2　歪寨村(组)建筑整治

(a)黔西北风貌区——仡佬族风貌　　　　　　(b)黔东北风貌区——土家族风貌

图8-2-3　现代农房建设指引图(来源：规划资料)

态宜居、乡风文明、治理有效、生活富裕"的乡村要求，为改善农村人居环境，提高农民生产生活质量，大力推进农村基础设施和城乡基本公共服务设施建设(图8-2-4)。

人居环境质量全面提升，完善农村生活垃圾处置体系、农村户用厕所无害化改造、厕所粪污处理或资源化利用，提高农村生活污水治理率，提升村容村貌，达到村庄环境基本干净整洁有序，村民环境与健康意识普遍增强。

(五)促进产业融合发展

贵州省积极发展村庄特色产业、传统技艺等形成产业文化，引导聚落发展。在做好保护工作的前提下，要发挥出传统聚落在产业带动、旅游发展中的作用，形成保护和利用互相促进、协调发展(图8-2-5)。传统聚落采取保护、更新、利用相结合的方式进行保护性开

（a）局部建筑风貌　　　　　　　　　　　　　（b）公共环境建筑风貌

图8-2-4　石头寨村整治改造实景

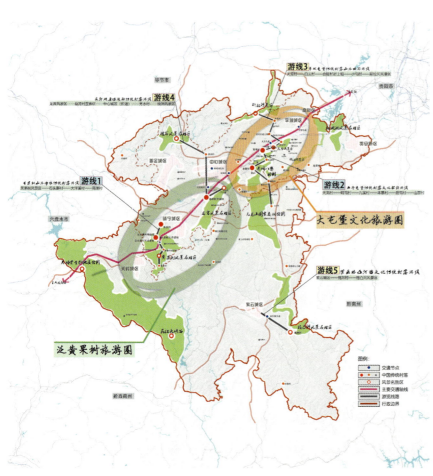

图8-2-5　安顺市中国传统村落旅游导图（来源：时颖 绘）

旅游空间格局：
"一轴两圈五线多点"

一轴： 西部黄金旅游发展轴；

两圈： 泛黄果树旅游圈、大屯堡文化旅游圈；

五线： 黄果树山水布依传统村落游线、
西秀屯堡传统村落文化探访游线、
平坝屯堡传统村落山水田园游线、
夜郎湖康体运动传统村落游线、
紫云格凸河苗文化传统村落游线；

多点： 67个中国传统村落。

发、发展旅游业,这样才能使聚落活起来,才能促进聚落的保护。贵州各地政府投入资金对村寨基础设施、环境卫生、交通通达等进行改善,引导发展乡村旅游、休闲旅游、观光旅游等(图8-2-6)。

图8-2-6　凯里市云谷小镇

(六)建立保护清单

建立国家级、省级、市县级保护清单,包括历史文化名城、名镇、名村,历史街区,传统村落,文物保护单位,历史建筑等,建立非物质文化遗产保护中心,制定遗产名录(图8-2-7)。传统村落内开展保护发展示范工作,建立保护建筑名单。非物质文化遗产中对传统聚落的习俗、文化艺术、传统建筑技术等进行收集、整理、研究并建立名录。

制定申报机制和申报条件,确立保护的名录,确定保护措施,建立考核评估和退出机制。经考核评估:对保护成绩突出的予以奖励,对保护不力的给予通报批评,对传统建筑、风貌格局等遭受破坏的给予濒危警示,对丧失保护价值的启动退出机制。

非物质文化遗产

1. 省级非物质性文化遗产: 苗族射弩、砂陶制作工艺、苗族三眼箫音乐艺术、傩戏(织金穿青人傩戏)、苗族蜡染刺绣。

2. 县级非物资文化遗产:

长角发苗族原生态唱法,三眼箫传统演奏技艺、苗族蜡染刺绣、竹荪栽培制作技术、苗族射弩、芦笙制作、沙陶工艺、青山羊场跳花节、大理石雕刻工艺、白苗织布、箐苗赶毡、织金花灯、苗族口弦、穿青人傩戏、以支花场、官寨乡苗族蜡染刺绣、穿青人的神话故事、迦太谷让、迦和龙女、"南布政"的故事、打牛的故事、打鸡洞(织金洞)的传说、丁宫保的故事、赶花前夜、悬羊击鼓、喊歌、情歌、四弦胡演奏、织金唢呐演奏、苗族酒歌、苗族丧礼舞、彝族酒礼舞、鸟笼制作工艺、荞凉粉工艺、砂心制作工艺、发粑工艺、臭豆腐工艺、徐氏麻辣工艺、宫保鸡工艺、背垫编制、织金水八碗、织金马尾绣、熊家场腊肉工艺、喇叭河风肉工艺、香粑工艺、泥塑傩面具工艺、夹缸酒工艺、水磨面工艺、竹编工艺、铸铁工艺、柳叶琴制作工艺、苗族打嘎、抛花、汉族丧粑、文琴戏、左氏骨伤秘笈、档耙、穿青人打鸡儿棍、烙画、指画、双手书、指书。

图8-2-7　织金历史文化名城非物质文化遗产名录(来源:织金历史文化名城保护规划资料)

（七）构建文化载体

贵州省传统文化以农业景观、自然景观、民居、纺织、服饰、饮食为主要代表，婚姻、丧葬、节庆、娱乐、礼仪、民族音乐、舞蹈、戏剧等方面，都是贵州少数民族聚落文化中行为文化的典型表现。也包括宗教信仰、巫术、道德、心理与思维、性格、审美情趣、祭祀、文学艺术等方面，很多传统文化或者技艺是依靠口传心授和师徒传授传承下来的（图8-2-8）。

构建文化载体是传承与发展传统聚落文化内涵的保护方式。建立博物馆是其中的典型方式。省级数字博物馆分为村落合集、建筑风情、古村映像、政策动态、村落活动等板块内容，能在博物馆中一览省内具有代表性的村落风采，是贵州一扇对外展示的窗口。

贵州各个村寨修建沿袭馆、民族文化博物馆（图8-2-9），作为向外界宣传贵州传统村落的舞台，贵州传统村落数字博物馆无疑是世界了解中华农耕文明的窗口，高新技术的运用和细致入微的内容梳理，也提升着贵州人的自信心自豪感。2018年，贵州省启动100个传统村落数字博物馆建设，采取信息化手段，为传统村落的传统建筑、古街小巷、古树名木、民风民俗等建档立卡，目前，省级数字博物馆已基本建成，入馆传统村落达120个。

（八）完善法律法规

贵州省不仅贯彻实施国家出台颁布的《中华人民共和国文物保护法》《历史文化名城名镇名村保护条例》等法规政策，为了保护各类传统聚落，贵州省还相继出台了《贵州省人民政府关于加强传统村落保护发展的指导意见》《贵州省传统村落保护和发展条例》《贵州省传统村落消防安全技术导则（试行）》《贵州省村庄规划编制导则》等法规政策，对历史文化遗产进行系统地保护。各州市也纷纷出台各地的条例、建设指引、地方标准等措施保护地方传统文化。甚至贵州部分传统聚落由村集体制定适合当地的乡村民约、保护条例等规范来保

（a）整体环境　　　　　　　　　　　　　（b）手工刺绣

图8-2-8　麻料村银饰刺绣传习馆（来源：余压芳 摄）

护传统聚落。

按照法规条例的要求，贵州省历史文化名城、名镇、名村及历史街区，传统村落均需编制各自的保护规划，并完善保护体系。法规、规划和体制的完善，将使贵州省的传统聚落保护工作更为主动。

（九）构建乡村治理体系

新时代深入推进乡村治理现代化，引入现代治理理念、要素、体系、方式和手段，提高乡村治理的水平，因地因村制宜，选择符合村情民情的治理模式，确保乡村充满活力、和谐有序。完善党委领导、政府负责、社会协同、公众参与、法治保障的协同治理体制，充分吸收市场、社会等多方力量共同参与，实现多元治理主体对乡村治理事务各司其职、各负其责、合理分工、协同推进。

贵州省着力打造共建共治共享的乡村治理新格局（图8-2-10）。重点推进"美好环境与幸福生活共同缔造——励志超市"、传统村落示范村、专家驻村指导、村级联络员等方式进行村落保护工作。

各村落建立"共同缔造"的长效机制，开展"励志超市"项目建设（图8-2-11），利用村广播系统、宣传栏、微信等平台，积极宣传提高农户知晓率和认可度，营造浓厚氛围，积极动员和引导社会力量参与，多渠道筹资，吸纳社会各界爱心人士、企业与农户"共同缔造"，促进村落保护可持续发展；贵州以文化传承为重点，以示范试点为带动，实施传统村落保护工程，提升文化自信，助力乡村振兴，2018年至今先后遴选20多个传统村落开展示范村建设，制订实施方案，深度挖掘各具特色的传统村落；在传统文化中，通过村规民约形式来保证文化传承的完整性和延续性，通过乡村民约等社会强制的方式，来实现文化传承的功效；驻村专家由省人民政府住房和城乡建设、文化（文物）行政主管部门会同市、州和县级人民政府相关部门选聘，负责指导传统村落保护和发展项目实施等工作；村级联络员由村民委员会在村民中推荐，负责宣传传统村落相关政策、监督项目实施等工作。

（十）现代科技应用

用现代科技手段编制规划，对贵州省传统空间格局、传统要素进行有效保护。利用制定数字化平台建设，更加精准地明确空间范围，明确保护界限，数字化管理机制，动态检测。大数据的应用，对现有历史文化资源要素进行提炼，对保护要素进一步联动，结合历史

（a）堂安村

（b）镇山村

图8-2-9　贵州省生态博物馆

文化资源，提出保护方案并合理开发利用。省人民政府、住房和城乡建设行政主管部门应当会同文化（文物）、财政、国土资源、农业、旅游、民族宗教、环境保护等部门建立传统聚落动态监测数据系统，对传统聚落保护状况和规划实施情况实施动态监测。县级以上人民政府林业、环境保护、农业等部门开展传统村落生物多样性调查、评估与监测，建立和完善生物多样性传统知识数据库。

现代的手法、现代的工艺、现代的材料在传统聚落应用（图8-2-12），包括在传统建筑中运用大数据、BIM技术、生态建筑、仿生建筑、装配式建造技术等手段，采用新型石材、玻璃、保温、隔热、隔声、建筑涂料等新型建筑材料，并结合现代建筑施工技术，进行修缮维护等工作。

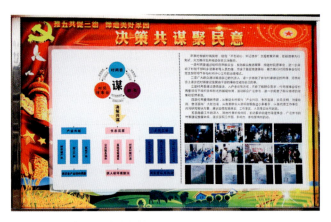

图8-2-10 六枝特区新寨村宣传栏

图8-2-11 大方县油杉河村励志超市

（a）建筑外部

（b）建筑内部

图8-2-12 黄果树石头寨村建筑整治实景

第三节 保护更新方法

一、保护规划制定

（一）保护规划类别

保护规划众多，其中主要包括历史文化名城、名镇、名村，历史街区保护规划，传统村落保护与发展规划、村庄规划。历史文化名城、名镇、名村，历史街区保护规划属于专项规划，传统村落保护与发展规划属于村庄规划的专项规划，村庄规划是以行政村为主体的规划，其内容包含村庄保护规划。

（二）规划范围确定

分层次、分类别地划定保护范围。

通过对传统聚落的自然景观要素、传统格局要素、历史建筑、传统风貌建筑、历史环境、非物质文化遗产、民俗风情等村域传统资源要素的调查与分析，确定规划范围及各类保护范围。如织金县历史文化名城保护规划，划定历史名城界线、历史街区界线、历史地段界线、文物保护单位范围等要素保护范围（图8-3-1）。

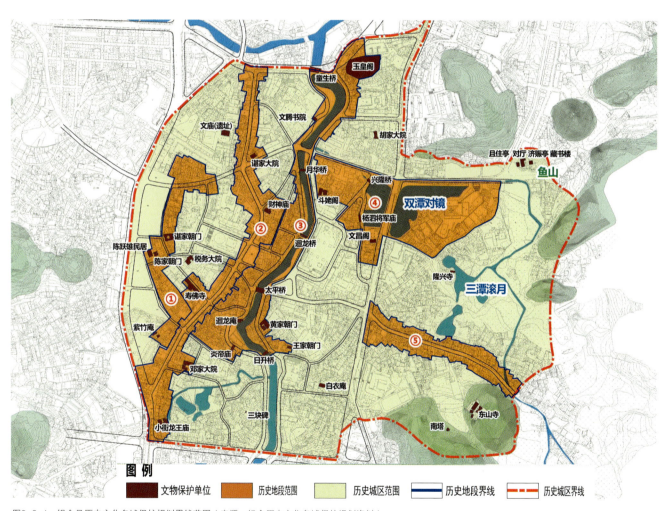

图8-3-1 织金县历史文化名城保护规划界线范围（来源：织金历史文化名城保护规划资料）

（三）规划主要内容

保护规划内容主要包括三个部分：前期评估聚落现状、确定各类保护要素的名录；中期综合分析评价、确立保护总则；后期因地制宜、制定保护措施。

1. 现状评估

作为保护规划的前期工作任务，主要负责保护对象现状的摸底工作，包括评估保护对象历史文化价值、特色和存在问题，如果评估对象是传统村落，还应建立相应的传统村落档案（图8-3-2、图8-3-3）。以上工作是收集保护对象资料、分析保护方向与内容等一系列内容的前提与依据。

2. 确立保护内容

根据评估工作得出的结论进而分析确定保护规划的总体保护目标和保护原则、内容和重点，提出总体保护策略和保护要求，为保护规划的制定把控大方向，作为保护规划具体工作落实的指导纲领和原则（图8-3-4）。

（1）在摸清保护对象现状以及确立保护总体原则、思想的基础上可以开展保护规划的具体工作，也是保护规划的核心内容，其主要分为物质文化遗产保护、非物质文化遗产保护、保护规划支撑体系以及保护规划实施与保障四个部分。

（2）保护范围内的物质文化遗产首先是划定范围内的文物保护单位、地下文物埋藏区、历史建筑、历史文化街区的核心保护范围和建设控制地带界线，制定相应的保护控制措施，如果保护对象为乡村，还应提出与该村落密切相关的地形地貌、河湖水系、农田、乡土景观、自然生态等景观环境的保护措施。

（3）界定保护区的范围，不同区域范围内的保护对象的保护措施。保护范围包括核心保护范围和建设控制地带界线，并针对不同范围制定相应的保护控制措施，如果是历史文化名城，还应划定历史城区的界限。

3. 制定保护措施

提出保护传统格局、历史风貌、空间尺度及其相互

▲ 平远州城图

▲ 清代

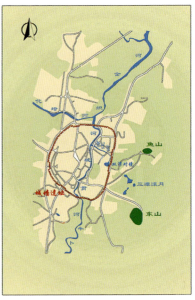
▲ 20世纪90年代

图8-3-2 织金县城市发展和历史演变图（来源：织金历史文化名城保护规划资料）

图8-3-3 织金县历史格局图（来源：织金历史文化名城保护规划资料）

依存的地形地貌、河湖水系等自然景观和环境的保护措施（图8-3-5）。

（1）对于保护范围内的建筑物、构筑物和环境要素，则需要提出其分类保护整治要求，对历史建筑进行编号，分别提出保护利用的内容和要求。

（2）范围内的非物质文化遗产同样应受到重视，需要提出继承和弘扬传统文化及保护非物质文化遗产的内容和措施。

（3）保护方案需要落实到实处，保护方案的实施离不开范围内的基础设施、公共服务设施、生产生活环境的支撑，因此应提出改善基础设施、公共服务设施、生产生活环境的规划方案。

（4）在规划实施阶段则需要提出保护规划分期实施方案，近远结合，适度超前，让规划工作能够在合适的时机做合适的工作。同时提出规划实施的保障措施，也是保证规划能够顺利实施的有效手段。

（四）程序制定

1. 历史文化名城、名镇、名村

（1）申报

具备下列条件的城市、镇、村庄，可以申报：保存文物特别丰富；历史建筑集中成片；保留着传统格局和历史风貌；历史上曾经作为政治、经济、文化、交通中心或者军事要地，或者发生过重要历史事件，或者其传统产业、历史上建设的重大工程对本地区的发展产

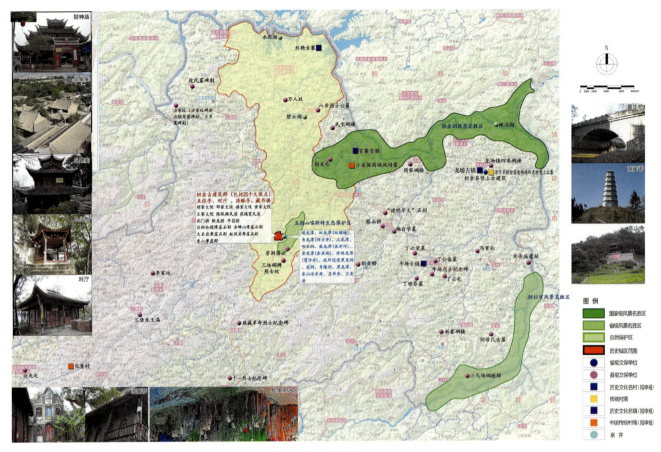

图8-3-4 织金县县域历史文化遗产保护规划图（来源：织金历史文化名城保护规划资料）

生过重要影响，或者能够集中反映本地区建筑的文化特色、民族特色。申报历史文化名城的，在所申报的历史文化名城保护范围内还应当有2个以上的历史文化街区。

申报历史文化名城，由省、自治区、直辖市人民政府提出申请，经国务院建设主管部门会同国务院文物主管部门组织有关部门、专家进行论证，提出审查意见，报国务院批准公布。申报历史文化名镇、名村，由所在地县级人民政府提出申请，经省、自治区、直辖市人民政府确定的保护主管部门会同同级文物主管部门组织有关部门、专家进行论证，提出审查意见，报省、自治区、直辖市人民政府批准公布。

国务院建设主管部门会同国务院文物主管部门可以在已批准公布的历史文化名镇、名村中，严格按照国家有关评价标准，选择具有重大历史、艺术、科学价值的历史文化名镇、名村，经专家论证，确定为中国历史文化名镇、名村。

（2）保护规划编制

历史文化名城批准公布后，历史文化名城人民政府应当组织编制历史文化名城保护规划。历史文化名镇、名村批准公布后，所在地县级人民政府应当组织编制历史文化名镇、名村保护规划。保护规划应当自历史文化名城、名镇、名村批准公布之日起1年内编制完成。历史文化名城、名镇保护规划的规划期限应当与城市、镇总体规划的规划期限相一致；历史文化名村保护规划的规划期限应当与村庄规划的规划期限相一致。

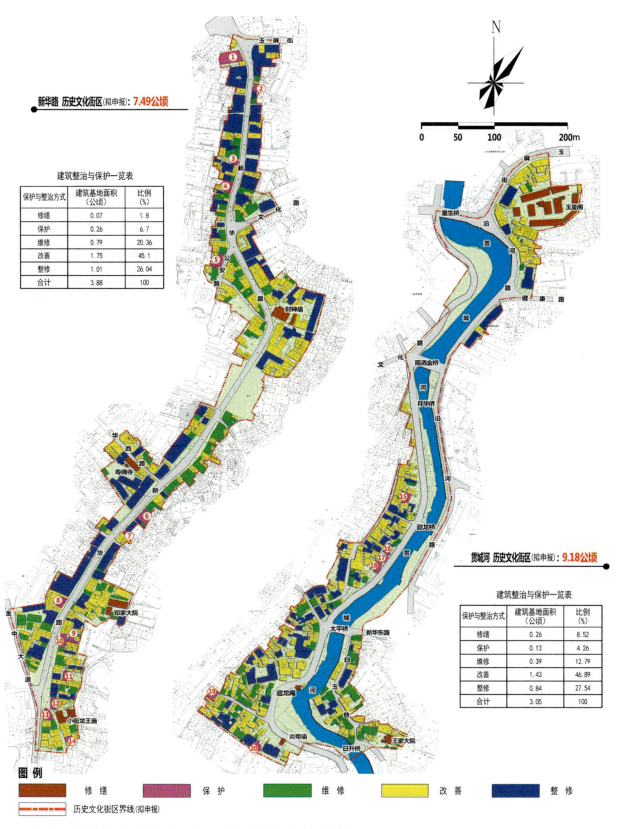

图8-3-5 织金县历史文化街区建筑整治规划图（来源：织金历史文化名城保护规划资料）

（3）规划审批

保护规划报送审批前，保护规划的组织编制机关应当广泛征求有关部门、专家和公众的意见；必要时，可以举行听证。保护规划报送审批文件中应当附具意见采纳情况及理由；经听证的，还应当附具听证笔录。

保护规划由省、自治区、直辖市人民政府审批。保护规划的组织编制机关应当将经依法批准的历史文化名城保护规划和中国历史文化名镇、名村保护规划，报国务院建设主管部门和国务院文物主管部门备案。

（4）规划修改

经依法批准的保护规划，不得擅自修改；确需修改的，保护规划的组织编制机关应当向原审批机关提出专题报告，经同意后，方可编制修改方案。修改后的保护规划，应当按照原审批程序报送审批。

国务院建设主管部门会同国务院文物主管部门应当加强对保护规划实施情况的监督检查。县级以上地方人民政府应当加强对本行政区域保护规划实施情况的监督检查，并对历史文化名城、名镇、名村保护状况进行评估；对发现的问题，应当及时纠正、处理。

2. 传统村落

乡镇人民政府负责本行政区域内传统村落保护和发展的具体工作，参与传统村落保护和发展规划编制并组织实施，指导村民委员会开展传统村落保护和发展工作。

（1）申报

应当经村民会议或者村民代表会议讨论同意。贵州传统村落的申报、评审程序和评价认定指标体系，由省人民政府住房和城乡建设行政主管部门会同有关部门制定。具备下列条件的村落，可以申报贵州传统村落：村落主体形成较早；传统建筑风貌完整；整体格局保存良好，保持传统特色；非物质文化遗产活态传承。中国传统村落由住房和城乡建设部、文化和旅游部、财政部三部门发通知公示，贵州传统村落由省人民政府批准公布。

（2）编制保护规划

县级人民政府应当自传统村落名录公布之日起1年内，编制完成传统村落保护和发展规划。传统村落保护和发展规划应当包含保护范围、保护对象、保护措施、产业布局、人居环境改善等内容。中国传统村落保护和发展规划按照国务院有关部门规定进行编制；贵州传统村落保护和发展规划编制的具体要求，由省人民政府住房和城乡建设行政主管部门制定。

传统村落保护和发展规划应当与土地利用、产业发展、扶贫开发、生态环境保护、乡村建设等有关规划相互融合。编制传统村落保护和发展规划，应当符合传统村落实际，突出传统村落保护和发展需要，体现地方特色和民族特色；广泛征求专家和公众的意见，并经村民会议或者村民代表会议讨论同意。

（3）规划审批

县级人民政府应当自村民会议或者村民代表会议讨论同意传统村落保护和发展规划之日起15日内，报市、州人民政府审批。传统村落保护和发展规划审批前，应当进行技术审查。中国传统村落保护和发展规划按照国家有关规定进行技术审查。贵州传统村落保护和发展规划技术审查办法由省人民政府住房和城乡建设行政主管部门会同有关部门制定。

县级人民政府应当自传统村落保护和发展规划批准之日起30日内，在门户网站和传统村落所在地公布，并报省人民政府住房和城乡建设行政主管部门备案。依法批准的传统村落保护和发展规划不得擅自修改；确需修改的，按照原批准程序执行。

二、民居修缮

（一）整体性保护

传统聚落内的传统建筑、古路桥涵垣、古井古塘等建（构）筑物的维护修缮，应当遵循修旧如旧的原则。

鼓励采用传统建造技术、传统建筑材料进行维护修缮。任何单位和个人不得改变传统聚落内传统建筑原有高度、体量、外形及色彩等建筑风貌。

建筑的修缮、装饰装修过程中形成的文字、图纸、图片、影像等相关资料；任何单位或者个人不得损坏或者擅自迁移、拆除历史建筑。建设工程选址，应当尽可能避开历史建筑；因特殊情况不能避开的，应当尽可能实施原址保护。历史建筑的所有权人应当按照保护规划的要求，负责历史建筑的维护和修缮。历史建筑有损毁危险，所有权人不具备维护和修缮能力的，当地人民政府应当采取措施进行保护。

（二）生活生产设施改造

1. 卫生间改造

宜利用传统建筑内原有房间改造为卫生间，方便日常生活起居（图8-3-6）。卫生间应具备洗漱、洗浴、厕所三个基本功能。宜将洗漱、洗浴、厕所功能设置于室内；确不具备增设、改造条件的，厕所功能设置于室外。

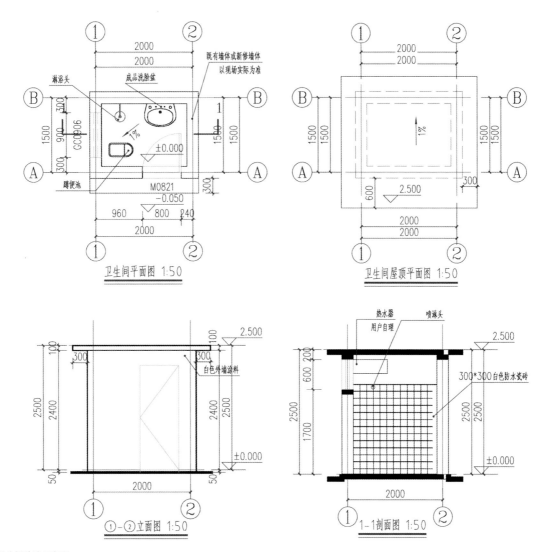

图8-3-6 卫生间改造示意图

卫生间应符合下列要求：宜天然采光、自然通风；应预留安装热水器或安装太阳能热水器管道的位置；应做防水处理；预留管道检修口，设置地漏，并做地面找坡。地面面层应采用防水、防滑及易清洁建筑材料，卫生间地面应略低于地面；卫生间宜布置与厨房邻近，便于管线的集中。

卫生间的增设、改造，应符合下列规定：传统建筑室内应将上、下水设施改造完备，卫生间内铺设防滑地砖，对卫生间的墙面进行防水处理；原建筑不具备卫生间增设、改造条件的，宜就近新建卫生间。卫生间建筑立面及造型应与原有主体建筑相协调，且不应对原有建筑进行遮挡；宜在距离建筑外墙5米外，修建化粪池；在村落内，一般宜采取集中式处理生活污水；也可因地制宜地采取人工湿地、稳定塘和土地处理等适当的生态处理技术进行分散式面源生活污水处理。

2. 厨房改造

厨房（或灶房）一般应满足家庭日常需求，改造为使用燃气灶具、电器设备。燃煤或燃柴型厨房不宜修建在居住建筑内，宜单独设置。厨房应符合下列要求：厨房的使用空间应满足使用功能的需求（图8-3-7）；单独设置的厨房，建筑立面及造型应与原有主体建筑相协调。

厨房改造应符合下列要求：木结构房屋内的厨房，可沿原围护墙体内沿砌筑砖墙，烟囱外围设置耐火隔热保护层；隔墙进行抹灰，顶板刷防火漆；厨房应有组织排烟，设置竖向或水平排烟道。烟道应采用成品烟道或用耐火砖砌筑，烟道设置应避免对建筑立面造成影响；独立设置的燃柴型厨房，烟道应伸出屋面，排烟出口周

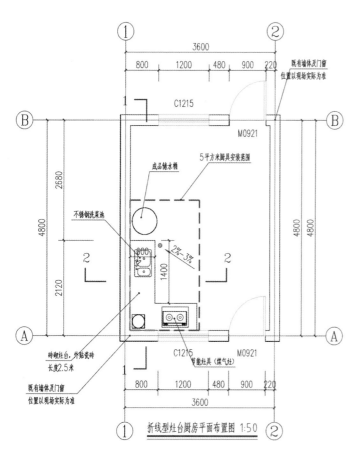
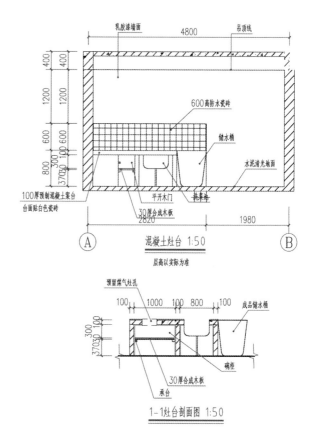

图8-3-7 厨房改造示意图

围应无遮挡物，排烟顺畅。

3. 牲畜饲养圈改造

村落宜集中圈养牲畜。确实不能集中圈养牲畜、家禽时，应做到人畜分离，采取必要的卫生隔离措施。宜布置在最小风向的上风侧及下水处，不对周围环境造成污染（图8-3-8）。

民居建筑内取消的饲养圈，经消毒处理后，可改作开敞的活动空间等用途。

（三）民居修缮方法

1. 木构架的整体修缮与加固

木构架的整体修缮与加固，根据其残损程度应分别

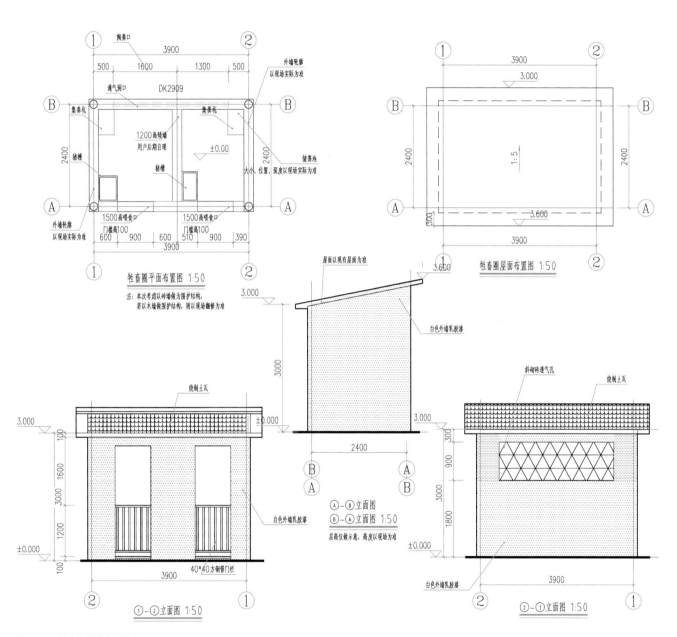

图8-3-8 牲畜饲养圈改造示意图

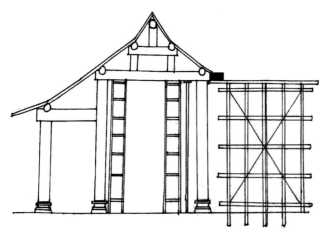

图8-3-9 水平顶推复位

采用下列方法。

落架大修：全部或局部拆落木构架，修整、更换残损构件后重新安装，并在安装时进行整体加固；修整加固：不揭除瓦顶不拆动构架，直接对木构架进行加固、补强；打牮拨正：不拆除木构架，使倾斜、扭转、拔榫的构件复位，再进行整体加固。对个别残损严重的构件，同时进行更换或采取其他修补加固措施。

对于构造复杂的建筑，拆落木构架前，可先给拟拆落的构件编号，并将构件编号牌钉在构件上，标明在记录中，以防重新安装构件时，位置错乱。抢险工程暂不具备落架大修条件时，应对木构架设置临时支撑，使倾斜或扭转不致继续发展。

2. 木构架的加固临时支撑

木构件整体或局部梁架歪斜时，可临时支撑加以支护后，再进行修缮、加固梁架整体或局部（图8-3-9）。

3. 木柱的修缮与加固

（1）柱子墩接

注意事项：将糟朽部分清理干净，保证墩接面平整清洁。用来墩接的木柱应采用与圆柱相同树种的木料，且树龄应比原柱大5岁以上，且应保证含水率与原柱相当，密度应比圆柱高。墩接后，应尽量保持原有木色，避免使用有色油漆。用来墩接的木柱应在中心预留一个4~6毫米的泄水孔。

（2）莲花瓣榫（抄手榫）墩接

适用范围：柱子根部糟朽严重，但还不至于更换整个柱子。

做法：将柱子的糟朽部分锯掉，用一段新木进行墩接，在柱断面上画十字线，分为四瓣，相搭交处都剔去十字瓣的两瓣，上下相叉，长度为40~50厘米。用乳胶满刷接口后上下对正严实，视经济条件采用牛皮箍或竹条箍加固。牛皮应在水中完全浸湿后，取出擦干净表面的水分，在墩接部分绷紧后用铆钉紧固。

4. 梁、枋的修缮与加固

承重的梁枋，出现糟朽或折断时，应采用与原梁枋相同的木材按原形制和尺寸进行更换，不承重仅起联系作用的梁枋可按下面的方式进行修缮和加固。

5. 屋顶的维护

（1）瓦屋面

建筑屋面及马头墙上的瓦材局部破损的需要更换瓦材。瓦材更换前，应先对椽子和檩条进行维修更换。瓦材破损较严重或大面积破损时，需要将屋面的瓦材拆卸翻修（图8-3-10）。拆卸屋脊及瓦件时，应尽可能保护好原屋顶的瓦材。屋面每年应进行翻修，将破损的瓦材更换，翻挖的同时应将屋面及瓦缝里的灰尘清理干净。

（2）屋脊的修复

假如脊毁坏的不甚严重，可以用灰勾抹严实。对于破碎的瓦件一般不要轻易更换或扔掉。假如脊的大部分瓦件已残缺应将脊拆除后重新调脊。屋脊样式应按原样式进行修复，注意采用与屋脊色彩相近的瓦材（图8-3-11）。

图8-3-10 屋脊实景

图8-3-11 屋脊样式参考

6. 墙身的修缮与加固

（1）墙身裂缝

墙板的裂缝可以分为板材拼接的缝隙和板材开裂破损的缝隙。当缝隙小于5毫米时，用环氧树脂灌缝粘固或用腻子嵌填。裂缝在5~30毫米之间时，可用木条嵌填。若裂缝因墙板变形造成，可更换墙板。裂缝在30毫米以上，或是柱与柱之间的墙板有多条裂缝，裂缝宽度之和大于30毫米时，可考虑将墙板挤紧，然后嵌入木条的方式（图8-3-12）。

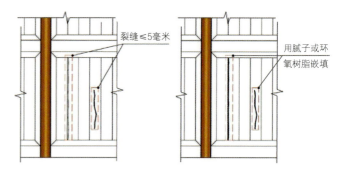

图8-3-12 墙身裂缝嵌填

（2）砖、石墙的修缮与加固

砖、石墙体主体坚固仅面层鼓闪，需剔凿挖补或拆砌外皮时，应做到新旧砌体咬合牢固，灰缝平直，灰浆饱满，外观保持原样。

7. 油饰彩画的修复

传统建筑油饰彩画的修复，应由专业的技术人员实施，不得改变彩画等级、色彩和装饰题材原状。传统建筑修缮加固时，更新的局部构件建议使用可进行颜色调和的水性油漆或木油漆，以达到新老构件色调一致的效果。

图8-3-13 农房风貌分区示意图

三、现代农房风貌指引

（一）风貌分区

根据传统聚落文化综合分区将贵州农房风貌分为七个风貌区，分别是黔中风貌区、黔北风貌区、黔东北风貌区、黔东南风貌区、黔南风貌区、黔西南风貌区和黔西北风貌区（表8-3-1、图8-3-13）。

（二）农房风貌分区的特征

详见表8-3-2。

（三）现代建筑风貌典型案例

根据农房风貌7个分区，分别从每个分区中选取典型农房作为现代农房风貌指导案例。

（1）黔中风貌区——屯堡风貌农房（图8-3-14）；

（2）黔北风貌区——汉族风貌农房（图8-3-15）；

（3）黔北风貌区——土家族风貌农房（图8-3-16）；

（4）黔东北风貌区——汉族徽派风貌农房（图8-3-17）；

（5）黔东南风貌区——苗族风貌农房（图8-3-18）；

（6）黔东南风貌区——侗族风貌农房（图8-3-19）；

（7）黔南风貌区——瑶族风貌农房（图8-3-20）；

（8）黔西南风貌区——布依族风貌农房（图8-3-21）；

（9）黔西北风貌区——彝族风貌农房（图8-3-22）；

（10）黔西北风貌区——白族风貌农房（图8-3-23）。

农房风貌分区范围　　　　　　　　　　　　　　　　　　　　　　表8-3-1

序号	风貌分区	范围
1	黔中风貌区	贵阳市云岩区、南明区、花溪区、乌当区、观山湖区、白云区、修文县、清镇市；安顺市；黔南州长顺县；六盘水市六枝特区
2	黔北风貌区	遵义市；贵阳市息烽县、开阳县；黔南州瓮安县；毕节市金沙县
3	黔东北风貌区	铜仁市除玉屏县以外的所辖区县
4	黔东南风貌区	黔东南州除麻江县以外的所辖区县；铜仁市玉屏县
5	黔南风貌区	黔南州除长顺县、瓮安县以外的所辖区县；黔东南州麻江县
6	黔西南风貌区	黔西南州；六盘水市盘州市
7	黔西北风貌区	毕节市除金沙县以外的所辖区县；六盘水市钟山区、水城县

农房风貌分区特征　　　　　　　　　　　　　　　　　　　　　　表8-3-2

序号	名称	地域特征	民族特征	历史文化特征
1	黔中风貌区	海拔在1000~1500米左右；处于长江与珠江分水岭地带；为温和地区和夏热冬冷地区；建筑材料常用石材、木材	汉族、布依族、苗族、回族、满族等	屯堡文化、游牧文化与农耕文化并存
2	黔北风貌区	海拔在500~1500米左右；属长江流域的乌江水系、赤水河水系和綦江水系；为夏热冬冷地区和温和地区；建筑材料常用砖石、木材	汉族、仡佬族、苗族、土家族等	播州土司、巴文化、汉文化、农耕文化
3	黔东北风貌区	海拔在200~1000米左右；属长江流域的沅江水系和乌江水系；为夏热冬冷地区；建筑材料常用石材、木材	土家族、苗族、汉族、侗族、仡佬族、蒙古族、羌族等	徽派文化、楚文化、巴文化、湘文化、水东土司文化、农耕文化和水居渔猎文化
4	黔东南风貌区	海拔在500~1000米左右；河流分属两个水系，苗岭以北的清水江、潕阳河属长江水系，苗岭以南的都柳江属珠江水系；为夏热冬冷地区；建筑材料常用木材	苗族、侗族、土家族、瑶族、壮族、畲族、仫佬族等	苗侗文化、徽派文化、水西土司文化、商贾文化、山地农耕文化
5	黔南风貌区	平均海拔997米；地处云贵高原东南部向广西丘陵过渡的斜坡地带，红水河、都柳江流经该区域；为夏热冬冷地区和夏热冬暖地区；建筑材料常用石材、木材	苗族、布依族、水族、畲族、壮族、侗族、瑶族、毛南族、仫佬族、白族等	百越文化、桂文化、农耕文化
6	黔西南风貌区	海拔在1000~2000米左右；珠江流域的南、北盘江水系；为温和地区；建筑材料常用木材、石材	布依族、苗族、彝族、回族、壮族、白族和满族等	布依文化、苗族文化、回族文化、土司文化、滇文化、农耕文化
7	黔西北风貌区	海拔在1000~2500米左右；属长江流域的乌江水系、赤水河水系、金沙江水系，属珠江流域的北盘江水系；为夏凉冬冷地区；建筑材料常用土、石材、木材	彝族、苗族、回族、白族、布依族、满族、蒙古族和仡佬族等	水西土司文化、氐羌文化、满蒙文化、游牧军事文化与农耕文化并存

(1) 平面形态

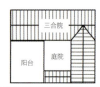

延续传统三合院平面形态,也有"L"形、"一"字楼平面。

(2) 建筑立面形态

- 高度:本方案为2层,其他方案原则不大于3层;
- 屋顶:双坡式屋顶;
- 墙身:石板墙为主,局部与木条纹理搭配;
- 台基:条石或毛石台基。

(3) 建筑材料

- 屋面瓦:仿片石琉璃瓦;
- 外墙:石材面砖贴面;
- 窗:铝合金深褐色花格窗;
- 门:深褐色木门。

(4) 典型符号与装饰

- 石板瓦:采用木屋架,用石板盖顶;
- 三合院:由正房和两侧的厢房组成,合成"凹"字形合院;
- 八字门:门从上到下呈"八"字形向外敞开,寓意财源广进,发家致富;
- 月梁:将承重梁稍加弯曲,形如月亮;
- 民族符号植入:象征屯堡风格纹饰;
- 其他符号:垂花柱、花格窗。

(5) 建筑色彩

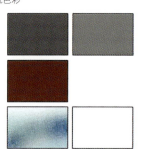

- 主体色:青灰色、石板灰;
- 辅助色:木色;
- 点缀色:白色、玻璃蓝等。

图8-3-14 黔中风貌区——屯堡风貌农房(来源:规划资料)

(1)平面形态

多为三开间,两层的单体主体,结合街檐坎形成"一"字形、"L"形、三合院等平面。

(2)建筑立面形态

- 高度:本方案为2层,其他方案原则不大于3层;
- 屋顶:双坡式屋顶;
- 墙身:白粉墙;
- 台基:条石或毛石台基。

(3)建筑材料

- 屋面瓦:小青瓦等;
- 外墙:白粉墙;
- 窗:木质花格窗;
- 门:木质花格门。

(4)典型符号与装饰

- 木花格门窗:材质为木质,镶嵌门窗花;
- 民族符号植入:象征黔北文化雕饰,以巫文化、汉族文化为主;
- 白粉墙:穿排以上白粉墙,穿排以下为小青砖;
- 其他符号:穿斗枋、木质栏杆、垂花柱。

(5)建筑色彩

- 主体色:白色、瓦灰;
- 辅助色:木色;
- 点缀色:青砖灰、玻璃蓝等。

图8-3-15 黔北风貌区——汉族风貌农房(来源:规划资料)

(1) 平面形态

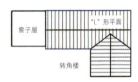

延续传统"L"形平面形态,也有三合院、"一"字形平面。

(2) 建筑立面形态

- □ 高度:本方案为2层,其他方案原则不大于3层;
- □ 屋顶:悬山坡屋顶;
- □ 墙身:青砖墙与木板墙纹理搭配;
- □ 台基:条石或毛石台基。

(3) 建筑材料

- □ 屋面瓦:筒瓦、水泥瓦等;
- □ 外墙:仿青砖涂料、木色漆;
- □ 窗:铝合金木色花格窗;
- □ 门:木质门。

(4) 典型符号与装饰

- □ 青砖墙装饰:坡屋面院墙压顶;
- □ 木质龙门:小青瓦坡屋顶院门;
- □ 跑马廊:二层的外廊挑檐式结构;
- □ 民族符号植入:板栗色外墙漆;
- □ 其他符号:穿斗枋、花格窗、垂花柱。

(5) 建筑色彩

- □ 主体色:青砖灰、瓦灰;
- □ 辅助色:板栗色;
- □ 点缀色:白色等。

图8-3-16 黔东北风貌区——土家族风貌农房(来源:规划资料)

(1) 平面形态

延续传统三合院平面形态，也有"L"形、"一"字形平面。

(2) 建筑立面形态

- □ 高度：本方案为2层，其他方案原则不大于3层；
- □ 屋顶：悬山坡屋顶；
- □ 墙身：青砖墙与木板墙纹理搭配；
- □ 台基：条石或毛石台基。

(3) 建筑材料

- □ 屋面瓦：筒瓦、水泥瓦等；
- □ 外墙：仿青砖涂料、木色漆；
- □ 窗：铝合金木色花格窗；
- □ 门：木质门。

(4) 典型符号与装饰

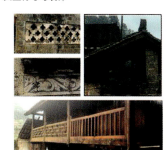

- □ 青砖墙装饰：漏窗、坡屋面院墙压顶；
- □ 木质龙门：小青瓦坡屋顶院门；
- □ 跑马廊：二层的外廊挑檐式结构；
- □ 民族符号植入：象征汉族文化纹饰，以吉祥如意为主；
- □ 其他符号：穿斗枋、花格窗、垂花柱。

(5) 建筑色彩

- □ 主体色：青砖灰、瓦灰；
- □ 辅助色：木色；
- □ 点缀色：白色、玻璃蓝等。

图8-3-17　黔东北风貌区——汉族徽派风貌农房（来源：规划资料）

(1）平面形态

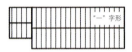

延续传统"一"字楼平面形态。

(2）建筑立面形态

- 高度：本方案为2层，其他方案原则不大于3层；
- 屋顶：歇山屋顶；
- 墙身：青砖墙与原木色木板条搭配；
- 台基：毛石台基。

(3）建筑材料

- 屋面瓦：小青瓦；
- 外墙：仿青砖涂料、白色墙漆；
- 窗：木色花格窗；
- 门：木质门。

(4）典型符号与装饰

- 装饰及色彩：小青瓦、原木色、本地石材、白色墙漆；
- 美人靠：弯月形小木条等间距排列；
- 民族符号植入：美人靠、垂花柱、水牛图腾、吊脚楼、木窗格；
- 其他符号：穿斗枋。

(5）建筑色彩

- 主体色：青砖灰、瓦灰；
- 辅助色：木色；
- 点缀色：白色。

图8-3-18　黔东南风貌区——苗族风貌农房（来源：规划资料）

(1) 平面形态

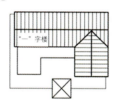

延续传统"一"字楼平面形态。

(2) 建筑立面形态

- 高度：本方案为2层，其他方案原则不大于3层；
- 屋顶：悬山坡屋顶；
- 墙身：青砖墙与原木色木板条搭配；
- 台基：毛石台基。

(3) 建筑材料

- 屋面瓦：小青瓦；
- 外墙：灰色清水砖、白色墙漆；
- 窗：木色花格窗；
- 门：木质门。

(4) 典型符号与装饰

- 青砖墙装饰：小青瓦、原木色、灰色清水砖、白色墙漆；
- 垂花柱头：象征喜庆的灯笼柱头；
- 木栏杆：采用鼓楼栏杆为原型；
- 民族符号植入：鼓楼、风雨桥；
- 其他符号：穿斗枋。

(5) 建筑色彩

- 主体色：青砖灰、瓦灰；
- 辅助色：木本色；
- 点缀色：白色。

图8-3-19 黔东南风貌区——侗族风貌农房（来源：规划资料）

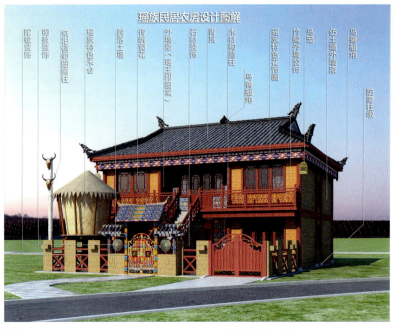

(1) 平面形态

延续传统"一"字形平面形态,提升增设院落。

(2) 建筑立面形态

- 高度:本方案为2层,其他方案原则不大于3层;
- 屋顶:歇山坡屋顶;
- 墙身:仿土墙与竹编墙纹理搭配;
- 台基:条石或毛石台基。

(3) 建筑材料

- 屋面瓦:筒瓦、水泥瓦等;
- 外墙:仿土墙涂料、仿竹编涂料,木色漆;
- 窗:铝合金木色花格窗;
- 门:木质门、铁艺门。

(4) 典型符号与装饰

- 屋顶装饰:鸟兽装饰、青瓦屋顶;
- 禾仓:瑶族特有的特色粮仓;
- 直跑楼梯:楼梯直上二楼;
- 跑马廊:二层的外廊挑檐式结构;
- 民族符号植入:象征瑶族文化纹饰,以吉祥如意、祭祀信仰为主;
- 其他符号:穿斗枋、花格门窗、垂花柱、封檐彩纹、瑶王印、铜鼓等。

(5) 建筑色彩

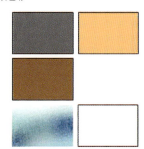

- 主体色:土黄、瓦灰、浅黄、靛蓝;
- 辅助色:木色;
- 点缀色:白色、玻璃蓝等。

图8-3-20 黔南风貌区——瑶族风貌农房(来源:规划资料)

(1) 平面形态

(4) 典型符号与装饰

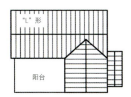

延续传统"L"形平面形态,结合当地地势高差变化,形成特色。

(2) 建筑立面形态

- 屋顶装饰:民族符号、青瓦屋顶;
- 民族符号植入:象征布依文化的纹饰雕刻等;
- 其他符号:穿斗枋、花格门窗等。

(5) 建筑色彩

- 民居高度:2层;
- 立面形态:三段式立面,参考贵州传统民居,屋顶采用小青瓦坡屋顶,建筑基座采用当地石材,二层采用木结构或石墙作为围护结构。

(3) 建筑材料

- 屋面瓦:筒瓦、水泥瓦等;
- 外墙:白色涂料、青砖、木色漆;
- 窗:铝合金木色花格窗;
- 门:木质门、铁艺门。

- 主体色:瓦灰、白色;
- 辅助色:木色;
- 点缀色:玻璃蓝、浅灰色。

图8-3-21 黔西南风貌区——布依族风貌农房(来源:规划资料)

(1) 平面形态

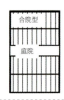

延续传统内院中庭平面形态，也有"L"形、"一"字形平面。

(2) 建筑立面形态

- 高度：本方案为2层，其他方案原则不大于3层；
- 屋顶：悬山坡屋顶；
- 墙身：石片墙与白色墙搭配；
- 台基：混凝土或毛石台基。

(3) 建筑材料

- 屋面瓦：筒瓦、水泥瓦等；
- 外墙：仿石片涂料、白色真石漆；
- 窗：铝合金木色花格窗；
- 门：木质门。

(4) 典型符号与装饰

- 石片墙装饰：漏窗、坡屋面院墙压顶；
- 木质龙门：小青瓦坡屋顶院门；
- 屋脊翘脚：屋脊运用喜鹊形态符号，象征吉祥；
- 民族符号植入：植入彝族虎头文化，纪念先祖及对虎文化的崇拜之情；
- 其他符号：祥云图腾、福禄寿花格窗。

(5) 建筑色彩

- 主体色：石片灰、瓦灰；
- 辅助色：木色、白色；
- 点缀色：红色、玻璃蓝等。

图8-3-22 黔西北风貌区——彝族风貌农房（来源：规划资料）

(1) 平面形态

> 延续传统建筑"一"字形平面形态，也有"L"形平面形态。

(2) 建筑立面形态

> □ 民居高度：2层；
> □ 立面形态：结合白族民居以及贵州传统民居，屋顶采用小青瓦坡屋顶，建筑腰身搭配白族传统民居彩画。

(3) 建筑材料

> 建筑材料主要采用白色抹灰外墙为主，搭配青砖作为立面主要材料。

(4) 典型符号与装饰

> 民居符号参考白族传统古民居符号，注重装饰山花与檐下彩画装饰。

(5) 建筑色彩

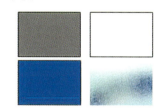

> □ 主体色：白色、瓦灰；
> □ 辅助色：蓝色；
> □ 点缀色：天蓝等。

图8-3-23　黔西北风貌区——白族风貌农房（来源：规划资料）

附录

附录一　贵州省历史发展简表

序号	时期/时代	时间	生产方式	民族	事件
1	鳖人时代	公元前30世纪（夏、商、周）至春秋时期（夏朝：约公元前2070年~约公元前1600年；商朝：约公元前1600年~约公元前1046年；西周：约公元前1046年~公元前771年）		彝族	• 四五千年前，鳖人就生活在贵州高原乌江南北两岸的广大地区。他们具有双重身份，既是远古的鳖巴人，也是古代蜀人鱼凫部落的重要支系。鳖人是人类历史上最早的水利工程大师，贵州境内乃至中国境内众多伟大的早期水利工程系统都留下了鳖人的身影。 • 春秋时代，鳖国为周楚属国。鳖国的统治中心位于乌江北岸今贵州省遵义市绥阳县城附近。秦汉时代为鳖县治所。 • 地皇氏的存在是真实的，地皇时代彝族的雏形已经有了。根据《三皇五帝年表》，早期彝族存于4500年前。 • 《大定府志》转引《括地志》"戎府之南，古徽、贞、彭三国之地"记载后称"则泸州以南至叙永、大定、安顺、兴义皆卢国也"，说明远在周初的卢国族属，迁入黔蜀戎府以南之地后，即已有彝族先民称夷的活动。在贵州黔西北地区出土的战国晚期的一批墓葬器物，青铜器受滇文化的影响，兵器有蜀文化的柳叶形青铜剑，都可反映古滇王国和古蜀国与贵州高原彝族先民间的交往史迹。
2	牂牁时代	春秋时期（公元前770年~公元前476年这段历史时期，史称"春秋时期"。）	狩猎		• 牂牁国——兴于春秋，亡于战国，是中国贵州历史上的悬案之一。 • 牂牁是春秋时期南方一个较大的古国，范围大致包括今贵州乌江以南及两广的一些地区，与黔、桂交界处的牂牁江（即今盘江），有密切的因果互动关系。在牂牁国与牂牁江的关系上，应先有牂牁江，其后当地民族建立方国，因江得名，故称为牂牁国。 • 春秋时代，在今贵州南境有牂牁国，与北境鳖国并存。牂牁江位于珠江上游北盘江、南盘江、红水河水域。
3	夜郎时代	战国时期、秦朝、汉朝（战国：公元前475年~公元前221年，是中国历史上继春秋时期之后的大变革时期。）（秦朝：公元前221年~公元前206年，是由战国时期的秦国发展起来的中国历史上第一个大一统王朝。）（汉朝：公元前206年~公元220年，是中国最强盛的时代之一。）		布依族	• 夜郎国是继春秋鳖国、牂牁国之后于贵州高原崛起的又一个部落国。夜郎国极盛时控制范围包括今天贵州全境、四川南部、重庆东南部、湖南西部、云南东部、广西北部。 • 夜郎国的历史，大致起于战国，至西汉成帝和平年间，前后约300年。 • 秦汉初年，中央政府于夜郎境内置郡县，而夜郎部落并未完全瓦解，实为共治时期。郎县、夜郎县、郎郡治所位于乌江北岸今贵州省遵义市桐梓县城附近。 • 战国、秦汉时期，夜郎崛起于中国西南部，贵州成为夜郎的中心。 • 公元前25年，汉朝击溃夜郎余部。 • 布依族是云贵高原东南部的当地居民，早在石器时代就在这里劳动生息。如今布依族人还保留着一些古代越人的风俗习惯，如居住干阑式房屋、敲击铜鼓等。也有人认为，西汉时的夜郎国，与今布依族有渊源关系。

续表

序号	时期/时代	时间	生产方式	民族	事件
4	郡县时代	秦汉时期 （秦朝：公元前221年~公元前206年；西汉：公元前206年~公元25年；东汉：公元25年~公元220年）	农耕	水族	• 且兰国：2000多年前，南方今贵州辖境内曾产生过两个神秘的古国，一曰"夜郎"，二曰"且兰"。经研考众多史籍认定，且兰古国故都在今旧州。 • 且兰国是2000多年前与夜郎同时存在的部落酋长国，三国名将马超之子马忠，就为当时且兰牂牁郡守。 • 史籍记载，汉武帝元鼎六年（公元前111年），且兰国反叛，被汉王朝灭掉，以其地置故且兰县，作为新设之牂牁郡首府。又据《汉书》载，两汉时之牂牁郡首府均设于原且兰国，改置之故且兰县，历时三百余年。 • 水族的远祖是古代"百越"的一支。水族与古代"骆越"族有历史渊源，是其中一支发展起来的。秦南征过程中岭南原住族从广西走都柳江北上至贵州一带，后因布依族和苗族南迁、侗族北迁上山并保留下来一支。比百越一族形成早，有独立文字。
		三国时期 （魏、蜀、吴：公元220年~公元280年）			• 三国（公元220年~公元280年）是上承东汉下启西晋的一段历史时期，分为曹魏、蜀汉、东吴三个政权。公元220年，曹丕篡汉称帝，国号"魏"，史称曹魏，三国历史正式开始。 • 罗甸国：罗氏部族最早游于牂牁徼外，为昆明夷。罗氏家族统治贵州大部分地区长达一千六百多年，而罗甸国和罗氏鬼国几乎贯穿贵州的整个历史。世人总以为罗甸国又叫罗殿国，也叫罗氏鬼国，但据现代贵州学者考证，罗甸国或作罗殿国，中心在今安顺地区，而罗氏鬼国中心在今大方，各是一个政权。 • 历史上罗殿国获得封号共有两次。第一次是三国时蜀汉封罗甸国，中心在今大方县。 • 秦始皇统一六国后（公元前221年后），将全国划为36郡。贵州北部、西北部，分属巴郡、蜀郡管辖。贵州南部、东部，分属黔中郡和象郡管辖。 • 西汉初年，贵州分属益州刺史部犍为郡和牂牁郡。犍为郡管辖今贵州北部、四川南部、重庆南部的大部分地区。牂牁郡管辖今贵州南部及周边地区。 • 东汉基本延续西汉区划。 • 三国时蜀国牂牁郡治且兰（今贵州凯里西北）。领7县：且兰、毋敛、广谈、鳖县、平邑、夜郎、谈指。 • 西晋初年牂牁郡治万寿（今贵州瓮安）。领8县：万寿、且兰、鳖县、平夷、广谈、毋敛、夜郎、谈指。两晋的大部分时期，贵州境内有牂牁、夜郎、平夷三个小郡。 • 南北朝时属宋国荆、益二州。
		晋朝 （西晋：公元265年~公元317年；东晋：公元317年~公元420年）			
		南北朝 （公元420年~公元589年）			
		隋朝 （公元581年~公元618年）		苗族 侗族	• 隋代贵州大体属于梁州刺史部和荆州刺史部管辖范围。境内有明阳郡治明阳（今贵州凤冈北部）。领4县：明阳、宁夷、高富、绥阳。牂牁郡治牂牁（今贵州瓮安东北部）。领2县：牂牁、宾化。 • 台江苗族先民最初由祖国的东海之滨和黄淮平原开始迁徙而来。在2世纪~6世纪，中原南迁打击苗族迁入贵州，并同时打击原住民（夜郎），进入铜仁与黔东南居住，后期铜仁向遵义、毕节地区发展，在7~9世纪，唐、宋管理遵义、镇远、贵阳，安顺被切断，形成现在三苗。 • 侗族可能是由"骆越"的一支发展而成。侗族在3世纪~6世纪，中原南迁、战乱，晋、刘宋、乔、梁时期百越后退入贵州，以清水江、都柳江进入，北部分段苗族，南部也阻挡黔东南苗族发展，并占领江流平地，带百越文化建立议会方式（鼓楼等公建），住苗人房，唐朝正式安定。

续表

序号	时期/时代	时间	生产方式	民族	事件
5	土司时代	唐朝（公元618年~公元907年）	农耕	仡佬族	• 罗甸国第二次获得封号，加封罗甸国王（有些史书记为罗殿王），中心在今贞丰县。 • 仡佬族历史悠久，商周至西汉时期的"百濮"，东汉至南北朝时期的"濮""僚"都与其先祖有渊源关系。"仡僚""葛僚""僚""仡佬"是隋唐以后，各个时期对他们的称谓，中华人民共和国成立以后，正式定名为仡佬族。仡佬族人与古代贵州一代的僚人有渊源关系。唐宋时，史书中开始出现"葛僚""仡僚""革老""仡佬"等名称，统称为"僚"。
		宋朝（公元960年~1279年，是中国历史上承五代十国下启元朝的朝代，分北宋和南宋两个阶段，共历18帝，享国319年。）		回族	• 罗氏鬼国是南宋时由黔西乌蛮割据而成的地方民族政权，其地到达今川南与云南东北的一部分。罗氏鬼国的主体民族为"乌蛮"，也散居着布依族、仡佬族、苗族等。"罗氏鬼国"是汉人对贵州一个彝族政权的一种不确切的称谓。 • 回族于何时迁进贵州，史无确证。据有关记载，大约在南宋宝佑元年（1253年），蒙古贵族首领忽必烈率领十万大军进攻滇西大理国时，有许多阿拉伯人、波斯人和其他信奉伊斯兰教的人民被征调来充当士兵。事平后一部分士兵留居云南，一部分陆续辗转移居贵州。 • 宋宁宗嘉定（1208年~1224年）年间，罗氏第五十九世额归普色入主贵州，始划水东、水西地界。罗氏领水西，领地有姚州、郝（今大方）、犍（今黔西）、绿（今毕节）五羁縻州，统彝族四十八部。因此，又称水西罗氏鬼国。 • 自杞国是南宋时期云南东部、贵州西南地区一个以"乌蛮"为主体的少数民族政权。1100年前，自杞建立，至1260年为蒙古所灭，鼎盛时其疆域北至曲靖，南达红河，西抵昆明，东到广西红水河。 • 南宋时期，关于自杞国的记载，大多与"广马"相联系。所谓"广马"是指宋朝廷由广南西路所买之马。马产于大理，据《玉海》卷149《绍兴孳生马监》记载：前来横山寨卖马者，有自杞、罗殿、特磨等部落的商人，"今之马多出于罗殿、自杞诸ామ，而彼乃以锦绸博于大理，世称广马，其实非也。" • 土司制度是元、明、清王朝在少数民族地区设立的地方政权组织形式和制度。"土司"又称"土官"。 • 唐代中央政府开始推行羁縻州制度，在当时的边疆地区利用地方人员管理地方事务，贵州境内出现了几个对后来产生深远影响的地方土司政权。在今贵州省境，仅在乌江以北及黔东北地区一度设有正州，其他地区主要是羁縻州。而到了宋代，由于朝廷面临来自北方辽国、西夏国的强大军事压力而无暇南顾，乌江以北的正州也逐步改为羁縻州。对贵州历史影响最大的是安、宋、田、杨四大土司政权。 • 水西安氏土司与水东宋氏土司：宋末，贵州中部有罗氏鬼国（罗施鬼国），依附于宋；南部有罗殿国，依附于大理。元朝至元十六年（1279年）置八番罗甸宣慰司。至元十九年（1282年），设顺元等路军民宣慰司。至元二十九年（1292年），顺元、八番两宣慰司合并，设八番顺元宣慰司都元帅府于贵阳。后来又以乌江上游的鸭池河为界分为水东、水西。水西由安姓土司统治，水东由宋姓土司统治。 • 思州田氏土司：思州人自誉"先有思州，后有贵州"，的确如此。远在夜郎人、牂牁人之前，乌江南北均为鳖人故地，而自唐以后仍然保持了更多鳖人余韵的地方，非思州莫属。风景绮丽的岑巩鳖山、龙鳖河就是明证。思州及湘西土家族的历史，正溯鳖人历史，也是远古时代巴人的历史，上接鲧禹，繁衍至今。 • 播州杨氏土司：播州为春秋时代鳖国之中心。战国时代属夜郎国。秦置鳖县，属巴郡。汉初犍为郡，治所在鳖县。汉元鼎六年（公元前111年）鳖县、夜郎县等改隶牂牁郡。唐初置郎州，贞观十三年（公元639年）郎州易名播州。

续表

序号	时期/时代	时间	生产方式	民族	事件
5	土司时代	元朝（1206年~1368年）	农耕	仫佬族	• 仫佬族是贵州古老的世居民族之一，具有悠久的历史，由古僚族群中逐渐发展而来。自元代始有单独明确记载。《经世大典·招捕总录》云："元贞二年（公元1297年）五月，宋氏复令平浪巡检欧阳濯龙与其大洞李巴林、竹笏等率木佬六十余人……"《新元史·宋隆济传》载："宋隆济，雍真葛蛮土官也，大德五年（公元1301年）叛。" • 贵州仫佬族先于苗、汉等族居住在有关地域。如苗族称仫佬族为"卡"。"凯里"地名为苗语"卡里"，意为"仫佬田"。凯里原为仫佬族先民开发和居住之地。
6	行省时代	明朝（1368年~1644年）	贸易		• 元末天下大乱，西南土司纷纷立国称王。 • 明洪武初年（1368年），水西土司霭翠和他的妻子奢香率部拥护朱元璋并协助了明朝平定云南的战争。朱元璋特赐霭翠汉姓安，将顺元路改为贵州宣慰司（今贵阳、黔西大方、水城一带，治所在今贵阳），封霭翠为贵州宣慰使，并赐给他许多金银和绢帛。 • 洪武五年（1372年），朱元璋特颁诏书，宣布霭翠的地位在其他宣慰使之上。霭翠去世后，奢香继任贵州宣慰使，并修筑了贵州至云南、四川的驿道，促进了贵州地区经济文化的发展，为贵州行省的建立奠定了基础。 • 明永乐十一年二月初二日（1413年3月3日），设置贵州布政使司。废思州宣慰司与思南宣慰司，保留水东土司与水西土司，同属贵州布政司管辖。从此，贵州正式成为省一级的行政单位。
		清朝（1616年~1911年）		羌族	• 追溯贵州羌族的族源，在实地考察中，得知贵州石阡、江口两县的羌族，各姓氏入黔情况，石阡包氏的口碑资料说："先祖从福建省汀州府上杭县卢丰乡迁来，至今已三十代人。"
				汉族	• 汉族进入贵州时间在明代屯兵时期，明初朱元璋的调北征南屯堡事件。明洪武十三年，云南梁王巴扎剌瓦尔密反叛，第二年，朱元璋派大将傅友德和沐英率30万大军征南，经过3个月的战争，平定了梁王的反叛。经过这次事件，朱元璋认识到了西南稳定的重要性，于是命30万大军就地屯军。这一屯，屯出了悠悠600年的"明代历史活化石"。
				畲族	• 贵州省畲族先祖来源于江西。根据其各姓氏的族谱和碑文记载以及民族成分认定前的考证，其先祖入黔前，居住在江西赣江流域及赣东、赣东北一带。"改土归流"时迁入贵州。
				土家族	• 明朝末期，古蔺换播州划入贵州，土家族因此随迁如贵州，原为巴人。
				白族	• 白族为云南原生民族。（1）西部几县在明末清初并入贵州时划入；（2）明初打云南后回迁屯军带有部分白族军属（安顺地区）；（3）清末吴三桂兵败留下在毕节地区。
				瑶族	• 瑶族为广西原生民族，南部几县在明末清初并入贵州时划入。
				毛南族	• 贵州的毛南族，历史上称为佯僙人，是广西原生民族，清朝荔波并入贵州时划入。
				壮族	• 壮族为广西原生民族，贵州境内壮族多由广西迁来，清朝时从江并入贵州时划入。
				满族	• 北方的满族成为贵州世居民族中的一员，与清初的两次军事行动相关：（1）满族攻入中原后，明王朝残部和大顺军踞守西南，聚合了反清势力。康熙三年（1644年），贵州各地再次起兵反清；（2）康熙十二年（1673年），吴三桂叛清并公开称帝，战祸遍及西南十数省。康熙十九年（1680年），清廷遣绥远将军蔡毓荣总督各路官军平定云贵，以绿营步兵为前锋。"绿营兵"，是清朝常备兵之一，成员满汉混杂。据载，康熙平定三藩之乱时所派的旗兵、绿营兵多至40万。绿营步兵在贵州境内的平远（织金）击败叛军，收复大定、黔西、毕节等地。

续表

序号	时期/时代	时间	生产方式	民族	事件
6	行省时代	清朝（1616年~1911年）	贸易	蒙古族	• 清顺治十五年（1658年），清军攻占贵州，继明代永乐、万历两次"改土归流"，康熙、雍正两朝全面推行"改土归流"。贵州土司制度基本废除，但残存一些长官司，至民国时期仍有土司存在。清初从邻省划进遵义等州县属贵州省，清末贵州省辖12府、2直隶厅、13州、13厅、43县、53长官司。 • 清雍正五年（1727年），将四川属遵义府，广西属荔波及红水河、南盘江以北地区，湖广属平溪、天柱，划归贵州管理辖。将贵州属永宁州划为四川管理辖。至此，贵州延续至今的行政区划基本确定。 • 贵州少数民族之一的蒙古族，有一个比较特别的现象是：以余姓为主的蒙古族占绝大多数。蒙古族进入贵州的时间，应该是余姓蒙古族进入贵州的时间。根据《余氏家谱》和大量墓碑证明，在明末清初，由于四川发生动乱，余姓由四川辗转迁入贵州毕节地区的大方、黔西等地和铜仁地区的思南、石阡等地，落籍为业。
		民国时期至今	交易		• 民国元年（1912年）至民国24年（1935年），贵州相继为兴义系军阀和桐梓系军阀统治。 • 民国24年（1935年）国民党中央军尾追红军进入贵州，取代军阀统治，建立中央直接控制的政权。 • 民国30年（1941年），设贵阳市，新增6个县。 • 至民国38年（1949年）全省有1直辖区、6行政督察专员区；1市、78县、1设治局。 • 1930年4月~1936年10月，中国工农红军进入贵州，并在部分地区建立革命政权。 • 1934年6月，中国工农红军第三军（即红二军团）进入黔东，建立黔东特区，7月成立了特区委员会，在沿河、德江、印江、松桃等县建立了县、区、乡革命委员会。 • 1935年1月，中央红军进入遵义城，在遵义召开了举世闻名的遵义会议，确立了毛泽东同志在中国革命中的领导地位，遵义会议成为中国无产阶级革命走向胜利的伟大转折点。 • 1935年12月，中国工农红军第二方面军进入贵州，1936年2月在大定建立了川滇黔省革命委员会（后迁毕节县城），以后还在毕节、大定、黔西等地建立了县、区、乡人民政权。 • 1935年，国民政府改组贵州省政府以后，建立了一套行政机构，省下设若干督察区，1937年置6个行政督察专员区分管各县。1941年置贵阳市，并在花溪镇置贵筑县。 • 至1948年，全省设1个直辖区，6个行政督察区，78个县（市），乡镇1397个，保1.29万个，甲12.84万个。 • 1949年11月15日贵阳市解放，12月26日贵州省人民政府成立。从此，贵州进入了历史新纪元。

附录二　贵州中国传统村落名录（按入国家名录批次排序）

1-1　贵阳市花溪区高坡苗族乡批林村
1-2　贵阳市花溪区石板镇镇山村大寨
1-3　开阳县禾丰布依族苗族乡马头村
1-4　遵义市赤水市丙安乡丙安村
1-5　遵义市务川仡佬族苗族自治县大坪镇龙潭村
1-6　遵义市凤冈县绥阳镇玛瑙村
1-7　安顺市西秀区大西桥镇吉昌村
1-8　安顺市西秀区大西桥镇石板房村
1-9　安顺市西秀区大西桥镇鲍屯村
1-10　安顺市西秀区七眼桥镇云山村
1-11　铜仁市德江县楠杆土家族乡兴隆社区上坝自然寨
1-12　铜仁市江口县太平土家族苗族乡云舍村
1-13　铜仁市石阡县白沙镇马桑坪村
1-14　铜仁市石阡县白沙镇箱子坪村
1-15　铜仁市石阡县国荣乡楼上村
1-16　铜仁市石阡县国荣乡葛容村高桥自然村
1-17　铜仁市石阡县河坝场乡小高王村
1-18　铜仁市石阡县聚凤仡佬族侗族乡黄泥坳村
1-19　铜仁市石阡县聚凤仡佬族侗族乡廖家屯村
1-20　铜仁市石阡县聚凤仡佬族侗族乡瓮水屯村
1-21　铜仁市石阡县石固仡佬族侗族乡公鹅坳村
1-22　铜仁市石阡县五德镇大寨村
1-23　黔西南布依族苗族自治州兴仁县巴铃镇百卡村卡嘎布依寨
1-24　黔东南苗族侗族自治州从江县往洞乡增冲村
1-25　黔东南苗族侗族自治州从江县往洞乡则里村
1-26　黔东南苗族侗族自治州从江县丙妹镇岜沙村
1-27　黔东南苗族侗族自治州从江县谷坪乡银潭村
1-28　黔东南苗族侗族自治州从江县下江镇高仟村
1-29　黔东南苗族侗族自治州丹寨县扬武乡排莫村
1-30　黔东南苗族侗族自治州剑河县南哨乡翁座村
1-31　黔东南苗族侗族自治州锦屏县隆里乡隆里所村
1-32　黔东南苗族侗族自治州锦屏县河口乡文斗村
1-33　黔东南苗族侗族自治州雷山县郎德镇上郎德村
1-34　黔东南苗族侗族自治州雷山县郎德镇下郎德村
1-35　黔东南苗族侗族自治州雷山县郎德镇南猛村
1-36　黔东南苗族侗族自治州雷山县西江镇控拜村
1-37　黔东南苗族侗族自治州黎平县坝寨乡坝寨村
1-38　黔东南苗族侗族自治州黎平县坝寨乡蝉寨村
1-39　黔东南苗族侗族自治州黎平县坝寨乡高场村
1-40　黔东南苗族侗族自治州黎平县坝寨乡高兴村
1-41　黔东南苗族侗族自治州黎平县坝寨乡青寨村
1-42　黔东南苗族侗族自治州黎平县大稼乡邓蒙村
1-43　黔东南苗族侗族自治州黎平县德顺乡平甫村
1-44　黔东南苗族侗族自治州黎平县地坪乡岑扣村
1-45　黔东南苗族侗族自治州黎平县地坪乡高青村
1-46　黔东南苗族侗族自治州黎平县地坪乡滚大村
1-47　黔东南苗族侗族自治州黎平县洪州镇归欧村
1-48　黔东南苗族侗族自治州黎平县洪州镇九江村
1-49　黔东南苗族侗族自治州黎平县洪州镇平架村
1-50　黔东南苗族侗族自治州黎平县洪州镇三团村
1-51　黔东南苗族侗族自治州黎平县九潮镇高寅村
1-52　黔东南苗族侗族自治州黎平县九潮镇贡寨村
1-53　黔东南苗族侗族自治州黎平县九潮镇吝洞村
1-54　黔东南苗族侗族自治州黎平县雷洞瑶族水族乡金城村
1-55　黔东南苗族侗族自治州黎平县茅贡乡蚕洞村
1-56　黔东南苗族侗族自治州黎平县茅贡乡冲寨
1-57　黔东南苗族侗族自治州黎平县茅贡乡登岑村
1-58　黔东南苗族侗族自治州黎平县茅贡乡地扪村
1-59　黔东南苗族侗族自治州黎平县茅贡乡高近村
1-60　黔东南苗族侗族自治州黎平县茅贡乡流芳村
1-61　黔东南苗族侗族自治州黎平县茅贡乡寨头村
1-62　黔东南苗族侗族自治州黎平县孟彦镇芒岭村
1-63　黔东南苗族侗族自治州黎平县尚重镇高冷村
1-64　黔东南苗族侗族自治州黎平县尚重镇纪登村
1-65　黔东南苗族侗族自治州黎平县尚重镇绍洞村
1-66　黔东南苗族侗族自治州黎平县尚重镇育洞村
1-67　黔东南苗族侗族自治州黎平县尚重镇朱冠村
1-68　黔东南苗族侗族自治州黎平县双江乡黄岗村
1-69　黔东南苗族侗族自治州黎平县岩洞镇述洞村
1-70　黔东南苗族侗族自治州黎平县岩洞镇岩洞村
1-71　黔东南苗族侗族自治州黎平县岩洞镇宰拱村
1-72　黔东南苗族侗族自治州黎平县岩洞镇竹坪村
1-73　黔东南苗族侗族自治州黎平县永从乡豆洞村
1-74　黔东南苗族侗族自治州黎平县肇兴肇兴中寨村
1-75　黔东南苗族侗族自治州黎平县肇兴乡纪堂村
1-76　黔东南苗族侗族自治州黎平县肇兴乡纪堂上寨村
1-77　黔东南苗族侗族自治州黎平县肇兴乡堂安村
1-78　黔东南苗族侗族自治州黎平县肇兴乡肇兴村
1-79　黔东南苗族侗族自治州榕江县平江乡滚仲村
1-80　黔东南苗族侗族自治州榕江县兴华乡八蒙村
1-81　黔东南苗族侗族自治州榕江县兴华乡摆贝村
1-82　黔东南苗族侗族自治州榕江县栽麻乡大利村
1-83　黔东南苗族侗族自治州榕江县栽麻乡宰荡村
1-84　黔南布依族苗族自治州荔波县瑶山民族乡懂蒙村
1-85　黔南布依族苗族自治州荔波县永康民族乡太吉村

1-86 黔南布依族苗族自治州荔波县永康民族乡尧古村
1-87 黔南布依族苗族自治州平塘县卡蒲毛南族乡场河村交懂组
1-88 黔南布依族苗族自治州三都水族自治县坝街乡坝辉村
1-89 黔南布依族苗族自治州三都水族自治县都江镇怎雷村
1-90 黔南布依族苗族自治州三都水族自治县拉揽乡排烧村
2-1 遵义市湄潭县茅坪镇平顺坝
2-2 遵义市湄潭县西河乡石家寨
2-3 遵义市湄潭县抄乐乡群星村石家寨
2-4 安顺市普定县马关镇下坝屯
2-5 安顺市镇宁布依族苗族自治县城关镇高荡村
2-6 安顺市镇宁布依族苗族自治县扁担山乡革老坟村
2-7 毕节市织金县龙场镇阳光村营上古寨
2-8 铜仁市碧江区漾头镇茶园山
2-9 铜仁市江口县桃映乡漆树坪
2-10 铜仁市江口县民和侗族土家族苗族乡封神懂
2-11 铜仁市江口县怒溪土家族苗族乡黄岩
2-12 铜仁市石阡县花桥镇施场村
2-13 铜仁市石阡县五德镇董上村
2-14 铜仁市石阡县聚凤仡佬族侗族乡指甲坪村
2-15 铜仁市石阡县青阳苗族仡佬族侗族乡青山寨
2-16 铜仁市石阡县坪地场仡佬族侗族乡石榴坡村
2-17 铜仁市石阡县甘溪镇铺溪村
2-18 铜仁市思南县许家坝镇舟水村
2-19 铜仁市思南县文家店镇龙山村
2-20 铜仁市思南县青杠坡镇四野屯村
2-21 铜仁市思南县思林乡金龙村
2-22 铜仁市思南县思林乡黑河峡社区
2-23 铜仁市思南县板桥乡郝家湾古寨
2-24 铜仁市思南县兴隆乡天山村
2-25 铜仁市思南县杨家坳乡岑头盖村
2-26 铜仁市印江县永义乡团龙村
2-27 铜仁市德江县枫香溪镇枫香村
2-28 铜仁市德江县复兴镇棋坝山村
2-29 铜仁市德江县共和乡焕河村
2-30 铜仁市德江县沙溪乡大寨村
2-31 铜仁市沿河县思渠镇荷叶村
2-32 铜仁市沿河县黑獭乡大溪村
2-33 铜仁市沿河县新景乡白果村
2-34 铜仁市沿河县后坪乡茶园村
2-35 铜仁市松桃县普觉镇候溪屯
2-36 铜仁市松桃县正大乡苗王城
2-37 黔东南苗族侗族自治州黄平县苗陇乡苗陇村
2-38 黔东南苗族侗族自治州三穗县良上乡雅中村

2-39 黔东南苗族侗族自治州镇远县报京乡报京村
2-40 黔东南苗族侗族自治州岑巩县平庄乡平庄村凯空组
2-41 黔东南苗族侗族自治州剑河县南加镇塘边村
2-42 黔东南苗族侗族自治州剑河县柳川镇巫泥村
2-43 黔东南苗族侗族自治州剑河县革东镇八郎村
2-44 黔东南苗族侗族自治州剑河县久仰乡基佑村
2-45 黔东南苗族侗族自治州剑河县久仰乡久吉村
2-46 黔东南苗族侗族自治州剑河县太拥镇太坪村
2-47 黔东南苗族侗族自治州剑河县太拥镇九连村
2-48 黔东南苗族侗族自治州剑河县南哨乡巫沙村
2-49 黔东南苗族侗族自治州剑河县南哨乡反召村
2-50 黔东南苗族侗族自治州剑河县南寨乡展留村
2-51 黔东南苗族侗族自治州剑河县南寨乡柳富村
2-52 黔东南苗族侗族自治州剑河县磻溪镇洞脚村
2-53 黔东南苗族侗族自治州剑河县磻溪镇大广村
2-54 黔东南苗族侗族自治州剑河县敏洞乡沟洞村
2-55 黔东南苗族侗族自治州剑河县观么乡巫包村
2-56 黔东南苗族侗族自治州台江县台拱镇展福村
2-57 黔东南苗族侗族自治州台江县台拱镇板凳村
2-58 黔东南苗族侗族自治州台江县台拱镇南省村
2-59 黔东南苗族侗族自治州台江县台拱镇南冬村
2-60 黔东南苗族侗族自治州台江县台拱镇排朗村
2-61 黔东南苗族侗族自治州台江县台拱镇桃香村
2-62 黔东南苗族侗族自治州台江县台拱镇登鲁村
2-63 黔东南苗族侗族自治州台江县台拱镇交片村
2-64 黔东南苗族侗族自治州台江县台拱镇展下村
2-65 黔东南苗族侗族自治州台江县施洞镇小河村
2-66 黔东南苗族侗族自治州台江县施洞镇旧州村
2-67 黔东南苗族侗族自治州台江县施洞镇八梗村
2-68 黔东南苗族侗族自治州台江县施洞镇黄泡村
2-69 黔东南苗族侗族自治州台江县南宫乡交包村
2-70 黔东南苗族侗族自治州台江县南宫乡交下村
2-71 黔东南苗族侗族自治州台江县南宫乡交密村
2-72 黔东南苗族侗族自治州台江县南宫乡展忙村
2-73 黔东南苗族侗族自治州台江县排羊乡九摆村
2-74 黔东南苗族侗族自治州台江县排羊乡上南刀村
2-75 黔东南苗族侗族自治州台江县台盘乡德卷村
2-76 黔东南苗族侗族自治州台江县台盘乡南尧村
2-77 黔东南苗族侗族自治州台江县革一乡北方村
2-78 黔东南苗族侗族自治州台江县革一乡排生村
2-79 黔东南苗族侗族自治州台江县革一乡西南村
2-80 黔东南苗族侗族自治州台江县老屯乡长滩村
2-81 黔东南苗族侗族自治州台江县方召乡反排村

2-82 黔东南苗族侗族自治州台江县方召乡巫脚交村
2-83 黔东南苗族侗族自治州台江县方召乡巫梭村
2-84 黔东南苗族侗族自治州台江县方召乡交汪村
2-85 黔东南苗族侗族自治州黎平县孟彦镇罗溪村
2-86 黔东南苗族侗族自治州黎平县孟彦镇岑湖村
2-87 黔东南苗族侗族自治州黎平县九潮镇高维村
2-88 黔东南苗族侗族自治州黎平县九潮镇定八村
2-89 黔东南苗族侗族自治州黎平县九潮镇大榕村新寨
2-90 黔东南苗族侗族自治州黎平县九潮镇顺寨村
2-91 黔东南苗族侗族自治州黎平县岩洞镇大寨村
2-92 黔东南苗族侗族自治州黎平县岩洞镇小寨村
2-93 黔东南苗族侗族自治州黎平县水口镇东郎村
2-94 黔东南苗族侗族自治州黎平县水口镇花柳村
2-95 黔东南苗族侗族自治州黎平县水口镇南江村
2-96 黔东南苗族侗族自治州黎平县水口镇茨洞村
2-97 黔东南苗族侗族自治州黎平县水口镇宰洋村宰直寨
2-98 黔东南苗族侗族自治州黎平县尚重镇岑门村
2-99 黔东南苗族侗族自治州黎平县尚重镇顿路村
2-100 黔东南苗族侗族自治州黎平县尚重镇归德村
2-101 黔东南苗族侗族自治州黎平县尚重镇旧洞村
2-102 黔东南苗族侗族自治州黎平县尚重镇上洋村
2-103 黔东南苗族侗族自治州黎平县尚重镇下洋村
2-104 黔东南苗族侗族自治州黎平县尚重镇西迷村
2-105 黔东南苗族侗族自治州黎平县尚重镇宰蒙村
2-106 黔东南苗族侗族自治州黎平县雷洞乡岑管村
2-107 黔东南苗族侗族自治州黎平县雷洞乡牙双村
2-108 黔东南苗族侗族自治州黎平县永从乡九龙村
2-109 黔东南苗族侗族自治州黎平县永从乡中罗村
2-110 黔东南苗族侗族自治州黎平县茅贡乡额洞村
2-111 黔东南苗族侗族自治州黎平县茅贡乡寨南村
2-112 黔东南苗族侗族自治州黎平县茅贡乡汉寨
2-113 黔东南苗族侗族自治州黎平县坝寨乡高西村
2-114 黔东南苗族侗族自治州黎平县坝寨乡器寨村
2-115 黔东南苗族侗族自治州黎平县口江乡银朝村
2-116 黔东南苗族侗族自治州黎平县双江乡四寨村
2-117 黔东南苗族侗族自治州黎平县双江乡寨高村
2-118 黔东南苗族侗族自治州黎平县肇兴镇肇兴上寨村
2-119 黔东南苗族侗族自治州黎平县肇兴镇厦格村
2-120 黔东南苗族侗族自治州黎平县肇兴镇厦格上寨村
2-121 黔东南苗族侗族自治州黎平县龙额乡上地坪村
2-122 黔东南苗族侗族自治州黎平县地坪乡新丰村
2-123 黔东南苗族侗族自治州黎平县地坪乡下寨村
2-124 黔东南苗族侗族自治州黎平县大稼乡高孖村

2-125 黔东南苗族侗族自治州黎平县平寨乡纪德村
2-126 黔东南苗族侗族自治州黎平县德化乡高洋村
2-127 黔东南苗族侗族自治州黎平县德化乡下洋村
2-128 黔东南苗族侗族自治州榕江县寨蒿镇票寨村侗寨
2-129 黔东南苗族侗族自治州榕江县栽麻乡苗兰村侗寨
2-130 黔东南苗族侗族自治州榕江县三江乡脚车村苗寨
2-131 黔东南苗族侗族自治州榕江县塔石乡怎东村瑶寨
2-132 黔东南苗族侗族自治州从江县下江镇高良村
2-133 黔东南苗族侗族自治州从江县宰便镇引东村
2-134 黔东南苗族侗族自治州从江县西山镇田底村
2-135 黔东南苗族侗族自治州从江县停洞镇架里村
2-136 黔东南苗族侗族自治州从江县高增乡岜扒村
2-137 黔东南苗族侗族自治州从江县谷坪乡高吊村
2-138 黔东南苗族侗族自治州从江县雍里乡归林村
2-139 黔东南苗族侗族自治州从江县刚边壮族乡刚边村
2-140 黔东南苗族侗族自治州从江县刚边壮族乡银平村
2-141 黔东南苗族侗族自治州从江县加榜乡加车村
2-142 黔东南苗族侗族自治州从江县加榜乡下尧村
2-143 黔东南苗族侗族自治州从江县翠里瑶族壮族乡高华村
2-144 黔东南苗族侗族自治州从江县往洞镇朝利村
2-145 黔东南苗族侗族自治州从江县往洞镇增盈村
2-146 黔东南苗族侗族自治州从江县东朗乡孔明村
2-147 黔东南苗族侗族自治州从江县加鸠乡加翁村
2-148 黔东南苗族侗族自治州从江县光辉乡加牙村
2-149 黔东南苗族侗族自治州雷山县丹江镇乌东村
2-150 黔东南苗族侗族自治州雷山县丹江镇虎阳村
2-151 黔东南苗族侗族自治州雷山县丹江镇教厂村
2-152 黔东南苗族侗族自治州雷山县丹江镇脚猛村
2-153 黔东南苗族侗族自治州雷山县丹江镇干皎村
2-154 黔东南苗族侗族自治州雷山县丹江镇猫猫河村
2-155 黔东南苗族侗族自治州雷山县西江镇长乌村
2-156 黔东南苗族侗族自治州雷山县西江镇黄里村
2-157 黔东南苗族侗族自治州雷山县西江镇中寨村
2-158 黔东南苗族侗族自治州雷山县西江镇开觉村
2-159 黔东南苗族侗族自治州雷山县西江镇龙塘村
2-160 黔东南苗族侗族自治州雷山县西江镇麻料村
2-161 黔东南苗族侗族自治州雷山县西江镇乌尧村
2-162 黔东南苗族侗族自治州雷山县西江镇北建村
2-163 黔东南苗族侗族自治州雷山县永乐镇加鸟村
2-164 黔东南苗族侗族自治州雷山县永乐镇开屯村
2-165 黔东南苗族侗族自治州雷山县永乐镇乔洛村
2-166 黔东南苗族侗族自治州雷山县永乐镇乔歪村
2-167 黔东南苗族侗族自治州雷山县永乐镇肖家村

2-168	黔东南苗族侗族自治州雷山县郎德镇杨柳村	3-9	遵义市凤冈县土溪镇黑溪古寨
2-169	黔东南苗族侗族自治州雷山县郎德镇乌瓦村	3-10	遵义市凤冈县新建乡长碛古寨
2-170	黔东南苗族侗族自治州雷山县郎德镇乌流村	3-11	遵义市湄潭县西河镇官寨
2-171	黔东南苗族侗族自治州雷山县郎德镇也改村	3-12	遵义市湄潭县洗马镇石笋沟
2-172	黔东南苗族侗族自治州雷山县郎德镇报德村	3-13	安顺市西秀区宁谷镇小呈堡村
2-173	黔东南苗族侗族自治州雷山县郎德镇也利村	3-14	安顺市西秀区七眼桥镇猴场村
2-174	黔东南苗族侗族自治州雷山县望丰乡乌迭村	3-15	安顺市西秀区七眼桥镇雷屯村
2-175	黔东南苗族侗族自治州雷山县望丰乡三角田村	3-16	安顺市西秀区七眼桥镇本寨村
2-176	黔东南苗族侗族自治州雷山县望丰乡公统村	3-17	安顺市西秀区轿子山镇秀水村
2-177	黔东南苗族侗族自治州雷山县望丰乡丰塘村	3-18	安顺市西秀区新场布依族苗族乡花庆村石头组
2-178	黔东南苗族侗族自治州雷山县望丰乡乌的村	3-19	安顺市西秀区新场布依族苗族乡勇江村勇克组
2-179	黔东南苗族侗族自治州雷山县望丰乡荣防村	3-20	安顺市西秀区东屯乡高官居委会高官组
2-180	黔东南苗族侗族自治州雷山县望丰乡乌响村	3-21	安顺市西秀区东屯乡金山村山旗组
2-181	黔东南苗族侗族自治州雷山县望丰乡排肖村	3-22	安顺市平坝县白云镇肖家村
2-182	黔东南苗族侗族自治州雷山县大塘乡新桥村	3-23	安顺市平坝县白云镇平元村元河组
2-183	黔东南苗族侗族自治州雷山县大塘乡掌坳村	3-24	安顺市平坝县天龙镇打磨村虾儿井组
2-184	黔东南苗族侗族自治州雷山县大塘乡独南村	3-25	安顺市平坝县天龙镇二官村
2-185	黔东南苗族侗族自治州雷山县桃江乡乔王村	3-26	安顺市平坝县天龙镇合旺村岩上组
2-186	黔东南苗族侗族自治州雷山县桃江乡岩寨村	3-27	安顺市平坝县天龙镇兴旺村双硐组
2-187	黔东南苗族侗族自治州雷山县桃江乡掌雷村	3-28	安顺市平坝县天龙镇天龙村
2-188	黔东南苗族侗族自治州雷山县桃江乡龙河村	3-29	安顺市普定县城关镇陈旗堡村
2-189	黔东南苗族侗族自治州雷山县达地水族乡也蒙苗寨	3-30	安顺市普定县猴场苗族仡佬族乡猛舟村
2-190	黔东南苗族侗族自治州雷山县方祥乡陡寨村	3-31	安顺市镇宁布依族苗族自治县江龙镇竹王村（原猛正村）
2-191	黔东南苗族侗族自治州雷山县方祥乡毛坪村	3-32	安顺市关岭布依族苗族自治县普利乡马马崖村下瓜组
2-192	黔东南苗族侗族自治州雷山县方祥乡格头村	3-33	安顺市黄果树风景名胜区黄果树镇大三新村大洋溪组
2-193	黔东南苗族侗族自治州雷山县方祥乡提香村	3-34	安顺市黄果树风景名胜区黄果树镇募龙村
2-194	黔东南苗族侗族自治州雷山县方祥乡雀鸟村	3-35	安顺市黄果树风景名胜区黄果树镇石头寨村偏坡组
2-195	黔东南苗族侗族自治州麻江县杏山镇六堡村	3-36	安顺市黄果树风景名胜区黄果树镇油寨村山岔组
2-196	黔东南苗族侗族自治州麻江县龙山乡河坝村	3-37	安顺市黄果树风景名胜区黄果树镇石头寨村石头寨组
2-197	黔东南苗族侗族自治州麻江县龙山乡复兴村	3-38	安顺市黄果树风景名胜区黄果树镇白水河村殷家庄
2-198	黔东南苗族侗族自治州丹寨县排调镇麻鸟村	3-39	安顺市黄果树风景名胜区白水镇大坪地村滑石哨组
2-199	黔东南苗族侗族自治州丹寨县长青乡扬颂村	3-40	铜仁市碧江区坝黄镇宋家坝村塘边古树园
2-200	黔东南苗族侗族自治州丹寨县雅灰乡送陇村	3-41	铜仁市碧江区瓦屋侗族乡克兰寨村
2-201	黔东南苗族侗族自治州丹寨县南皋乡石桥村	3-42	铜仁市玉屏侗族自治县新店乡朝阳村
2-202	黔南布依族苗族自治州平塘县掌布镇掌布村	3-43	铜仁市玉屏侗族自治县新店乡大湾村
3-1	六盘水市六枝特区梭戛苗族彝族回族乡高兴村	3-44	铜仁市思南县合朋溪镇鱼塘村
3-2	六盘水市水城县花戛苗族布依族彝族乡天门村	3-45	铜仁市思南县塘头镇甲秀社区
3-3	六盘水市盘县石桥镇妥乐村	3-46	铜仁市思南县塘头镇街子村
3-4	六盘水市盘县羊场布依族白族苗族乡大中村	3-47	铜仁市思南县大坝场镇官塘村
3-5	六盘水市盘县保基苗族彝族乡陆家寨村	3-48	铜仁市思南县大坝场镇尧上村
3-6	遵义市遵义县枫香镇苟坝村	3-49	铜仁市思南县瓮溪镇瓮溪社区马家山组
3-7	遵义市遵义县毛石镇毛石村	3-50	铜仁市印江土家族苗族自治县板溪镇渠沟村
3-8	遵义市凤冈县琊川镇杨家寨	3-51	铜仁市印江土家族苗族自治县天堂镇中尧村

3-52 铜仁市印江土家族苗族自治县合水镇兴旺村
3-53 铜仁市印江土家族苗族自治县缠溪镇方家岭村
3-54 铜仁市印江土家族苗族自治县新寨乡黔溪村
3-55 铜仁市印江土家族苗族自治县中坝乡虹穴村
3-56 铜仁市印江土家族苗族自治县新业乡芙蓉村
3-57 铜仁市印江土家族苗族自治县新业乡坪所村
3-58 铜仁市德江县煎茶镇付家村
3-59 铜仁市德江县复兴镇稳溪村
3-60 铜仁市德江县合兴镇朝阳村
3-61 铜仁市德江县高山镇梨子水村
3-62 铜仁市沿河土家族自治县夹石镇闵子溪村
3-63 铜仁市沿河土家族自治县官舟镇木子岭村
3-64 铜仁市沿河土家族自治县板场乡洋溪村
3-65 铜仁市沿河土家族自治县后坪乡下坝村
3-66 铜仁市松桃苗族自治县普觉镇半坡村
3-67 铜仁市松桃苗族自治县寨英镇大水村
3-68 铜仁市松桃苗族自治县寨英镇邓堡村
3-69 铜仁市松桃苗族自治县寨英镇寨英村
3-70 铜仁市松桃苗族自治县孟溪镇头京村
3-71 铜仁市万山特区黄道乡瓦寨村
3-72 铜仁市万山特区敖寨乡石头寨
3-73 黔西南布依族苗族自治州兴义市巴结镇南龙村
3-74 黔西南布依族苗族自治州兴义市泥凼镇堵德村
3-75 黔西南布依族苗族自治州册亨县丫他镇板万村
3-76 黔东南苗族侗族自治州凯里市三棵树镇乐平村季刀寨
3-77 黔东南苗族侗族自治州黄平县重安镇枫香村
3-78 黔东南苗族侗族自治州黄平县重安镇塘都村
3-79 黔东南苗族侗族自治州黄平县重安镇塑坝村
3-80 黔东南苗族侗族自治州黄平县谷陇镇平寨村
3-81 黔东南苗族侗族自治州黄平县野洞河镇新华村
3-82 黔东南苗族侗族自治州施秉县双井镇龙塘村
3-83 黔东南苗族侗族自治州天柱县高酿镇地良村
3-84 黔东南苗族侗族自治州锦屏县彦洞乡瑶白村
3-85 黔东南苗族侗族自治州剑河县柳川镇返排村
3-86 黔东南苗族侗族自治州剑河县柳川镇巫库村
3-87 黔东南苗族侗族自治州剑河县岑松镇稿旁村
3-88 黔东南苗族侗族自治州剑河县南加镇九旁村
3-89 黔东南苗族侗族自治州剑河县南加镇柳基村
3-90 黔东南苗族侗族自治州剑河县南明镇小湳村
3-91 黔东南苗族侗族自治州剑河县革东镇大皆道村
3-92 黔东南苗族侗族自治州剑河县久仰乡毕下村
3-93 黔东南苗族侗族自治州剑河县久仰乡巫交村
3-94 黔东南苗族侗族自治州剑河县南哨乡高定村
3-95 黔东南苗族侗族自治州剑河县敏洞乡高坵村
3-96 黔东南苗族侗族自治州剑河县观么乡平下村
3-97 黔东南苗族侗族自治州台江县南宫乡石灰河村
3-98 黔东南苗族侗族自治州台江县排羊乡大塘村
3-99 黔东南苗族侗族自治州台江县台盘乡空寨村
3-100 黔东南苗族侗族自治州台江县台盘乡南瓦村
3-101 黔东南苗族侗族自治州台江县革一乡江边村
3-102 黔东南苗族侗族自治州台江县革一乡茅坪村
3-103 黔东南苗族侗族自治州台江县老屯乡白土村
3-104 黔东南苗族侗族自治州黎平县水口镇平善村
3-105 黔东南苗族侗族自治州黎平县尚重镇绞洞村
3-106 黔东南苗族侗族自治州黎平县尚重镇洋卫村
3-107 黔东南苗族侗族自治州黎平县大稼乡岑桃村
3-108 黔东南苗族侗族自治州黎平县德化乡俾翁村
3-109 黔东南苗族侗族自治州从江县下江镇巨洞村
3-110 黔东南苗族侗族自治州从江县下江镇中华村
3-111 黔东南苗族侗族自治州从江县西山镇顶洞村
3-112 黔东南苗族侗族自治州从江县高增乡小黄村
3-113 黔东南苗族侗族自治州从江县高增乡占里村
3-114 黔东南苗族侗族自治州从江县庆云乡单阳村
3-115 黔东南苗族侗族自治州从江县刚边乡三联村
3-116 黔东南苗族侗族自治州从江县加榜乡党扭村
3-117 黔东南苗族侗族自治州从江县翠里瑶族壮族乡岑丰村
3-118 黔东南苗族侗族自治州从江县东朗乡苗谷村
3-119 黔东南苗族侗族自治州雷山县西江镇大龙苗寨
3-120 黔东南苗族侗族自治州雷山县西江镇乌高村
3-121 黔东南苗族侗族自治州雷山县大塘镇桥港村
3-122 黔东南苗族侗族自治州雷山县达地水族乡马路苗寨
3-123 黔东南苗族侗族自治州雷山县达地水族乡同鸟水寨
3-124 黔东南苗族侗族自治州雷山县方祥乡平祥村
3-125 黔东南苗族侗族自治州雷山县方祥乡水寨村
3-126 黔东南苗族侗族自治州丹寨县兴仁镇王寨村
3-127 黔南布依族苗族自治州都匀经济开发区匀东镇洛邦社区绕河村
3-128 黔南布依族苗族自治州都匀经济开发区匀东镇王司社区新场村
3-129 黔南布依族苗族自治州荔波县玉屏街道办事处水甫村
3-130 黔南布依族苗族自治州荔波县方村乡丙花村者吕组
3-131 黔南布依族苗族自治州平塘县平舟镇乐康村
3-132 黔南布依族苗族自治州平塘县塘边镇新建村打鸟组
3-133 黔南布依族苗族自治州平塘县塘边镇新街村落辉大寨
3-134 黔南布依族苗族自治州平塘县新塘乡新营村摆仗组
4-1 六盘水市六枝特区落别乡长湾村长田组
4-2 六盘水市盘县石桥镇乐民村
4-3 六盘水市盘县保田镇鹅毛寨村

4-4 六盘水市盘县丹霞镇水塘村
4-5 遵义市汇川区高坪街道海龙屯村
4-6 遵义市播州区尚嵇镇乌江村
4-7 遵义市桐梓县高桥镇周市金鸡水古寨
4-8 遵义市桐梓县狮溪镇狮溪村
4-9 遵义市正安县芙蓉江镇祝家坪村
4-10 遵义市正安县流渡镇白花村
4-11 遵义市道真县阳溪镇阳溪村
4-12 遵义市务川县丰乐镇造纸塘
4-13 遵义市务川县黄都镇大竹村
4-14 遵义市务川县黄都镇沈家坝
4-15 遵义市务川县丹砂街道马拱坡
4-16 遵义市赤水市元厚镇陛诏村
4-17 安顺经济技术开发区幺铺镇磊跨村歪寨组
4-18 安顺市平坝区安平街道办事处大寨村
4-19 安顺市平坝区白云镇白云村白云庄自然村
4-20 安顺市平坝区白云镇车头村
4-21 安顺市平坝区白云镇高寨村高寨自然村
4-22 安顺市平坝区乐平镇大屯村
4-23 安顺市平坝区乐平镇小屯村
4-24 安顺市普定县马场镇云盘村
4-25 安顺市西秀区双堡镇山京村
4-26 安顺市西秀区双堡镇骑马牛村
4-27 安顺市西秀区大西桥镇西陇村
4-28 安顺市西秀区七眼桥镇仁岗村
4-29 安顺市西秀区蔡官镇罗大寨村
4-30 安顺市西秀区轿子山镇郭家屯村
4-31 安顺市西秀区旧州镇詹屯村
4-32 安顺市西秀区旧州镇海马村
4-33 安顺市西秀区新场乡绿泉村石关组
4-34 安顺市西秀区杨武乡顺河村顺河组
4-35 安顺市西秀区黄腊乡龙青村
4-36 安顺市西秀区刘官乡周官村
4-37 安顺市镇宁布依族苗族自治县丁旗街道办事处官寨村官寨组
4-38 安顺市紫云苗族布依族自治县格凸河镇格井村
4-39 铜仁市碧江区川硐镇板栗园村杨家坡
4-40 铜仁市碧江区六龙山侗族土家族乡瓮慢村
4-41 铜仁市江口县民和镇韭菜村
4-42 铜仁市江口县怒溪镇梵星村
4-43 铜仁市石阡县河坝场乡深溪村
4-44 铜仁市思南县瓮溪镇三星村
4-45 铜仁市思南县胡家湾乡周家桠村
4-46 铜仁市印江自治县新寨乡乐洋村
4-47 铜仁市印江自治县木黄镇木良村
4-48 铜仁市印江自治县紫薇镇大园址村
4-49 铜仁市德江县合兴镇龙溪村岩头坝
4-50 铜仁市德江县长堡镇马家溪村岩阡头组
4-51 铜仁市沿河县夹石镇山羊村
4-52 铜仁市沿河县泉坝镇三坝村
4-53 铜仁市松桃县蓼皋镇文山村
4-54 铜仁市松桃县盘信镇大湾村
4-55 铜仁市松桃县普觉镇干背河村罗溪屯
4-56 铜仁市松桃县普觉镇高坎村
4-57 铜仁市松桃县普觉镇真武堡村
4-58 铜仁市松桃县寨英镇蕉溪村
4-59 铜仁市松桃县寨英镇凯牌村
4-60 铜仁市松桃县世昌乡世昌村底哨
4-61 铜仁市松桃县长坪乡地甲司村
4-62 铜仁市松桃县长坪乡干沙坪村
4-63 铜仁市松桃县沙坝河乡界牌村
4-64 黔西南布依族苗族自治州贞丰县挽澜镇兴农村
4-65 黔西南布依族苗族自治州贞丰县平街乡花江村
4-66 黔西南布依族苗族自治州册亨县弼佑镇秧佑村
4-67 黔东南苗族侗族自治州凯里市三棵树镇朗利村
4-68 黔东南苗族侗族自治州凯里市三棵树镇南花村
4-69 黔东南苗族侗族自治州凯里市凯棠乡南江村
4-70 黔东南苗族侗族自治州黄平县谷陇镇岩门司村
4-71 黔东南苗族侗族自治州镇远县金堡镇爱和村
4-72 黔东南苗族侗族自治州锦屏县三江镇瓮寨村
4-73 黔东南苗族侗族自治州锦屏县茅坪镇茅坪村
4-74 黔东南苗族侗族自治州剑河县久仰镇巫溜村
4-75 黔东南苗族侗族自治州台江县方召镇方召村
4-76 黔东南苗族侗族自治州黎平县顺化瑶族乡高孖村
4-77 黔东南苗族侗族自治州黎平县茅贡镇腊洞村
4-78 黔东南苗族侗族自治州黎平县口江乡朝坪村
4-79 黔东南苗族侗族自治州榕江县忠诚镇定弄村
4-80 黔东南苗族侗族自治州榕江县寨蒿镇晚寨村
4-81 黔东南苗族侗族自治州榕江县寨蒿镇乌公村
4-82 黔东南苗族侗族自治州榕江县朗洞镇卡寨村
4-83 黔东南苗族侗族自治州榕江县栽麻镇归柳村
4-84 黔东南苗族侗族自治州榕江县计划乡加宜村
4-85 黔东南苗族侗族自治州榕江县平阳乡丹江村
4-86 黔东南苗族侗族自治州从江县贯洞镇潘今滚村
4-87 黔东南苗族侗族自治州从江县洛香镇登岜村
4-88 黔东南苗族侗族自治州从江县往洞镇高传村
4-89 黔东南苗族侗族自治州从江县往洞镇信地村

4-90 黔东南苗族侗族自治州从江县往洞镇秧里村	5-14 遵义市湄潭县洗马镇团结村程家湾村
4-91 黔东南苗族侗族自治州从江县高增乡美德村	5-15 遵义市余庆县白泥镇桂花村榨溪组
4-92 黔东南苗族侗族自治州从江县谷坪乡留架村	5-16 遵义市习水县隆兴镇淋滩村
4-93 黔东南苗族侗族自治州从江县丙妹镇大塘村	5-17 遵义市习水县良村镇洋化村白土台组
4-94 黔东南苗族侗族自治州从江县庆云镇转珠村	5-18 遵义市赤水市大同镇古镇社区
4-95 黔东南苗族侗族自治州从江县加鸠镇加学村	5-19 遵义市仁怀市三合镇两岔村
4-96 黔东南苗族侗族自治州从江县斗里镇马安村	5-20 安顺市西秀区龙宫镇油菜湖村小苑组
4-97 黔东南苗族侗族自治州从江县东郎镇党相村	5-21 安顺市西秀区龙宫镇蔡官村
4-98 黔东南苗族侗族自治州雷山县望丰乡羊卡村	5-22 安顺市西秀区大西桥镇九溪村
4-99 黔东南苗族侗族自治州丹寨县兴仁镇排佐村	5-23 安顺市西秀区蔡官镇格来月村
4-100 黔南布依族苗族自治州荔波县瑶山瑶族乡拉片村一、二组	5-24 安顺市西秀区刘官乡嘉穗村大寨村
4-101 黔南布依族苗族自治州三都水族自治县三合街道高寨村大寨	5-25 安顺市镇宁布依族苗族自治县江龙镇陇西村二组、三组
4-102 黔南布依族苗族自治州三都水族自治县三合街道姑挂村姑鲁寨	5-26 安顺市镇宁布依族苗族自治县江龙镇木志河村下院组
4-103 黔南布依族苗族自治州三都水族自治县三合街道行偿村姑八寨	5-27 安顺市紫云苗族布依族自治县猴场镇打哈村
4-104 黔南布依族苗族自治州三都水族自治县三合街道龙台村王家寨	5-28 安顺市紫云苗族布依族自治县猫营镇黄土村佑卯组
4-105 黔南布依族苗族自治州三都水族自治县三合街道牛场村巴卯寨	5-29 安顺市紫云苗族布依族自治县坝羊乡五星村云上组
4-106 黔南布依族苗族自治州三都水族自治县三合街道排招村排招寨	5-30 安顺市紫云苗族布依族自治县火花乡九岭村
4-107 黔南布依族苗族自治州三都水族自治县大河镇甲照村甲照大寨	5-31 毕节市大方县黄泥塘镇背座村
4-108 黔南布依族苗族自治州三都水族自治县大河镇蕊抹村	5-32 毕节市大方县雨冲乡油杉河村
4-109 黔南布依族苗族自治州三都水族自治县都江镇摆乌村	5-33 铜仁市碧江区云场坪镇路腊村
4-110 黔南布依族苗族自治州三都水族自治县都江镇达荣村羊告组	5-34 铜仁市江口县官和侗族土家族苗族乡泗渡村后溪组
4-111 黔南布依族苗族自治州三都水族自治县都江镇盖赖村	5-35 铜仁市石阡县五德镇大鸡公村
4-112 黔南布依族苗族自治州三都水族自治县都江镇控抗村	5-36 铜仁市石阡县国荣乡周家寨村
4-113 黔南布依族苗族自治州三都水族自治县都江镇来术村	5-37 铜仁市石阡县龙井乡克麻场村
4-114 黔南布依族苗族自治州三都水族自治县都江镇排抱村	5-38 铜仁市石阡县青阳乡高塘村
4-115 黔南布依族苗族自治州三都水族自治县都江镇排怪村	5-39 铜仁市石阡县甘溪乡铺溪村红岩组
4-116 黔南布依族苗族自治州三都水族自治县都江镇排外村	5-40 铜仁市思南县许家坝镇坑水村浸底峡组
4-117 黔南布依族苗族自治州三都水族自治县都江镇小脑村	5-41 铜仁市德江县平原镇杉园社区中坝村
4-118 黔南布依族苗族自治州三都水族自治县都江镇小昔村党蚁组	5-42 铜仁市沿河土家族自治县思渠镇马福云村
4-119 黔南布依族苗族自治州三都水族自治县都江镇小昔村火烧组	5-43 铜仁市沿河土家族自治县客田镇红溪村
5-1 贵阳市开阳县楠木渡镇黄木村付家湾组	5-44 黔西南州兴义市泥凼镇乌舍村
5-2 贵阳市开阳县南龙乡佘家营村营上组	5-45 黔西南州兴义市清水河镇雨补鲁村
5-3 贵阳市开阳县南龙乡东官村湾子寨组	5-46 黔西南州兴仁县新龙场镇冬瓜林村
5-4 贵阳市开阳县毛云乡毛栗庄村新庄组	5-47 黔西南州普安县青山镇青山社区
5-5 六盘水市六枝特区木岗镇戛陇塘村	5-48 黔东南州凯里市湾水镇岩寨村
5-6 遵义市桐梓县花秋镇岔水村河扁组	5-49 黔东南州凯里市炉山镇角冲村
5-7 遵义市务川仡佬族苗族自治县大坪街道三坑村板场组	5-50 黔东南州凯里市炉山镇六个鸡村
5-8 遵义市凤冈县进化镇沙坝村	5-51 黔东南州凯里市下司镇清江村
5-9 遵义市凤冈县王寨镇高坝村	5-52 黔东南州黄平县一碗水乡印地坝村
5-10 遵义市凤冈县新建镇新建社区龙塘溪组	5-53 黔东南州岑巩县凯本镇凯府村
5-11 遵义市湄潭县高台镇三联村麻凼组	5-54 黔东南州天柱县蓝田镇碧雅村和当寨
5-12 遵义市湄潭县石莲镇沿江村细沙组	5-55 黔东南州天柱县高酿镇坐寨村
5-13 遵义市湄潭县西河镇西坪村西坪组	5-56 黔东南州天柱县高酿镇木杉村大寨

5-57 黔东南州天柱县高酿镇邦寨村邦寨	5-100 黔东南州从江县停洞镇归奶村
5-58 黔东南州天柱县远口镇元田村	5-101 黔东南州从江县停洞镇摆也村
5-59 黔东南州天柱县坌处镇抱塘村	5-102 黔东南州从江县停洞镇苗朋村
5-60 黔东南州天柱县坌处镇三门塘村	5-103 黔东南州从江县往洞镇贡寨村
5-61 黔东南州天柱县渡马镇共和村甘溪寨	5-104 黔东南州从江县往洞镇德秋村
5-62 黔东南州锦屏县启蒙镇腊洞村	5-105 黔东南州从江县往洞镇德桥村
5-63 黔东南州锦屏县平秋镇圭叶村	5-106 黔东南州从江县往洞镇往洞村平楼寨
5-64 黔东南州锦屏县平秋镇魁胆村	5-107 黔东南州从江县高增乡付中村
5-65 黔东南州锦屏县平略镇平敖村	5-108 黔东南州从江县谷坪乡山岗村燕窝寨
5-66 黔东南州锦屏县新化乡新化寨村	5-109 黔东南州从江县谷坪乡五一村党苟寨
5-67 黔东南州锦屏县河口乡韶霭村	5-110 黔东南州从江县庆云镇广力村归料寨
5-68 黔东南州剑河县南哨镇九虎村	5-111 黔东南州从江县庆云镇佰你村迫面寨
5-69 黔东南州台江县台拱街道红阳村	5-112 黔东南州从江县刚边乡宰船村
5-70 黔东南州台江县南宫镇交宫村	5-113 黔东南州从江县刚边乡鸡脸村
5-71 黔东南州台江县排羊乡下南刀村	5-114 黔东南州从江县加榜乡加页村
5-72 黔东南州台江县台盘乡水寨村	5-115 黔东南州从江县秀塘乡打格村
5-73 黔东南州黎平县中潮镇上黄村兰洞寨	5-116 黔东南州从江县秀塘乡下敖村
5-74 黔东南州黎平县水口镇胜利村	5-117 黔东南州从江县斗里镇台里村
5-75 黔东南州黎平县洪州镇六爽村	5-118 黔东南州从江县斗里镇潘里村八组
5-76 黔东南州黎平县洪州镇赏方村	5-119 黔东南州从江县翠里乡污牙村
5-77 黔东南州黎平县茅贡镇寨母村	5-120 黔东南州从江县翠里乡高文村
5-78 黔东南州榕江县古州镇三盘村	5-121 黔东南州从江县翠里乡宰转村
5-79 黔东南州榕江县古州镇高兴村	5-122 黔东南州从江县翠里乡高开村
5-80 黔东南州榕江县寨蒿镇寿洞村	5-123 黔东南州从江县加鸠镇白岩村
5-81 黔东南州榕江县乐里镇乔勒村	5-124 黔东南州从江县加鸠镇加能村
5-82 黔东南州榕江县乐里镇大瑞村	5-125 黔东南州从江县加勉乡加坡村
5-83 黔东南州榕江县乐里镇本里村	5-126 黔东南州从江县加勉乡污俄村
5-84 黔东南州榕江县乐里镇保里村	5-127 黔东南州从江县加勉乡真由村
5-85 黔东南州榕江县朗洞镇高略村	5-128 黔东南州雷山县丹江镇阳苟村
5-86 黔东南州榕江县崇义乡纯厚村	5-129 黔东南州雷山县丹江镇排翁村
5-87 黔东南州榕江县平江乡高乌村	5-130 黔东南州雷山县西江镇小龙村
5-88 黔东南州榕江县塔石乡同流村	5-131 黔东南州雷山县永乐镇乔配村
5-89 黔东南州榕江县定威乡计水村	5-132 黔东南州雷山县永乐镇小开屯村
5-90 黔东南州榕江县平阳乡硐里村	5-133 黔东南州雷山县郎德镇乌肖村
5-91 黔东南州从江县丙妹镇大歹村	5-134 黔东南州雷山县望丰乡甘益村
5-92 黔东南州从江县丙妹镇老或村	5-135 黔东南州雷山县望丰乡乌江村
5-93 黔东南州从江县丙妹镇龙江村	5-136 黔东南州雷山县达地乡乌空村
5-94 黔东南州从江县丙妹镇銮里村岑报寨	5-137 黔东南州雷山县达地乡里勇村
5-95 黔东南州从江县洛香镇平乐村	5-138 黔东南州丹寨县龙泉镇排牙村
5-96 黔东南州从江县洛香镇大桥村	5-139 黔东南州丹寨县龙泉镇高要村
5-97 黔东南州从江县西山镇卡翁村	5-140 黔东南州丹寨县兴仁镇翻仰村
5-98 黔东南州从江县西山镇秋卡村	5-141 黔东南州丹寨县兴仁镇岩英村
5-99 黔东南州从江县西山镇滚郎村	5-142 黔东南州丹寨县兴仁镇乌佐村

5-143 黔东南州丹寨县排调镇排结村
5-144 黔东南州丹寨县排调镇刘家寨村
5-145 黔东南州丹寨县雅灰乡夺鸟村
5-146 黔东南州丹寨县南皋乡清江村
5-147 黔东南州丹寨县南皋乡九门村
5-148 黔南州荔波县甲良镇甲良村金对组
5-149 黔南州平塘县金盆街道苗二河村甲乙寨
5-150 黔南州平塘县金盆街道吉古村吉古大寨、小米牙寨
5-151 黔南州三都县三合街道下排正村下排正寨
5-152 黔南州三都县大河镇轿山村轿山大寨
5-153 黔南州三都县大河镇五星村者然大寨
5-154 黔南州三都县大河镇敖寨村敖寨大寨
5-155 黔南州三都县普安镇望月村排月寨
5-156 黔南州三都县普安镇野记村
5-157 黔南州三都县普安镇总奖村总奖大寨
5-158 黔南州三都县普安镇鸡照村鸡照大寨
5-159 黔南州三都县普安镇合心村的刁大寨
5-160 黔南州三都县都江镇摆鸟村水坳寨
5-161 黔南州三都县都江镇达荣村达洛寨
5-162 黔南州三都县都江镇大坝村风柳寨
5-163 黔南州三都县都江镇高坪村西音寨
5-164 黔南州三都县都江镇高尧村
5-165 黔南州三都县都江镇甲雄村
5-166 黔南州三都县都江镇交德村
5-167 黔南州三都县都江镇孔荣村排引寨
5-168 黔南州三都县都江镇岩捞村万响寨
5-169 黔南州三都县都江镇羊瓮村大中寨
5-170 黔南州三都县都江镇坝辉村里捞寨
5-171 黔南州三都县中和镇科寨村
5-172 黔南州三都县中和镇拉佑村鲁寨组
5-173 黔南州三都县中和镇板良村
5-174 黔南州三都县中和镇灯光村
5-175 黔南州三都县中和镇下岳村
5-176 黔南州三都县中和镇塘赖村二组、三组、四组
5-177 黔南州三都县中和镇拉旦村
5-178 黔南州三都县周覃镇和勇村和气寨
5-179 黔南州三都县九阡镇石板村石板大寨

索引

序号	名称	所属市（州）县镇	章-节	分类	页码
1	板桥镇	遵义市播州区	1-1		007
2	响水田村	遵义市播州区板桥镇	1-1		008
3	云舍村	铜仁市江口县太平乡	1-1、3-3、4-4	国家级历史文化名村、中国传统村落	009
4	松桃县城	铜仁市松桃县	1-1		009
5	永和镇	黔西南州兴义市	1-1		010
6	青山镇	黔西南州兴仁县	1-1		010
7	板底乡	毕节市威宁县	1-1		010
8	保田镇	六盘水市盘州市	1-1		011
9	西江（千户苗寨）	黔东南州雷山县西江镇	1-1、4-4、5-1、5-4、7-3		012
10	平永镇	黔东南州榕江县	1-1		013
11	黔西观音洞	毕节市黔西县	2-1	遗址、全国重点文物保护单位	035
12	盘县大洞	六盘水市盘州市	2-1	遗址、全国重点文物保护单位	035
13	桐梓岩灰洞	遵义市桐梓县	2-1	遗址、贵州省文物保护单位	035
14	安龙龙广观音洞	黔西南州安龙县	2-1	遗址、全国重点文物保护单位	036
15	安龙铜鼓山菩萨洞	黔西南州安龙县	2-1	遗址、贵州省文物保护单位	036
16	普定穿洞	安顺市普定县	2-1	遗址、全国重点文物保护单位	036
17	毕节青场老鸦洞	毕节市青场镇	2-1	遗址、贵州省文物保护单位	037
18	平坝飞虎山	安顺市平坝区	2-1	遗址、贵州省文物保护单位	037
19	普安铜鼓山	黔西南州普安县	2-1	遗址、全国重点文物保护单位	037
20	梭嘎苗寨	六盘水市六枝特区梭嘎乡	2-2、3-3	贵州生态博物馆	039
21	牂牁郡遗址	黔南州长顺县广顺镇	2-2		039
22	夜郎水寨	遵义市桐梓县楚米镇	2-2		040
23	铺前村（夜郎谷）	铜仁市万山区高楼坪乡	2-2		040
24	可乐遗址	赫章县可乐乡	2-2	遗址、全国重点文物保护单位	040

续表

序号	名称	所属市（州）县镇	章-节	分类	页码
25	旧州古镇	黔东南州黄平县	2-3、5-1、5-2、7-3	国家级历史文化名镇	136
26	福泉古城	黔南州福泉市	2-3、8-2	省级历史文化名城	044
27	海龙屯（村）	遵义市汇川区高坪街道	2-3	遗址、中国传统村落	047
28	复兴村	黔东南州麻江县龙山乡	3-3	中国传统村落	067
29	怎雷村	黔南州三都县都江镇	3-3、6-5	国家级历史文化名村、中国传统村落	214
30	懂蒙村	黔南州荔波县瑶山民族乡	3-3、6-4、7-2	省级历史文化名村、中国传统村落	211
31	岜沙村	黔东南州从江县丙妹镇	3-3、6-4	国家级历史文化名村、中国传统村落	205
32	上郎德村	黔东南州雷山县郎德镇	3-3	国家级历史文化名村、中国传统村落	074
33	海坪乡	六盘水水城县	3-3		075
34	大屯土司庄园	毕节市大屯乡	3-3、4-3	国家级文物保护单位	113
35	乌公村（侗寨）	黔东南州榕江县寨蒿镇	3-3	中国传统村落	078
36	尧上村	铜仁市思南县大坝场镇	3-3	中国传统村落	080
37	小河村	毕节梨树镇	3-3		082
38	讲义村	安顺市普定县白岩镇	3-3		082
39	交懂组	黔南州平塘县卡蒲场河村	3-3	中国传统村落	091
40	楼上村	铜仁市石阡县国荣乡	3-3、6-5	国家级历史文化名村名录、中国传统村落、全国重点文物保护单位	216
41	天龙镇	安顺市平坝区	3-3、4-4、5-2	国家级历史文化名镇	141
42	黎平县城（古城）	黔东南州黎平县	3-3、5-5	省级历史文化名城	173
43	赫章县城		4-2		102
44	卡嘎布依寨	黔西南州兴仁县巴铃镇百卡村	4-2	中国传统村落	102
45	印江县城	铜仁市印江县	4-2		103
46	瓮水屯村	石阡县聚凤仡佬族侗族乡	4-2	中国传统村落	103
47	顶洞村	黔东南州从江县西山镇	4-2	中国传统村落	104
48	长碛古寨	遵义市凤岗县新建乡	4-2	中国传统村落	106
49	思南县城	铜仁市思南县	4-2		106
50	茅台镇	遵义市仁怀市	4-2		106
51	大同古镇（社区）	遵义市赤水市大同镇	4-2	国家级历史文化名镇、中国传统村落	106
52	丙安村（古镇）	遵义市赤水市丙安镇	4-2、6-3	国家级历史文化名村、中国传统村落	195

续表

序号	名称	所属市（州）县镇	章-节	分类	页码
53	下寨村	黔东南州黎平县地坪乡	4-2	中国传统村落	107
54	堵德村	黔西南州兴义市泥凼镇	4-2	中国传统村落	107
55	隆里所村（古镇）	黔东南州锦屏县隆里乡	4-3、7-3	国家级历史文化名村、贵州生态博物馆、中国传统村落	109
56	秀水村	西秀区轿子山镇	4-3	中国传统村落	109
57	黑溪古寨	遵义市凤冈县土溪镇	4-3	中国传统村落	110
58	镇远古城	黔东南州镇远县	4-3、4-4、5-1	国家级历史文化名城	111
59	三门塘村	黔东南州天柱县坌处镇	4-3	第五批中国传统村落	111
60	中南门古城	铜仁市碧江区	4-3	国家重点文物保护区、省级历史文化街区	111
61	敦寨镇	黔东南州锦屏县	4-3		111
62	德江县城	铜仁市德江县	4-3		112
63	岑巩县城	黔东南州岑巩县	4-3		112
64	苗王城	铜仁市松桃县正大乡	4-3、6-4	中国传统村落	208
65	营上村（古寨）	毕节市织金县龙场镇阳光村	4-3	中国传统村落、贵州省级文物保护单位	113
66	报京村	黔东南州镇远报京乡	4-4	中国传统村落	116
67	加榜村	黔东南州从江县	4-4	中国传统村落	116
68	大湾村（苗寨）	铜仁市松桃县盘信镇	4-4	中国传统村落	116
69	小黄村	黔东南州从江县高增乡	3-3、4-4、7-2	中国传统村落、省级历史文化名村	117
70	肇兴侗寨	黔东南州黎平县肇兴镇	4-4、5-1、5-4、7-3	国家级历史文化名村	162
71	黄岗村	黔东南州黎平县双江乡	4-4	中国传统村落	117
72	停洞镇	黔东南州榕江县	4-4		117
73	镇山村	贵阳市花溪区石板镇	4-4、6-3、7-3、8-2	国家级历史文化名村、贵州生态博物馆、中国传统村落	198
74	八堡乡	毕节市纳雍县	4-4		120
75	桥塘村	遵义市道真县三桥镇	4-4		121
76	庙堂镇	遵义市正安县	4-4		121
77	万古村	思南县长坝镇	4-4		121
78	云山屯村	安顺市西秀区七眼桥镇	4-4	国家级历史文化名村、中国传统村落、全国重点文物保护单位	121

续表

序号	名称	所属市（州）县镇	章-节	分类	页码
79	鲍屯村	安顺市西秀区大西桥镇	4-4、6-2	国家级历史文化名村、中国传统村落	187
80	青岩古镇	贵阳市花溪区	5-1、5-2	国家级历史文化名镇	143
81	织金古城	毕节市织金县	5-1、5-3、8-3	省级历史文化名城	151
82	石阡县城	铜仁市石阡县汤山镇	5-1、5-5	省级历史文化名城	169
83	永兴古镇	贵州湄潭县	5-3	省级历史文化名镇	147
84	茅坪古镇	黔东南州锦屏县	5-3	省级历史文化名镇	154
85	西江镇	黔东南州雷山县	5-4	国家级历史文化名镇	156
86	肇兴镇	黔东南州黎平县	5-4		161
87	木黄镇	铜仁市印江县	5-4	省级历史文化名镇	166
88	安龙县城	黔西南州安龙县	5-5	省级历史文化名城	176
89	小高王村	铜仁市石阡县河坝场乡	6-1	中国传统村落	183
90	桃香村	黔东南州台江县台拱镇	6-1	中国传统村落	183
91	金山村山旗组	安顺市西秀区东屯乡	6-1	中国传统村落	183
92	猛舟村	安顺市普定县猴场乡	6-1	中国传统村落	183
93	顺寨村	黔东南州黎平县九潮镇	6-1	中国传统村落	184
94	岩洞村	黔东南州黎平县岩洞镇	6-1、7-1、7-3	中国传统村落	184
95	马头村	贵阳市开阳县禾丰乡	6-2	国家级历史文化名村、中国传统村落	185
96	龙潭村	遵义市务川县人坪镇	6-2	国家级历史文化名村、中国传统村落、省级文物保护单位	192
97	妥乐村	六盘水盘州市石桥镇	6-3	中国传统村落名录	200
98	石门坎村	贵州省威宁县石门乡	6-5	省级历史文化名村	220
99	雷屯村	安顺市西秀区七眼桥镇	7-1	中国传统村落	232
100	占里村	黔东南州从江县高增乡	7-1	中国传统村落	246
101	增冲村	黔东南州从江县往洞乡	7-2	国家级历史文化名村、中国传统村落	257
102	银潭村	黔东南州从江县谷坪乡	7-2	中国传统村落	258
103	大寨村	黔东南州黎平县岩洞镇	7-2	中国传统村落	258
104	九龙村	黔东南州黎平县永从乡	7-2	中国传统村落	258
105	吝洞村	黔东南州黎平县九潮镇	7-2	中国传统村落	258
106	下郎德村	黔东南州雷山县郎德镇	7-2	中国传统村落	258

续表

序号	名称	所属市（州）县镇	章-节	分类	页码
107	久吉村	黔东南州剑河县久仰乡	7-2	中国传统村落	259
108	新桥村	黔东南州雷山县大塘乡	7-2	中国传统村落、省级历史文化名村	259
109	额洞村	黔东南州黎平县茅贡乡	7-2	中国传统村落	259
110	本寨村	安顺市西秀区七眼桥镇	7-3	中国传统村落	269
111	宋家坝村	铜仁市碧江区坝黄镇	7-3	中国传统村落	269
112	文斗村	黔东南州锦屏县河口乡	7-3	中国传统村落	272
113	大榕村新寨	黔东南州黎平县九潮镇	7-3	中国传统村落	272
114	上洋村	黔东南州黎平县尚重镇	7-3	中国传统村落	272
115	摆也村	黔东南州从江县停洞镇	7-3	中国传统村落	272
116	陆家寨村	六盘水市盘州市保基乡	7-3	中国传统村落	273
117	东郎村	黔东南州黎平县水口镇	7-3	中国传统村落	273
118	洋卫村	黔东南州黎平县尚重镇	7-3	中国传统村落	273
119	歪寨村（组）	安顺经济技术开发区幺铺镇磊跨村	8-2	中国传统村落	285
120	石头寨村	安顺市黄果树风景名胜区黄果树镇	8-2	中国传统村落	286
121	麻料村	黔东南州雷山县西江镇	8-2	中国传统村落	288
122	堂安村	黔东南州黎平县肇兴镇	8-2	贵州生态博物馆、中国传统村落	289

参考文献

一、专著

[1] 王兴骥，等. 贵州社会发展报告 [M]. 北京：社会科学文献出版社，2015.
[2] 贵州省统计局，国家统计局贵州调查总队. 贵州统计年鉴2015—2019 [M]. 北京：中国统计出版社.
[3] 贵州省第三测绘院. 贵州省综合地图册 [M]. 贵阳：贵州省国土资源厅，2010.
[4] 苗族简史编写组. 苗族简史 [M]. 贵阳：贵州人民出版社，1985.
[5] 侗族简史编写组. 侗族简史 [M]. 贵阳：贵州人民出版社，1985.
[6] 布依族简史编写组. 布依族简史 [M]. 北京：民族出版社，2008.
[7] 土家族简史编写组. 土家族简史 [M]. 北京：民族出版社，2009.
[8] 彝族简史编写组. 彝族简史 [M]. 北京：民族出版社，2009.
[9] 水族简史编写组. 水族简史 [M]. 北京：民族出版社，2008.
[10] 仡佬族简史编写组. 仡佬族简史 [M]. 北京：民族出版社，2008.
[11] 瑶族简史编写组. 瑶族简史 [M]. 北京：民族出版社，2008.
[12] 仫佬族简史编写组. 仫佬族简史 [M]. 北京：民族出版社，2008.
[13] 畲族简史编写组. 畲族简史 [M]. 福州：福建人民出版社，1980.
[14] 毛南族简史编写组. 毛南族简史 [M]. 北京：民族出版社，2008.
[15] 白族简史编写组. 白族简史 [M]. 北京：民族出版社，2008.
[16] 回族简史编写组. 回族简史 [M]. 北京：民族出版社，2009.
[17] 石干成. 侗族哲学概论 [M]. 北京：中国文联出版社，2016.
[18] 杨宏峰. 中国的仡佬族 [M]. 银川：宁夏人民出版社，2011.
[19] 杨帆. 中国古代简史 [M]. 北京：北京大学出版社，2007.
[20] 姜永刚. 中国少数民族文化史图典·西南卷 [M]. 南宁：广西教育出版社，1999.
[21] 陈国阶，等. 中国山区发展报告中国山区聚落研究 [M]. 北京：商务印书馆，2007.
[22] 王美英. 明清长江中游地区的风俗与社会变迁 [M]. 武汉：武汉大学出版社，2007.
[23] 林芊，等. 明清时期贵州民族地区社会历史发展研究 [M]. 北京：知识产权出版社，2012.
[24] 宁志中，等. 中国乡村地理 [M]. 北京：中国建筑工业出版社，2019.
[25] 申敏. 贵州文化的物化分析 [M]. 贵阳：贵州人民出版社，2013.
[26] 贵州省住房和城乡建设厅. 贵州传统村落（一）（二）[M]. 北京：中国建筑工业出版社，2016.
[27] 单晓刚，等. 中国传统村落全景录·雷山卷 [M]. 贵阳：贵州人民出版社，2016.
[28] 刘森林. 中华聚落 [M]. 上海：同济大学出版社，2011.
[29] 王昀. 聚落 [M]. 北京：中国建筑工业出版社，2015.
[30] 王昀. 传统聚落结构中的空间概念 [M]. 北京：中国建筑工业出版社，2009.
[31] 裴安平. 中国史前聚落群聚形态研究 [M]. 北京：中华书局，2014.
[32] 何重义. 古村探源——中国聚落文化与环境艺术 [M]. 北京：中国建筑工业出版社，2011.
[33] 藤井明，等. 聚落探访 [M]. 北京：中国建筑工业出版社，2003.
[34] 李立. 乡村聚落：形态、类型与演变 [M]. 南京：东南大学出版社，2007.
[35] 赵逵. 川盐古道：文化线路视野中的聚落与建筑 [M]. 南京：东南大学出版社，2008.
[36] 郭晓东. 乡村聚落发展与演变 [M]. 北京：科学出版社，2013.
[37] 周彝馨. 移民聚落空间形态适应性研究 [M]. 北京：中国建筑工业出版社，2014.
[38] 刘沛林. 家园的景观与基因 [M]. 北京：商务印书馆，2014.

［39］刘邵权. 农村聚落生态研究［M］. 北京：中国环境科学出版社，2006.
［40］王小斌. 演变与传承［M］. 北京：中国电力出版社，2009.
［41］曹昌智，等. 黔东南传统村落保护发展战略规划研究［M］. 北京：中国建筑工业出版社，2018.
［42］罗德启，等. 干阑建筑空间与营造［M］. 北京：中国建筑工业出版社，2018.
［43］罗德启. 贵州民居［M］. 北京：中国建筑工业出版社，2008.
［44］贵州卷编写组. 中国传统建筑解析与传承·贵州卷［M］. 北京：中国建筑工业出版社，2016.
［45］杨绪波. 聚落认知与民居建筑测绘［M］. 北京：中国建筑工业出版社，2013.
［46］单晓刚，等. 贵州民族村镇住宅保护规划与整治技术论文集［M］. 贵阳：贵州民族出版社，2011.

二、连续出版物及论文

［1］史继忠. 贵州汉族移民考［J］. 贵州文史丛刊，1990（1）.
［2］郑姝霞. 贵州明清时期人口迁徙研究［J］. 黑龙江史志，2009（2）.
［3］李根等. 羁縻制与少数民族政治行政制度［J］. 云南行政学院学报，2002（1）.
［4］杨永福. 滇川黔相连地区古代交通的变迁及其影响［D］. 昆明：云南大学，2011.
［5］古永继. 明代滇黔外来移民特点及影响研究［J］. 中央民族大学学报，2009（3）.
［6］喻栋柱. 江西移民与贵州［J］. 贵州政协报，2010（3）.
［7］陈国安. 论朱元璋对贵州少数民族的政策［J］. 贵州民族研究，1981（4）.
［8］罗康隆. 明清两代贵州汉族移民特点的对比研究［J］. 贵州社会科学，2008（5）.
［9］赵星. 贵州喀斯特聚落文化类型及其特征研究［J］. 中国岩溶，2010（12）.
［10］朱文孝，等. 贵州喀斯特山区乡村分布特征及其地域类型划分［J］. 贵州科学，1999（6）.
［11］白欲晓. "地域文化"内涵及划分标准探析［J］. 江苏社会科学，2011（1）.
［12］杨鹓. 苗汉文化撞击整合的产物［J］. 贵州民族研究，1993（1）.
［13］胡致祥. 贵州古代少数民族地区经济与货币流通［J］. 贵州民族研究，1987（4）.
［14］滕兰花. 清代都柳江流域的黔桂粤经济交流探析［J］. 广西师范大学学报2014（3）.
［15］杨伟兵. 清代前中期云贵地区政治地理与社会环境［J］. 复旦学报，2008（4）.
［16］钟铁军. 释明代贵州之州卫同城［J］. 中国历史地理论丛，2004（1）.
［17］严赛. 中国传统村落分布的特点及其原因分析［J］. 大理学院学报，2014（9）.
［18］王海宁. 聚落形态的文化基因解析［J］. 规划师，2008（5）.
［19］耿红. 自然适应于人文坚守［J］. 华中建筑，2009（5）.
［20］吴羽，等. 屯堡文化研究［J］. 贵州民族研究，2009（2）.
［21］李志英. 黔东南侗地区侗族村寨聚落形态研究［D］. 昆明：昆明理工大学，2002.
［22］陈珊，等. 乡村外部空间环境整治规划的探讨［J］. 天津城市建设学院学报2005（3）.
［23］吴文静. 建设生态博物馆对保护民族文化的作用［J］. 文史杂谈，2015（5）.
［24］钟经纬. 中国民族地区生态博物馆研究［D］. 上海：复旦大学，2008.
［25］邓巍. 古村镇"集群"保护方法研究［D］. 武汉：华中科技大学，2012.
［26］余瑞等. 传统村落空间格局研究［J］. 凯里学院学报，2016（1）.
［27］范宏贵. 侗族祖先迁徙地点、时间及其他［J］. 广西民族研究，1989（4）.
［28］罗长海，等. 中国传统古村落保护与发展机制探析［J］. 上海城市规划，2010（1）.
［29］陆琦，等. 新时期民居建筑的继承与发展［J］. 华中建筑，2009（1）.

后记

贵州省城乡规划设计研究院作为西部省份规划设计单位，参与到著书立说的队伍，从思维到方法都深感艰难。能够承担《中国传统聚落保护研究丛书 贵州聚落》的编著，除了中国建筑工业出版社的信任和鼓励外，也在于院作为贵州省住建厅的下属事业单位，承担了相关联的课题，对贵州以民族文化为代表的传统文化，有了一定思维和素材上的积累。

主要相关联的课题有三个。

2008~2012年，主持了"十一五"国家科技支撑计划重大项目课题《贵州民族村镇住宅保护规划与整治技术研究与应用》，首次涉足国家课题和贵州民族村镇的保护发展问题。

2012年住建部、文化部、财政部联合出台《关于加强传统村落保护发展工作的指导思想》，贵州省先后五批申报认定的传统村落共724个，居全国第一。2014年贵州省住建厅委托编撰《贵州传统村落》丛书，由中国建筑工业出版社于2016年出版了第一册、第二册（收录一至三批426个传统村落），第三册已于2022年出版（收录四至五批298个传统村落），丛书的出版使贵州省规划院首次涉足国家级出版物，并对贵州传统村落和文化有了系统的认知。

2017年正值贵州脱贫攻坚推进的关键时期，承担了省住建厅课题《贵州省村庄与农房风貌指引研究》，对贵州传统民居和文化空间分布作了调查和较理性的思考研究。

因出版《贵州传统村落》丛书，结识了中国建筑工业出版社的编辑同志，在他们的鼓动下得以下决心参加"中国传统聚落保护研究丛书"的编撰工作，在本书的编写过程中，多次参加丛书工作研讨会议，得到了出版社和各地教授、老师的指导，学习受益良多。丛书主编陆琦教授和贵州教育出版社卓守忠老师为本书审稿，贵州大学杨军昌教授提出了民族学方面的建议，在此特致衷心感谢。

贵州虽地处西部欠发达地区，但自然人文资源十分丰富，通过相关课题和本书的编撰，经历了对贵州从"民族村寨"到"传统村落"，再到"传统聚落"的认知升华。贵州历史悠久，文化多元，但在发展历程中相对处于空间边缘化和文化边缘化状态。本书试图借助传统聚落的载体，从文化和空间视角，对贵州文化及空间分布作出一定创新性的思考和阐述，以期有利于促进贵州的理性认知和持续发展。近年来，贵州取得了长足发展，经历了高速发展的"黄金十年"，但贵州仍相对处于欠发达状态，在和全国同步达到小康目标后,面临着促进巩固脱贫攻坚,融合乡村振兴战略,促进高质量发展并和全国同步实行现代化的重大任务和课题,需要构建和巩固新的文化自信和发展自信。对贵州文化和发展的持续关注和研究,是我们不懈的努力方向。

本书编著者和参编人员大都主持或参与了院相关联课题,通过对本书的编著,也得到了能力上的提升,对院的能力建设起到了促进作用。对于贵州省规划院来说,需要长期融入贵州发展,持续研究贵州文化,系统构建能力建设框架,完成从"规划文本"到"课题文本"再到"图书文本"的思维和方法上的跨越,本书的完成和出版,无疑是一个有益的尝试。

审图号：GS（2022）5473号
图书在版编目（CIP）数据

中国传统聚落保护研究丛书. 贵州聚落 / 单晓刚, 黄文淑, 余军编著. —北京：中国建筑工业出版社, 2021.12

ISBN 978-7-112-26928-0

Ⅰ.①中… Ⅱ.①单… ②黄… ③余… Ⅲ.①乡村地理—聚落地理—研究—贵州 Ⅳ.①K928.5

中国版本图书馆CIP数据核字（2021）第249601号

本书围绕贵州传统聚落的发展脉络和独特的聚落文化进行了创新性地总结和研究。第一章至第三章阐述贵州自然地理环境、历史沿革与行政空间的变迁、民族演变及分布，展示了贵州传统聚落的自然地理环境、演变和聚落文化独特性；第四章概括贵州传统聚落的文化特征，提出传统聚落文化分区；第五章至第七章分别对城镇聚落、乡村聚落、传统建筑空间形态进行总结概括，并做典型案例展示；第八章提出了传统聚落保护更新的重点、内容和方法，着重体现传统聚落的文化传承和操作性的活化应用。书中首次从传统聚落的视角，系统地对贵州聚落文化进行全面的梳理和展示，以期对贵州走出一条不同于东部、有别于西部其他省份的保护发展之路提供参考路径。本书可供建筑、城乡规划、风景园林、人文地理、文物保护等相关专业的读者及文化旅游爱好者参考阅读。

扫一扫
观看本卷聚落视频资源

责任编辑：吴 绫　胡永旭　唐 旭　贺 伟　张 华
文字编辑：李东禧　孙 硕
书籍设计：付金红　李永晶
责任校对：张 颖

中国传统聚落保护研究丛书
贵州聚落
单晓刚　黄文淑　余军　编著

*

中国建筑工业出版社出版、发行（北京海淀三里河路9号）
各地新华书店、建筑书店经销
北京锋尚制版有限公司制版
天津图文方嘉印刷有限公司印刷

*

开本：889毫米×1194毫米　1/16　印张：23　插页：9　字数：600千字
2022年12月第一版　2022年12月第一次印刷
定价：**268.00**元（含视频资源）
ISBN 978-7-112-26928-0
（36756）

版权所有　翻印必究
如有印装质量问题，可寄本社图书出版中心退换
（邮政编码100037）